GLORIA CHADWICK

WER WARST DU?

Rückführung in frühere Leben

Aus dem Englischen von
Wulfing von Rohr

MensSana

Die amerikanische Originalausgabe erschien 2009 unter dem Titel
Who Were You? bei Sterling Publishing Co., Inc., New York

Besuchen Sie uns im Internet: www.droemer-knaur.de
Alle Titel aus dem Bereich MensSana finden Sie im Internet unter
www.mens-sana.de

Deutsche Erstausgabe Februar 2011
Copyright © 2009 Gloria Chadwick
Copyright © 2011 für die deutschsprachige Ausgabe
Knaur Taschenbuch.
Ein Unternehmen der Droemerschen Verlagsanstalt
Th. Knaur Nachf. GmbH & Co. KG, München
Alle Rechte vorbehalten. Das Werk darf – auch teilweise –
nur mit Genehmigung des Verlags wiedergegeben werden.
Redaktion: Katja Gabriel
Umschlaggestaltung: ZERO Werbeagentur, München
Umschlagabbildung: Fan Fire, 1997 (oil and glaze on gesso board),
Johnstone, Charlotte (Contemporary Artist) / Private Collection /
Bridgeman Berlin
Satz: Adobe InDesign im Verlag
Druck und Bindung: GGP Media GmbH, Pößneck
Printed in Germany
ISBN 978-3-426-87480-6

2   4   5   3   1

Dieses Buch ist dem Philosophen gewidmet.
Danke, dass du dein Wissen mit mir teilst
und dass du mich auf dem Regenbogenpfad begleitest.

Inhalt

Teil IV: *Die Reise*

Teil V: *Seelenschimmer*

Anhang

Einleitung und Lesehilfe

Nachdem mein erstes Buch über Reinkarnation – *Exploring Your Past Lives* (Entdecke deine früheren Leben) – veröffentlicht wurde, habe ich eine Vielzahl von Zuschriften von Lesern bekommen, die mich baten, ihnen Adressen von Hypnosetherapeuten in ihrer Nähe zu geben oder ihnen dabei zu helfen, Rückführungen für sich selbst durchzuführen. Deshalb habe ich dieses Buch hier geschrieben. Ich möchte damit den ganzen Vorgang und Ablauf einer Rückführung leicht zugänglich machen und all jenen zur Verfügung stellen, die mehr über ihre früheren Leben erfahren möchten. Ich will den Lesern und Leserinnen dabei helfen, sich an die Ereignisse und Gefühle aus früheren Leben zu erinnern und sie nachzuempfinden, um so besser zu verstehen, wie die Vergangenheit mit dem gegenwärtigen Leben zusammenhängt und wie sie es beeinflusst.

Durch dieses Buch möchte ich mein Wissen und meine Erfahrung teilen, damit du dich daran erinnerst, wer du einmal warst und wie das Erleben und die Emotionen von früher dein jetziges Leben mitgestalten und wie sie vielleicht auch darauf einwirken, zu wem du noch wirst. Das Buch stellt eine praktische Anleitung zur Do-it-yourself-Rückführung dar. Was dabei nicht mitgeliefert wird, sind der Hypnosetherapeut und der bequeme Sessel. Die stellst du selbst zur Verfügung – in Gestalt deines höheren Selbst, das dein innerer, sehr kenntnisreicher und fähiger Geistführer ist, und durch eine bequemen, ruhigen Platz in deinem eigenen Heim, wo du dich noch viel besser entspannen kannst als in der Praxis des Therapeuten.

Im Buch behandle ich umfassend alle wichtigen Aspekte, die mit Rückführungen zu tun haben, und gebe viele hilfreiche Hinweise. Der Text beschreibt, was vor, während und nach einer Rückführung wichtig ist, und leitet entsprechend an. Du wirst alles erfahren, was du brauchst, um eine komplette Rückführung in deine früheren Leben zu erfahren, indem du Selbsthypnose anwendest.

Im Text findest du eine detaillierte Anleitung, eine Art Wegweiser, der genau beschreibt, wie du in dein Unterbewusstsein gelangst und an Erinnerungen an frühere Leben herankommst (diese Abschnitte werden durch kursive Schrift herausgehoben). Dieser Wegweiser bietet Schritt-für-Schritt-Anleitungen in und durch bestimmte Ereignisse und zu Gefühlen in deinen früheren Leben, und er zeigt dir auch, wie du sowohl dein Karma ausgleichen als auch traumatische Erlebnisse aus vergangenen Leben heilen kannst. Im Anhang ist noch einmal der gesamte Wegweiser abgedruckt, aber ohne die detaillierten Hintergrundinformationen, die zu den einzelnen Schritten in den Kapiteln zuvor enthalten sind. Du kannst die Anleitung entweder alleine anwenden, indem du sie dir z. B. auf einer Kassette aufnimmst, oder du bittest eine Freundin oder einen Freund, dir die Anleitung vorzulesen und dich so durch die Rückführung zu geleiten.

Die meisten Kapitel geben zunächst einen Überblick darüber, wie man die Informationen der Anleitung am besten anwendet, wie es anderen Menschen damit gegangen ist, was sie dabei erlebt haben und was du vermutlich bei dem jeweiligen Schritt erwarten kannst. Das hilft, mögliche Zweifel zu lindern oder aufzulösen, und kann dich darin bestärken, mehr über deine früheren Leben herausfinden zu wollen. Jedes Kapitel stellt einen Schritt auf deiner Reise in frühere Leben dar.

Gewissermaßen auf »Nebenstrecken« zu diesen Texten biete ich Hinweise, wie man die Informationen in den Kapiteln auch im jetzigen Leben auf mannigfaltige Weise sinnvoll nutzen kann. Es gibt auch Ausflüge zu interessanten Abenteuern und aufschlussreichen Exkursionen, während du deine Seelenreise zu früheren Leben durchführst. Dazu gehören auch Meditationsvorschläge. Vielleicht willst du deine Gedanken nach jeder Seelenreise aufschreiben, um dich noch mehr und besser für Erinnerungen an frühere Leben zu öffnen.

Die Beschäftigung mit früheren Leben kann helfen, ein tieferes Verständnis dafür zu gewinnen, wie die damaligen Erlebnisse und Gefühle dein jetziges Leben beeinflussen. Du erkennst vielleicht bestimmte Seelenaufgaben und wie du dein Karma, das Prinzip von Ursache und Wirkung, am besten ausgleichen kannst, um deiner Seele bei ihrer weiteren Entwicklung zu helfen. Darum geht es schließlich beim Thema Reinkarnation.

Ich erinnere mich an viele meiner früheren Leben, manchmal nur an Bruchstücke und in flüchtigen Bildern, bei anderen auf sehr lebendige Weise. Am deutlichsten erinnere ich mich an das Leben, das am meisten mit meinem jetzigen zu tun hat und mit dem, was ich heute tue: Lehren, Schreiben und Wissen vermitteln. Jenes frühere Leben war das eines Hohepriesters in Ägypten, der zum Philosoph geworden war. Ich habe darüber in meinem Buch *Somewhere Over the Rainbow* geschrieben.

Wenn du dich für die Erinnerung an vergangene Leben öffnest, wirst du besonders solche Ereignisse, Emotionen und Beziehungen jener Zeit erleben, die sich direkt auf dein momentanes Leben beziehen. Denn die Energien und Erfahrungen der Vergangenheit sind in Harmonie mit den Entscheidungen, die du für dieses gegenwärtige Leben getroffen hast, und mit all dem, was du jetzt möchtest oder brauchst. Du wirst begreifen, wie dein früheres Leben auf das jetzige einwirkt, und auch, warum du diesen Einfluss jetzt spürst. Wenn du deine früheren Leben erkundest und ihre Auswirkungen auf dein gegenwärtiges Leben erkennst, dann findest du Antworten und Einsichten, die deinem heutigen Leben mehr Sinn und Zweck geben, und du wirst das wahre Wesen deiner Seele erfassen.

Wenn du nun dazu bereit bist, so suche dir einen stillen Platz, einen bequemen Sessel oder eine Couch, und beginne deine Reise in deine früheren Leben.

Teil I

Grundlagen und Vorbereitung

1. Ein Fragebogen zu früheren Leben

Bevor ich eine Sitzung mit einem Klienten anfange, bitte ich ihn, den folgenden Fragebogen auszufüllen. Die Antworten helfen mir zu verstehen, was ihm wichtig ist, und ich kann ihn so besser begleiten. Da du diese Rückführung für dich selbst oder mit Hilfe eines Freundes durchführst, wird der Fragebogen dir helfen, die Gründe klarer zu sehen, warum du etwas über die Ereignisse und Emotionen wissen möchtest, die in deinen Erinnerungen an frühere Leben stecken. Ich empfehle, die Antworten aufzuschreiben. Oder du denkst, nachdem du eine Frage gelesen hast, tiefer über deine Antworten nach, um so die Informationsquelle in deinem Unterbewusstsein zu öffnen. Auf diese Weise kannst du dich auf wohl eine der spannendsten, interessantesten und aufschlussreichsten Reisen vorbereiten, die du je erleben wirst.

Warum du dich für eine Rückführung interessierst

1. Was ist der genaue Grund, warum du eine Rückführung machen möchtest?
2. Welches Wissen bzw. welche Einsichten möchtest du durch eine Rückführung gewinnen?
3. Gibt es eine Frage, ein Problem oder eine Schwierigkeit in deinem jetzigen Leben, für die du dir Hilfe, Antworten bzw. Lösungen durch eine Rückführung erhoffst? Falls ja: Um welche Frage, welches Problem oder welche Schwierigkeit handelt es sich?

4. Inwiefern meinst du, dass ein früheres Leben etwas mit deiner Frage oder deiner gegenwärtigen Situation zu tun haben könnte?

Zusatzinformation

5. Hast du schon einmal Erinnerungen an frühere Leben gehabt? Falls ja, beschreibe sie.

Wenn du dich bereits an frühere Leben erinnern kannst – durch spontane Erinnerung, Intuition oder durch ein Gefühl von dem, was passiert ist oder passiert sein könnte –, dann kann man diese Informationen in einer Rückführung erweitern und vertiefen. Häufig spiegeln sich Erlebnisse aus früheren Leben in ähnlichen Ereignissen in diesem Leben wider, manchmal tauchen sie auch in Déjà-vu-Erfahrungen oder in Träumen auf. In Kapitel drei werde ich näher darauf eingehen.

6. Hast du schon einmal eine eigene Rückführung erfahren? Falls ja, beschreibe sie.

Wenn du schon einmal eine Rückführung mit Hilfe eines anderen durchgeführt hast, werden die Erinnerungen, die dabei aufgetaucht sind, höchstwahrscheinlich noch verstärkt und erweitert, wenn du deine eigenen Rückführungen machst. Außerdem wirst du dann auch an deine folgenden Sitzungen mit einem recht guten Gefühl dafür herangehen können, was dich erwartet.

7. Was hältst du persönlich von Reinkarnation? Glaubst
   du daran oder eher nicht?

Deine Glaubensmuster im Hinblick auf frühere Leben
werden die Information »färben«, die du bei einer Rückführung bekommst, und auch beeinflussen, wie du sie
aufnimmst. Wenn du deine Überzeugungen und Gefühle in Bezug auf Reinkarnation gut kennst, wird dir das
helfen, Zusammenhänge zu verstehen, in denen deine
Erinnerungen auftauchen.
An Reinkarnation zu glauben ist keine notwendige Vor-
aussetzung dafür, dass Erinnerungen an frühere Leben
überhaupt auftauchen können. Sie kommen ins Bewusstsein, wenn die Zeit dafür reif ist und wenn die Energien
von früher und jetzt aufeinander abgestimmt sind – ob
man nun an frühere Leben glaubt oder nicht.
Ich habe mal folgenden Witz bei einer Konferenz über
Hypnose gehört: *Eine Klientin wendet sich an einen
Therapeuten wegen einer Rückführung. Der Hypnotiseur fragt sie, ob sie an Reinkarnation glaubt. Sie antwortet, dass sie das nicht tut. Sie hält das alles für aufgebauschte Gefühle, will aber mal sehen, was der Thera-
peut zustande bringt. Er antwortet der Klientin, dass es
okay ist, wenn sie jetzt nicht an Reinkarnation glaubt; sie
werde das dann eben im nächsten Leben tun.*
Ein Hypnotiseur besitzt keine Macht, Erinnerungen an
frühere Leben an die Oberfläche zu bringen. Er besitzt
vielmehr eine besonders ausgebildete Fähigkeit, Suggestionen auf eine bestimmte Weise zu formulieren, und er
weiß, wie man eine Rückführung richtig anleitet, so dass

du dich für deine eigenen Erinnerungen an frühere Leben öffnen kannst. Jeder besitzt jedoch die gleiche Fähigkeit, und man kann das gezielt lernen und üben. Darum geht es dann im nächsten Kapitel.

8. Hattest du schon einmal irgendwelche spirituellen Erfahrungen, wie Astralreisen, Nahtoderlebnisse oder »Besuch« von Verstorbenen? Falls ja, beschreibe sie näher.

Wenn du solche oder ähnliche Erlebnisse schon einmal gehabt hast, dann sind dir die Energien und Schwingungen solcher Ebenen bekannt. Während einer Rückführung in ein früheres Leben wirst du möglicherweise in und durch diese Ebenen und Schwingungen reisen.
(Die Antwort auf diese Frage hilft mir für gewöhnlich, besser einzuordnen, wo meine Klienten spirituell stehen und wie sie auf solche Erfahrungen reagieren. Ich merke dann, wie ich mich auf einer Seelenebene mit meinen Klienten verbinden und sie während der Rückführung am besten anleiten kann.)

9. Welche Bücher hast du gelesen und welche Kurse hast du besucht, die sich mit Reinkarnation und früheren Leben befassen? Wie haben diese Bücher oder Kurse dir dabei geholfen, deine innere spirituelle Wahrnehmung zu öffnen und dich an etwas aus früheren Leben zu erinnern?

Wenn du schon einmal etwas über Reinkarnation gelesen oder einen Kurs über frühere Leben besucht hast, dann hast du bereits einen gewissen Hintergrund und eine Grundlage für ein spirituelles Bewusstsein über vergangene Leben, und du hast vielleicht auch schon Beziehungen und Situationen aus früheren Leben erkannt. Was du bisher schon gelesen und erfahren hast, wird die Art und Weise beeinflussen, wie du weitere Rückführungen erlebst.

(Die Antwort auf diese Frage zeigt mir, welches spirituelle Bewusstsein meine Klienten bereits entwickelt haben. Die Bücher und Kurse, die ihnen bekannt sind, geben mir auch einen Anhaltspunkt dafür, welche Begriffe ich verwenden kann und wie ich meine Anleitungen so formuliere, dass sich die Klienten zu Hause fühlen, entsprechend ihrer jetzigen Glaubensmuster und ihrer bisherigen Erfahrungen mit früheren Leben.)

10. Bist du vertraut mit den folgenden Begriffen und Formulierungen: Karma, höheres Selbst, Schutz durch weißes Licht?

Wenn du damit etwas anfangen kannst, dann weißt du vermutlich auch schon, wie diese Prinzipien wirken und wie man sie nutzt. Sie gehören zu einer Rückführung, weil sie direkt mit dem zu tun haben, was während einer Rückführung vor sich geht. Diese Begriffe werden in einigen Kapiteln dieses Buches noch genau erklärt.

11. Meditierst du oder benutzt du eine bestimmte Methode, um dich zu entspannen und in eine höhere Bewusstseinsebene zu gelangen?

Wenn du schon eine solche Technik ausübst, die dir zusagt, dann wirst du vermutlich dabei bleiben wollen, weil du weißt, dass sie für dich stimmig ist und dich in den richtigen Gemüts- und Seelenzustand versetzen kann. Aber probiere vielleicht auch die progressive Entspannungs- und die Regenbogenmethode aus, die dieses Buch beschreibt, um festzustellen, welche Technik für dich am besten funktioniert, um dein Unterbewusstsein für deine Erinnerungen an frühere Leben zu öffnen.

Die Antworten einordnen

Schauen wir uns deine Antworten auf den ersten Teil des Fragebogens einmal genauer an. Falls du die Fragen noch nicht beantwortet hast, mach das bitte jetzt. Die folgenden Erklärungen solltest du nicht als Ersatz für eigene Antworten nutzen.

Es gibt eine Reihe unterschiedlicher Gründe, warum Menschen Rückführungen erleben möchten. Einige wenige machen das aus Neugier, haben aber kein echtes Interesse daran zu erfahren, was früher einmal passiert ist. Sie wollen nur ein paar Informationen, damit sie etwas mit ihren Freunden zu bereden haben oder weil das gerade »in« ist. Falls das dein Beweggrund sein sollte, dann habe ich schlechte Nachrichten für dich: Eine Rückführung ist nichts, womit man herumspielen darf, um andere Leute damit zu beeindrucken, wer du vielleicht einmal gewesen bist, oder um ein tolles Gesprächsthema für eine Party zu haben. Rückführungen sind ein ernstes Unterfangen und ein wunderbares Abenteuer zugleich.

Die Antwort auf die erste Frage lässt mich wissen, ob meine Klienten ein echtes Interesse daran haben, etwas über die Ereignisse und Gefühle früherer Leben zu erfahren. Die meisten Menschen bitten um eine Rückführung, weil etwas Wichtiges in ihrem jetzigen Leben passiert – ein Beziehungsproblem oder etwas anderes –, das Wurzeln in einem früheren Leben haben könnte. Sie möchten sich dessen bewusst werden, um so auch besser zu verstehen, was gerade mit ihnen geschieht und warum. Situationen in der Gegenwart, die etwas mit Erlebnissen und Beziehungen aus der Vergangenheit zu tun haben, geben den Erinnerungen an frühere Leben den Impuls, sich in deinem Bewusstsein zu zeigen, weil es eine direkte Verbindung gibt. Erfahrungen, die wir jetzt machen, besonders emotional berührende Erlebnisse, lösen oft eine spontane Erinnerung an Ereignisse in einem früheren Leben aus.

Andere Menschen möchten eine Rückführung machen, weil sie deutlich oder vage spüren, dass sie etwas von damals wissen müssen, weil es ihnen heute helfen würde. Sie sind sich aber nicht klar darüber, was genau das sein könnte. Dennoch fühlen sie, dass die Antwort in einem früheren Leben liegt. Wieder andere Menschen wollen ihre spirituelle Bewusstheit weiterentwickeln, und eine Rückführung ist der nächste Schritt für sie, mehr über ihre Seele zu erfahren. Schließlich kommen manche Menschen zu mir, um ihren Lebenssinn zu erkennen und um zu begreifen, was ihre jetzigen Aufgaben mit dem zu tun haben, was sie in früheren Leben gemacht haben.

Die zweite und dritte Frage stelle ich, damit meine Klienten zu dem speziellen früheren Leben geführt werden, das die Antworten und Informationen enthält, die sie suchen. Es geschieht immer wieder, dass meine Klienten bereits während unserer Unterhaltung, das heißt noch vor der Rückführung, ganz spontan Erinnerungen an frühere Leben in Gestalt von Einsichten und intuitiven Erkenntnissen haben. Wenn man so viel wie möglich darüber weiß, warum jemand eine Rückführung möchte bzw. braucht, dann führt das zu einer besseren Sitzung und hilft den bislang verborgenen Informationen, an die Oberfläche des Bewusstseins zu gelangen.

Die vierte Frage zeigt den Klienten, dass sie schon eine Menge Informationen darüber haben, was möglicherweise in früheren Leben geschehen ist, und dass sie sich dieses Wissens bereits bewusst sind. Dies hilft ihnen, es für ihr gegenwärtiges Leben auch anzuwenden. Zugleich macht es ihnen das Motiv für die Rückführung deutlich und zeigt, welche Ziele und Erwartungen sie dabei haben. Das wiederum wirkt wie ein Auslöser für das Unterbewusstsein, die Erinnerungen an frühere Leben an die Oberfläche zu bringen.

Die Antwort auf die vierte Frage weist zusätzlich darauf hin, wie viel Zeit und Energie die Klienten bereits darauf verwendet haben, Antworten zu finden. Jeder kennt die innere Wahrheit. Indem du in dich blickst, wirst du dir dessen bewusst, was du genauer erkennen möchtest, und schaffst damit die Voraussetzungen, noch mehr Hinweise über die Situationen und Emotionen zu erhalten, die in früheren Leben eine Rolle gespielt haben. Das führt dann zu einem viel besseren Verständnis deines jetzigen Lebens.

Die Reise in frühere Leben wird dich auf eine spirituelle Suche nach innerer Wahrheit und Wissen führen und dein geistiges Bewusstsein stärken. Wenn du Einblicke in frühere Leben gewinnst und dadurch erkundest, wer du warst, was du getan hast und was damals passiert ist, erkennst du, wie all das dein jetziges Leben geformt und dich zu dem Menschen gemacht hat, der du heute bist. Während du in und durch deine früheren Leben reist, nimm dir selbst die Freiheit, zu forschen und etwas daraus zu lernen. Nimm die Herausforderung an, etwas Neues kennenzulernen, und nutze das, was du für dich entdeckst, als Quelle der Kraft. Indem du in dich selbst hineinschaust, in deine Seele, wird dir bewusst, dass du schon alle Antworten in dir trägst. Wahres Wissen ist immer im Inneren zu finden. Wenn du also in dich selbst hineinsiehst, dann vertraue deinen Einsichten und den Informationen, die du bekommst.

2. Wie Rückführungen funktionieren und wozu sie dienen

Was genau ist eigentlich eine Rückführung? Wirst du dabei in der Lage sein, dich an ein ganzes früheres Leben zu erinnern? Was passiert während einer Rückführung? Welche Art von Informationen erhält man, und wie erreichen sie dich? Was kann eine Rückführung bringen, und wie kann sie dir nutzen?

Bei einer Rückführung reist dein unterbewusstes, spirituelles Bewusstsein in der Zeit zurück, um an deine Erinnerungen an Ereignisse und damit zusammenhängende Emotionen aus früheren Lebzeiten zu gelangen. Man entspannt dabei den physischen Körper, um sich für das eigene Unterbewusstsein zu öffnen, wo man sich Erlebnisse, Gefühle, Beziehungen und Situationen »ansehen« kann, die man in früheren Leben erfahren hat. Du besitzt in deiner Seele einen Schatz an Informationen über vergangene Leben. Eine Rückführung öffnet das Tor zur Seele und hilft damit den Seelenerinnerungen, an die Oberfläche zu kommen.

Da Rückführungen den Zugang zu Seelenerinnerungen im Unterbewusstsein erleichtern, kannst du davon ausgehen, Hinweise und Antworten für jetzige Probleme und auf Fragen zu erhalten. Du wirst auch Gefühle und Erfahrungen in deinem gegenwärtigen Leben besser einordnen können, die ähnliche Erlebnisse in früheren Leben widerspiegeln. Eine Rückführung bietet dir damit ein größeres Verständnis für Ereignisse und Emotionen, aber du wirst dir auch des Karmas bewusst, das du erzeugt und in dein jetziges Leben mit hineingebracht hast.

Während deiner Rückführung hast du die Möglichkeit, dein Karma auszugleichen und vergangene Beziehungen aufzulösen oder zu heilen. Da die Energien von Ereignissen und Gefühlen aus Vergangenheit und Gegenwart ineinander verknüpft sind, wirst du die Auswirkungen dieser Harmonisierung und Heilung auch in deinem jetzigen Leben spüren.

Deine Seele erinnert sich an alles, was dir je in all deinen Leben zugestoßen ist. Einige meiner Klienten haben sich vor ihrer ersten Rückführung Sorgen gemacht, ob sie sich überhaupt an die Ereignisse in vergangenen Leben erinnern könnten. Ich möchte dir versichern: Jeder kann sich an seine früheren Leben erinnern. Die Information, die aus deinem Bewusstsein auftaucht, hat entweder eine Bedeutung für das, was sich in deinem momentanen Leben ereignet, oder sie ist für dein weiteres spirituelles Wachstum wichtig.

Es gibt nur vier Dinge, die dich davon abhalten können, dich zu erinnern:

1. Eine Blockade könnte dadurch herbeigeführt werden, dass du nur mit der Erinnerung an frühere Leben spielen willst und nicht wirklich daran interessiert bist zu wissen, was damals geschehen ist. Dieses Hindernis kannst du überwinden, indem du einen ernsthaften Wunsch entwickelst, deine früheren Leben zu erforschen.

2. Dein Zweifel, ob es dir überhaupt gelingt, dich an frühere Leben zu erinnern, könnte dich blockieren. Das kannst du überwinden, indem du an diese Fähigkeit glaubst. Lass dazu einfach die bewussten Begrenzungen los, die sich dir bei der Reise in frühere Leben in den Weg stellen.

3. Wenn du dich allzu sehr anstrengst und unbedingt und mit aller Macht »Erfolg« bei der Rückführung haben willst,

kann genau das zum »Scheitern« führen. Erinnerungen an frühere Leben tauchen meistens auf eine ruhige Art und Weise und nach einer sanften Einladung auf.

4. Falls du in einem früheren Leben ein schweres Seelentrauma erlebt hast, könnte dieses Erlebnis deine Erinnerungen daran hindern, in dein Bewusstsein zu gelangen. Du spürst vielleicht, dass etwas richtig Schlimmes passiert ist, und hast Angst davor, noch mehr darüber zu erfahren. Das kann dann unterbewusst dazu führen, dass eine Erinnerung blockiert wird. Es gibt zwei Möglichkeiten, damit umzugehen. Die erste ist zu erkennen, was deine Seele möchte, was du im Hinblick auf dieses schmerzliche Ereignis in einem früheren Leben wissen solltest, um dein spirituelles Wachstum zu fördern. Es ist ja immer gut zu wissen, was wirklich passiert ist und warum. Deine Seele kann dir diese Information ganz unterschiedlich präsentieren, vielleicht durch Symbole oder Träume, damit du damit leichter umgehen kannst. Die zweite Methode, diese Angst hinter sich zu lassen, besteht darin, weißes Licht einzusetzen, wie es im sechsten Kapitel beschrieben wird.

Von Mensch zu Mensch gibt es deutliche Unterschiede, wie die Informationen aus früheren Leben zutage treten. Das kann entweder sehr dramatisch und emotional sein, so dass du dich fühlst, als ob du mit allen Sinnen mittendrin im damaligen Geschehen bist und die Situation aufs Neue erlebst. Oder deine Erinnerungen an die Vergangenheit tauchen auf eine stille und sanfte Weise auf, so, als ob du träumst oder einen Film siehst, dessen Handlung sich allmählich entfaltet. Unter Umständen erlebst du jedoch auch eine Kombination aus beiden und wirst dabei nicht emotional berührt, während du Erfahrungen von früher nachvollziehst. Dabei *spürst* du

icht eine große Gewissheit in Bezug auf die Erlebnisse in
em früheren Leben, ohne die Situationen vor deinem
geistigen Auge zu sehen.

Es kommt darauf an, was in deinem jetzigen Leben gerade
passiert und was Eindrücke und damit verbundene Emotionen aus früheren Leben mit deinen gegenwärtigen Erfahrungen zu tun haben. Vergangene Leben machen sich mit ihren
Prägungen in deinem Bewusstsein dann bemerkbar, wenn sie
von deinem Unterbewusstsein, also deinem »wissenden
Geist«, dort hineingehoben werden.

Während deiner Rückführung wirst du dich sehr entspannt
fühlen. Die Informationen, die du bekommst, werden auf-
schlussreich für dein Leben sein – für deine jetzigen oder
früheren Erfahrungen. Sie können sich auf ein emotionales
Trauma beziehen, auf ein zwischenmenschliches Problem
oder einen wichtigen Wissensbereich, und sie werden dir
helfen, deine Seele weiterzuentwickeln. Du wirst die Gründe
begreifen, warum du bestimmte Erlebnisse in deinem gegenwärtigen Leben machst und warum du dich in bestimmten
Situationen entsprechend fühlst.

Wie man ins Unterbewusstsein gelangt, um Zugang zu den
Erinnerungen an frühere Leben zu gewinnen, wird im Einzelnen im vierten Kapitel beschrieben. Man muss sich körperlich
entspannen und das Alltagsbewusstsein eine Zeitlang zur
Ruhe kommen lassen, um sich ganz für das Unterbewusstsein
und die eigene spirituelle Bewusstheit zu öffnen. Und dabei
spielt Hypnose eine Rolle.

Hypnose führt wie eine Straße ins Unterbewusstsein. Dabei
bist du empfänglich für Suggestionen, die dir helfen, an Erinnerungen an deine früheren Leben heranzukommen.
Hypnose ist eine Methode, um deinen physischen Körper zu
entspannen und deine Aufmerksamkeit für Inhalte aus dem

Unterbewusstsein zu sensibilisieren, indem du deine innere Fähigkeit zu visualisieren aktivierst – das heißt, aus Worten Bilder entstehen zu lassen. Wenn du ein Wort hörst, wird dein Unterbewusstsein unmittelbar und wie von selbst dieses Wort in geistige Bilder und damit zusammenhängende Gefühle umwandeln.

Hypnose gibt es schon sehr lange, und bis heute hat sie noch keiner exakt definieren können. Bestenfalls kann man sagen, dass Hypnose eine entspannte Empfänglichkeit ist, die mit einer zugleich deutlich erhöhten Wahrnehmungsfähigkeit einhergeht. Grundlegend dabei ist eine tiefe Entspannung, die den Körper und das Alltagsbewusstsein zur Ruhe kommen lässt und das Unterbewusstsein mit Hilfe positiver Suggestionen öffnet.

Der Begriff stammt vom griechischen Wort *hypnos*, das *Schlaf* bedeutet. Das ist jedoch ein Widerspruch in sich. Wenn man nämlich unter Hypnose steht, wie sie hier von mir für Rückführungen beschrieben wird, schläft man definitiv nicht! Es sieht dann vielleicht so aus, als ob man schliefe, weil die Augen geschlossen sind und man sehr entspannt ist. Man ist sich seiner Selbst jedoch bewusster als im normalen Wachzustand. Hypnose ist dem Schlaf nur insofern ähnlich, als dass man in ihr auf dieselbe Weise zugänglich für das Unterbewusstsein ist – allerdings ist man sich während der hier beschriebenen Hypnoseform sehr bewusst, was man sieht und hört, und man kann sich später an alles erinnern.

Hypnose und Selbsthypnose sind dasselbe. Jede Hypnose ist Eigenhypnose, ob es dabei nun einen Hypnosetherapeuten gibt, der einen anleitet, oder ob man sich selbst hineinführt. Denn man selbst entscheidet ja darüber, ob man Suggestionen, die einem gegeben werden, annimmt oder nicht. Der einzige Unterschied liegt darin, wer die Suggestionen herbeiführt – der Hypnotiseur oder man selbst. Am allerwichtigsten aber ist, immer selbst das Heft in der Hand zu behalten.

Wenn du dich selbst in eine geführte Rückführung begibst, solltest du vorbereitend auf ein paar Dinge achten, z.B. wie du auf Suggestionen reagieren möchtest. Gefühle und Worte sind wichtige Indikatoren. Die feinen Nuancen deiner Empfindungen sind von großer Bedeutung. Dein Unterbewusstsein nimmt alles sehr persönlich und arbeitet auf einer emotionalen Ebene.

Es hört die unnötigen Worte in ganzen Sätzen gar nicht, sondern reagiert nur auf positive Worte und Sätze, die die lebendigsten und anschaulichsten Bilder hervorbringen. Zudem richtet es sich nach Worten, die zu Handlungen animieren oder Gefühle hervorrufen. Das Unterbewusstsein wird ganz automatisch solche Worte ausblenden, die unwichtig sind, z.B. Worte wie *der, die, das* oder andere Begriffe, aus denen sich keine Bilder ergeben.

Lies als Beispiel den folgenden Satz. Dann schließe deine Augen und wiederhole die Worte für dich. *Das kleine Mädchen spielte mit ihrem Hündchen.* Dein Bewusstsein wird die Worte *kleines Mädchen, spielte* und *Hündchen* hören. Dein Bewusstsein wird auf die Gefühle achten, die diese Worte auslösen, und entsprechend darauf eingehen. Es wird ein sehr detailliertes Bild eines kleinen Mädchens zeichnen, das mit ihrem Hündchen spielt. Es zeigt dir den Gesichtsausdruck des Mädchens – vermutlich ein Lächeln oder ein Lachen –, und du spürst, welche Gefühle es gerade erlebt, z.B. seine Freude. Du siehst auch, wo sie mit ihrem Hündchen spielt. Was zeigt dir dieser Satz sonst noch, und welche anderen Gefühle tauchen in deinem Geist auf?

Das Unterbewusstsein funktioniert mit Hilfe von Assoziationen, wie du durch das Beispiel mit dem kleinen Mädchen und dem Hündchen sicher hast feststellen können. Vielleicht hast du, als du an diesen Satz gedacht hast, auch dich selbst als Kind gesehen, das ein kleines Tier hatte, oder deine Vorstellungskraft hat dir jetzt erneut das Bild eines Mädchens mit einem kleinen Hund gezeigt, das du früher schon einmal gesehen hast. Auf dieselbe Weise bringt unser Unterbewusstsein manche unserer Eindrücke aus früheren Leben wieder ans Tageslicht – mittels Assoziation mit ähnlichen Szenen und Emotionen, die es nach den Worten bildet, die du hörst bzw. die du selbst aussprichst.

Probiere einmal den Satz mit dem Mädchen und dem Hund auf unterschiedliche Weisen aus, um zu beobachten, wie du dann auf die Worte reagierst. *Das kleine Mädchen sah einen großen Hund.* Lässt einen eher ziemlich kalt, nicht wahr? In dem Satz steckt nicht viel Aktion oder Emotion drin. Wahrscheinlich hast du vor deinem geistigen Auge einen großen Hund gesehen und dich dabei auf das gestützt, was in deinem Gedächtnis als Bild von einem großen Hund gespeichert ist, vielleicht läuft er in deiner Vorstellung irgendwo draußen herum. Unter Umständen hast du es so empfunden, als ob sich der Hund verlaufen hätte. Wenn du durch die Augen des kleinen Mädchens geschaut hast, dann hast du den Hund von seinem Standpunkt aus gesehen. Vielleicht hast du ihre Gefühle gespürt und ihre Gedanken gelesen, als sie den großen Hund angesehen hat.

Wenn man diesem Satz nun beschreibende Worte hinzufügt, so werden die Gefühle und Empfindungen stärker einbezogen. *Das kleine Mädchen wurde von einem großen, wilden Hund angefallen.* Sicher hast du das Blut gesehen und seine Angst gespürt, als dein geistiges Auge mit ansah, wie der Hund das Mädchen anfiel. Du wolltest ihr wahrscheinlich sofort zu Hilfe kommen. Wenn du dich auf die Szene eingelassen hast, dann hast du die Umgebung mit wahrgenommen und bist vielleicht an die Stelle des Mädchens gesprungen und hast dann gespürt, wie der Hund dich attackiert. Oder du hast das Mädchen verteidigt und den Hund verjagt. Du hast den Schmerz der Hundebisse gefühlt und die Angst miterlebt. Möglicherweise hast du jedoch ein auch ganz anderes Bild gehabt, etwa von einem großen Hund, der in einem eingezäunten Garten sitzt, oder von einem Hund, der versucht, über den Zaun zu springen. Wenn du einfach nur zugeschaut hast, dann hast du vielleicht ein unangenehmes Gefühl in der Bauchgegend gespürt.

Hier ist noch ein anderer Satz: *Das kleine Mädchen kuschelte sich dicht an den großen, pelzigen Hund, um sich zu wärmen.* Nun hast du innerlich vielleicht das Bild eines Mädchens gesehen, das sich im kalten Winter irgendwo verirrt hat und froh darüber ist, dass es bei hereinbrechender Dunkelheit von einem Hund gewärmt wird, der es am Leben hält und ihm Gesellschaft leistet. Vielleicht kam dir auch der Gedanke, einen Suchtrupp zu organisieren, um das Mädchen zu finden.

Genau so wirst du auch auf Geschehnisse und Gefühle innerhalb deiner Erinnerungen an frühere Leben reagieren, die aufgrund von Worten und Suggestionen im Verlaufe einer Rückführung auftauchen. Auch deine Emotionen, die mit den Szenen innerhalb einer Rückführung auftauchen, sind damit vergleichbar.

Deine Gefühle spielen eine zentrale Rolle dabei, wie du Zugang zu den Erinnerungen an frühere Leben bekommst. Dein Unterbewusstsein hört auf deine wahren Gefühle, es »liest« sie, macht sich Bilder davon und reagiert auf sie. Deine Gefühle machen sich deutlicher bemerkbar als deine Worte. Dein Unterbewusstsein erkennt deine Absichten, die Worte, die du hörst, und jene, die du selbst aussprichst. Es interpretiert das alles und reagiert entsprechend darauf. Wenn du dich nur im mindesten unwohl fühlst mit den Worten, die du hörst, und mit den Bildern, die gleichzeitig dazu in deinem Geist auftauchen, oder wenn deine Gefühle nicht den Worten der Suggestionen entsprechen, die du hörst oder dir selbst vorliest, dann wird sich dein Unterbewusstsein immer an deine Gefühle halten, nicht an die Worte, und entsprechend reagieren.

Dein Glaube an dich selbst, an die Fähigkeit, dich für Erinnerungen an frühere Leben zu öffnen, ist mit entscheidend dafür, wie diese Erinnerungen auftauchen und welche Information du bewusst wahrnimmst. Wenn du meinst, du könntest keinen Zugang zu deinen Erinnerungen gewinnen, weil sie bloße Einbildung, ungültig und wertlos seien, wenn du selbst eine Rückführung für dich durchführst, dann wirst du dich möglicherweise dazu entschließen, einen Hypnosetherapeuten aufzusuchen, der dir dabei hilft, die Erinnerungen an vergangene Leben zu öffnen. Falls du dich dafür entscheidest, zu einem Therapeuten zu gehen, findest du hier eine Übersicht mit wichtigen Details, auf die du achten solltest. Einige davon sind auch dann wichtig, wenn du dich dazu entschließt, dir die Anleitung zur Rückführung von einem Freund oder einer Freundin vorlesen zu lassen.

Vertrauensvolles Verhältnis

Dies ist ganz entscheidend. Magst du die Person, die dich hypnotisiert? Hilft sie dir, dich gut zu entspannen? Fühlst du dich rundum wohl bei ihr? Du brauchst ein vertrauensvolles Verhältnis zum Hypnosetherapeuten deiner Wahl. Er oder sie muss jemand sein, dem bzw. der du völlig vertraust. Du wirst keine tiefen, schwarzen und unterbewussten Geheimnisse offenbaren, wenn deine Beziehung zu dieser Person nicht ganz stimmig ist. Solche Geheimnisse tauchen dann zwar vielleicht auf, du wirst sie dann jedoch verdrängen oder dich nicht darauf einlassen, sie umfassend zu verstehen, weil du diese Dinge nicht mit dem Therapeuten teilen willst. Möglicherweise lässt du dann noch nicht einmal zu, hypnotisiert zu werden, weil du die Suggestionen des Therapeuten abblockst. Du brauchst also unbedingt ein vertrauensvolles Verhältnis zu deinem Hypnotiseur und ein tiefes Vertrauen in seine bzw. ihre Fähigkeit, dich in und durch deine früheren Leben zu begleiten.

Wichtig ist auch, ob du dir eine Frau oder einen Mann als Hypnosetherapeuten aussuchst. Viele Menschen ziehen eine Therapeutin vor, weil die Stimme einer Frau (meist) weicher und ihrer Natur nach eher sanft ist. Achte darauf, wie du auf die Stimme des Therapeuten reagierst. (In den folgenden Abschnitten formuliere ich in der weiblichen Form. Du kannst ein »sie« aber jederzeit als ein »er« lesen.)

Qualifikationen und Zeugnisse

Überzeuge dich davon, dass die Therapeutin fachlich gut ausgebildet ist. Du willst ja nicht bei jemandem landen, der nur ein »How-to-do-Hypnose«-Buch gelesen oder einen Wochenend-Workshop besucht hat. Frage ruhig nach, wann sie ihr Zertifikat erhalten hat und an welcher Schule oder bei welcher Organisation sie ausgebildet worden ist. Erkundige dich auch, ob sie Mitglied in einem Berufsfachverband ist oder in einer Dachorganisation, die sich ethischen Standards verpflichtet hat. Eine professionell ausgebildete Hypnotiseurin wird all solche Fragen gern beantworten. Du möchtest dich ja professionell und kundig begleitet wissen – also wähle jemanden aus, der qualifiziert ist. Wenn du während deiner Rückführung emotional sehr aufgewühlt sein solltest, wird eine geübte Therapeutin damit gut umgehen können.

Professionalität

Am wichtigsten ist, dass du zu einer Hypnotiseurin gehst, die an frühere Leben glaubt. Das ist zwar eigentlich selbstverständlich, soll aber doch ausdrücklich erwähnt werden. Nicht jede Therapeutin kommt für dich in Frage. Erkundige dich, wie sie zur Hypnose gekommen ist und warum sie meint, dass Rückführungen hilfreich sind. Wenn sie sich dazu nicht recht äußern will oder kann, dann ist sie nicht für dich bestimmt. Wenn sie sagt, dass sie durchaus auch eine Rückführung anleiten kann, obwohl sie sonst anders arbeitet, dann klingt das nicht nach großer Begeisterung, und vielleicht interessiert sie sich mehr für dein Geld als dafür, dir zu helfen, etwas aus deinen früheren Leben zu erfahren und zu verstehen.

Atmosphäre

Neben der Professionalität solltest du auf die Atmosphäre achten, in der du hypnotisiert wirst. Hat die Therapeutin eine Praxis, oder arbeitet sie zu Hause? Wie ist der Raum gestaltet? Fühlst du dich dort wohl? Unterstützt das Ambiente des Zimmers eine Rückführung? Wie ist die Beleuchtung? Gibt es einen bequemen Sessel, in dem man sich zurücklehnen kann, oder einen bequemen Stuhl, der Kopf und Nacken stützt? Gibt es eine Couch, auf der du dich ausstrecken kannst? Oder hat die Hypnotiseurin beides, so dass du selbst wählen kannst? Die meisten Menschen ziehen einer Couch einen Sessel mit verstellbarer Rückenlehne vor, weil sie sich im Liegen verletzlicher fühlen.

Hört man Geräusche von draußen, wie Verkehr oder Züge, oder klingelt das Telefon in der Praxis? Gehen Menschen am Zimmer vorbei, die reden, oder gibt es irgendeine Lärmquelle in der Nähe? Ist die Temperatur im Zimmer angenehm oder zu kühl bzw. zu warm? In welche Stimmung versetzt es dich, in diesem Raum zu sein? Obwohl das kaum definierbar ist, kann es doch eine große Wirkung auf dein Wohlbefinden haben. Falls du dich im Behandlungszimmer nicht vollständig wohl fühlst, wirst du dich auch bei der Rückführung nicht wirklich wohl fühlen und entspannt sein.

Frage nach, ob während der Rückführung sanfte Musik oder Naturgeräusche abgespielt werden. Das hilft manchen Menschen, sich besser zu entspannen, stellt für andere aber eine große Ablenkung dar. Denn es könnte sein, dass du dich dann mehr auf die Musik konzentrierst und weniger auf die Informationen achtest, die aus früheren Leben auftauchen. Oder die Klänge führen dich möglicherweise in eine ganz andere Richtung. Wenn z. B. Meeresrauschen ertönt, stellst du dir vielleicht automatisch vor, an einem Strand zu sein. Unter Umständen kannst du die Musik aber auch ganz ausblenden, oder sie wird zu einem Teil dessen, was du in deiner Rückführung erlebst. Manche Therapeuten haben ein Aquarium in ihrer Praxis, und dann hört man Wasserblasen blubbern oder das Summen der Pumpe. Überprüfe, ob diese oder andere Geräusche dich stören könnten oder ob sie deine Entspannung eher fördern.

Achte auch auf die Düfte im Raum, und dazu gehört auch das Parfüm der Hypnotiseurin. Manche Therapeuten lassen

Räucherstäbchen brennen, um eine bestimmte Atmosphäre zu erzeugen, oder sie entzünden eine Kerze, deren tanzende Lichtschatten du sogar mit geschlossenen Augen wahrnehmen kannst. Wie reagierst du auf Räucherstäbchen, Duftkerzen oder Parfüm? Manche Menschen reagieren allergisch auf bestimmte Düfte und Aromen. Wenn du den Geruch nicht magst oder dich der Rauch stört, dann wirst du dich unwohl fühlen, und das wird dich von deinen Erinnerungen an frühere Leben mehr oder weniger ablenken.

Einstimmung zur Rückführung und die richtigen Worte

Frage bei diesem Thema unbedingt nach – es ist wirklich entscheidend. Manche Hypnosetherapeuten hängen noch der alten Schule an. Dann erklären sie dir z. B., dass du eine Treppe hinuntergehen und von eins bis zwanzig zählen sollst, sie tragen dir auf, »tiefer und tiefer zu gehen«, sie sagen, du sollst »einschlafen« und wirst von ihnen später wieder geweckt, indem sie bis fünf zählen und mit den Fingern schnippen. All das ist kontraproduktiv für Rückführungen. Diese Vorgehensweise ist viel zu stark reglementiert, und dein Unterbewusstsein wird sie ablehnen.

Dein Unterbewusstsein hört vielmehr auf sanfte Gesprächsmuster und weiche, beruhigende Sätze. Wenn man Zahlen verwendet, dann richtet sich das Alltagsbewusstsein auf die Zahlen aus, anstatt ruhiger zu werden, um sich für die Erinnerungen an frühere Leben im Unterbewusstsein zu öffnen. Es geht bei Rückführungen ja vor allem darum, dein Alltagsbewusstsein so weit zu beruhigen und zu entspannen – und nicht, es neu zu konzentrieren –, um auf ganz sanfte und natürliche Weise in dein Unterbewusstsein zu gelangen. Der

Begriff *Schlaf* ist nicht zutreffend. Wenn du in Hypnose bist, bist du weit entfernt davon zu schlafen. Du bist vielmehr wach und dir darüber bewusst, was geschieht. Vergewissere dich, dass die Hypnotiseurin statt des Wortes *Schlaf* Worte wie *entspannen, ruhig* oder *friedvoll* verwendet.

Das Wort *tiefer* kann ein bisschen problematisch sein, je nachdem, wie du darauf reagierst. Es ist als Wort an sich akzeptabel, könnte für dich aber trotzdem Probleme aufwerfen. Wenn für dich die Worte *tiefer* und *nach unten* Synonyme sind, kann *tiefer* dazu führen, dass du deine wache Bewusstheit ausschaltest. Du willst natürlich schon tiefer in dein Gedächtnis einsteigen und tiefer in dein Unterbewusstsein reisen. Wenn du das Wort *tiefer* aber damit assoziierst, dass du nach etwas graben musst, was schwer zu erreichen ist, oder damit, dass du dich tiefer in ein Problem verstrickst, bis zu einem Punkt vielleicht, an dem du allein gar nicht mehr daraus hervorkommst und du dort stecken bleibst, dann vermeide dieses Wort vollständig. Bei einer Rückführung geht man eigentlich auch nicht »tiefer« ins Unterbewusstsein, sondern deine unterbewusste Wahrnehmung wird verstärkt. Statt das Wort *tiefer* zu verwenden, könnte die Therapeutin z. B. sagen: »Du fühlst dich sehr entspannt, ruhig und friedvoll. Mit deinem Unterbewusstsein schaust du in der Zeit zurück, dorthin, wo du alle Erinnerungen an deine früheren Leben finden wirst.« Diese Suggestion hört sich zwar ganz normal und annehmbar an, wird aber eine große Wirkung auf den Rahmen und die Atmosphäre ausüben, in der deine Bewusstseinsreise verläuft, das heißt, wie du Erinnerungen an frühere Leben wahrnimmst und wie du die Rückführung insgesamt erlebst. Wenn du »in der Zeit zurückschaust«, wirst du ein außenstehender Beobachter sein, der zusieht, was geschieht. Wenn du jedoch »in der Zeit zurück*gehst*«, dann wirst du selbst mittendrin sein und deine Erinnerungen tatsächlich noch einmal erleben. Nur eine kleine Veränderung der Wortwahl vom passiven Ausdruck »in der Zeit zurückschauen« zum aktiven »in der Zeit zurückgehen« macht einen bedeutsamen Unterschied aus. Wenn du jedoch erst einmal Zugang zu deinen Erinnerungen an vergangene Leben erlangt hast, werden die Geschehnisse und Gefühle, die sie mit sich bringen, bestimmen, ob du die Ereignisse betrachtest oder an ihnen teilnimmst.

Sei auch achtsam in Bezug auf das Wort *unten*. Wenn deine Therapeutin dich dazu anleitet, nach *unten* zu gehen, schickt sie dich in die falsche Richtung. Du willst ja nach *oben* blicken, in die höheren Aspekte deine Seele. Im Wort *oben* schwingt mit, sich für etwas zu öffnen; das Wort *unten* bringt das Gefühl des Abschließens oder Abschaltens mit sich. Das wäre meine persönliche Interpretation. Wie denkst du über diese Worte? Was du bei ihnen empfindest, wird deine Fähigkeit beeinflussen, dich entweder für Erinnerungen an vergangene Leben zu öffnen oder dich davor zu verschließen.

Denke an zwei Dinge, wenn wir uns mit dem Thema Interpretation und Assoziation zu verschiedenen Worten beschäftigen: Dein Unterbewusstsein reagiert auf die Worte, die es hört, unmittelbar und buchstäblich. Und dein Unterbewusstsein reagiert auch emotional auf die Worte, die gesprochen werden. Wenn du die Worte nicht magst, die bei der Rückführung verwendet werden, oder wenn die Art und Weise, wie Sätze gebildet werden, für dich nicht passend ist, wirst du die betreffende Suggestion nicht annehmen und dich auch nicht auf sie einlassen. Du kannst die Worte dann entweder in deinem eigenen Geist neu formulieren oder das, was die Therapeutin sagt, völlig ausblenden.

Wenn du der Person vertraust, die du für die Rückführung ausgewählt hast, hast du unterbewusst auch schon zugestimmt, ihren Suggestionen zu folgen. Falls sie aber, und das ist ein großes *Aber*, etwas sagt oder suggeriert, was dir gegen den Strich geht oder nicht mit deinen innersten Glaubensmustern oder Wünschen übereinstimmt, wirst du ihrer Suggestion *nicht* Folge leisten. Dein Unterbewusstsein wird so etwas ablehnen. Du hast die Kontrolle und behältst sie auch die ganze Zeit.

Dein Unterbewusstsein mag kraftvolle, lebendige Worte, die in positiven Sätzen verwendet werden. Wenn deine Hypnotiseurin dir sagt, dass du keine Angst haben wirst, dann wirst du Angst haben. Das garantiere ich dir. Dein Unterbewusstsein wird das Wort *Angst* hören, nicht aber das Wort *keine*. Wenn sie z. B. sagt: »Du wirst nichts wahrnehmen, was dich verletzt«, dann kann dich diese Suggestion auf unterschiedliche Weise beeinflussen. Entweder du bemerkst gar nichts. Oder du konzentrierst dich auf das Wort *verletzt* und gehst nicht darüber hinaus. Wenn du die Suggestion akzeptierst, kann es sein, dass du einen wesentlichen Teil deiner Rückführung verpasst. Es gibt im Leben von jedem Menschen schmerzliche, verletzende, traumatische Ereignisse. Man kann sie aber auch auf eine positive Weise ansehen und erleben, um zu erkennen, worum es dabei wirklich ging, und um daraus zu lernen.

Eine bessere Art, diese Suggestion zu formulieren, wäre: »Alles, was du wahrnimmst, wird hilfreich für dich sein, um Geschehnisse und Gefühle in deinen früheren Leben zu verstehen und zu begreifen, wie ihre Beziehung zu deinem jetzigen Leben ist.« Deine Therapeutin sollte auch einen Satz über weißes Licht einflechten – nachdem sie dir zuvor weißes Licht erklärt hat –, der z. B. so lauten könnte: »Weißes Licht wird sich um alle Verletzungen, alles Leid und andere negative Dinge kümmern, denen du vielleicht begegnest.« (Im sechsten Kapitel gehen wir näher auf das weiße Licht ein.)

Nimmt sie dich nach unten in tiefe, dunkle Nischen deines Unterbewusstseins? Fordert sie dich auf, in einen Lift einzusteigen und Etage um Etage hinabzufahren, während du siehst, wie die Ziffern für die Etagen aufleuchten, bis sich die Aufzugstür in ein früheres Leben öffnet? Ich weiß nicht, wie es dir damit ergeht, aber ich hasse Aufzüge. Ich wurde einmal in einem Lift angegriffen und niedergeschlagen und hatte hinterher schwere Kopfverletzungen. Jetzt meide ich Aufzüge, wo es nur geht, und wenn ich doch mit einem Lift fahren muss, fühle ich mich beklommen. Wenn mich eine Therapeutin anleiten würde, in einen Lift zu steigen, nachdem ich mich zuvor gut entspannt hätte und offen für die Suggestionen wäre, würde ich mich hochreißen und aus ihrer Praxis rennen.

Leitet dich deine Hypnotiseurin an, einen langen Gang mit vielen Türen entlangzugehen, und sagt dir, dass sich jede Tür zu einem anderen früheren Leben öffnet? Diese Suggestion ist aus mehreren Gründen nicht in Ordnung. Was wäre, wenn du unter Klaustrophobie leidest, wenn du dich in einem langen, engen Gang befindest, weil du dich irgendwie eingesperrt fühlst und keinen raschen Ausweg siehst? Wenn du anfangs schon eine solche Sorge spürst, hast du vielleicht auch Angst, eine bestimmte Tür zu öffnen, weil du intuitiv aufnimmst, was sich dahinter verbirgt. Und wenn deine früheren Leben sozusagen in viele einzelne Kästchen gesteckt werden, dann gelangst du nicht in den Fluss von Ereignissen aus mehreren vergangenen Leben, die miteinander im Zusammenhang stehen.

Eine andere Sache, an die du denken solltest, ist, dass du mit der Therapeutin über Ängste, Phobien oder schlechte Erfahrungen sprichst, die vielleicht die Suggestionen, die sie dir während der Rückführung gibt, oder die Art und Weise stören könnten, wie sie dich anleitet, in frühere Leben zu reisen. Erkundige dich, wie sie die Suggestionen formuliert, und sage ihr, wie du sie am liebsten hören und auf welche Art du gerne in die Vergangenheit reisen möchtest. Indem du sie über deine Ängste und Phobien informierst, hilfst du ihr unter Umständen, dich in das frühere Leben zurückzuführen, in dem die Angst ihren Ursprung hat.

Nimmt sie dich nach oben ins Universum und hilft dir dabei, zu höheren Aspekten deiner Seele aufzusteigen, oder nimmt sie dich in einen Dachboden eines alten Hauses mit, in dem Erinnerungen an deine vergangenen Leben in einem verstaubten Schrankkoffer verstaut sind? Es kann Spaß machen, in einem alten viktorianischen Haus nach einem verborgenen Schatz zu suchen, aber das würde dich nicht sehr viel weiter zu früheren Leben bringen. Und was wäre, wenn du auf Staub allergisch bist? Dein Unterbewusstsein nimmt alles wortwörtlich. Willst du wirklich Niesanfälle in der Praxis haben?

Und nicht zuletzt möchtest du sanft und weich wieder in die Gegenwart zurückgebracht werden, nicht grob mit einem Fingerschnipsen der Therapeutin. Das könnte dich ziemlich erschrecken und vielleicht sogar Kopfschmerzen verursachen, nachdem du vorher so schön entspannt warst. Außerdem läuft man dann Gefahr, die meisten Erinnerungen wieder zu verlieren. Wenn man langsam aus der Vergangenheit wieder in die Gegenwart zurückkommt, dann wird damit auch sichergestellt, dass man sich an alles erinnert, was man erlebt hat, und dass auch die Bedeutung dessen klar bleibt.

Obwohl ich vorher festgestellt habe, dass Hypnose mit Schlaf nichts zu tun hat, kann man es aber in einer Hinsicht doch mit dem Schlaf vergleichen, und zwar in Bezug auf den Vorgang des Zurückkommens und der Neuorientierung. Wenn du durch das Klingeln des Weckers aufwachst, springst du aus dem Bett, mit klopfendem Herzen, und es dauert ein paar

Minuten, bis du wirklich ganz wach bist, dich auf den Tag eingestellt hast und genau weißt, wo du bist und was als Nächstes zu tun ist. Deine Träume fallen in die Vergessenheit. Wenn du jedoch langsam und natürlich aufwachst, ohne herausgeklingelt zu werden, fühlst du dich gut und entspannt, und deine Träume sind noch in sichtbarer Nähe. Das Gleiche gilt für die Rückkehr von Reisen in frühere Leben, außer dass du dich dann immer gut an alles erinnerst.

Erstgespräch

Eine qualifizierte Therapeutin wird mit dir am Telefon sprechen, wenn du zum ersten Mal anrufst, oder sie wird dich zurückrufen, wenn du eine Nachricht hinterlässt. Entweder bietet sie dir eine kostenlose viertelstündige Konsultation an, wenn du zum ersten Mal in ihre Praxis kommst, oder sie wird ein Telefongespräch zu diesem Zweck vereinbaren. Ein persönliches Gespräch von Angesicht zu Angesicht ist vorzuziehen. Sei dabei aber nicht zu fordernd. Mehr als eine Viertelstunde ist nicht notwendig, um festzustellen, ob eine bestimmte Hypnotiseurin für dich »passt«, und reicht auch aus, um sie mit den Grundinformationen zu versorgen, die sie benötigt, um dir auf bestmögliche Weise zu helfen.

Wenn du nie zuvor hypnotisiert worden bist, wird sie dir den Prozess einer Hypnose erklären und dir klarmachen, dass jede Hypnose im Grunde genommen Eigenhypnose ist. Sie wird dich bitten, dich durch tiefe Atmung zu entspannen und zu spüren, wie sich alle Muskeln im Körper lockern. Oder sie wird dir eine andere Methode zeigen, wie man ruhig und still wird. Dies dient als Vorbereitung für die Sitzung. Sie wird auch auf deine Fragen eingehen, damit du beruhigt bist und dich wohl fühlst, und sie wird erklären, wie sie bei Rückführungen vorgeht.

Zeitrahmen

Erkundige dich, wie lange die Rückführung in etwa dauert. Führt sie dich vielleicht 45 Minuten lang zurück und hört dann abrupt auf, wenn die Dreiviertelstunde vorbei ist, obwohl du vielleicht mitten in den Leiden einer Todesszene bist, nimmt dein Geld, vereinbart einen neuen Termin und begleitet dich zur Tür, während du noch voller Fragen und Sorgen bist? Rückführungen sollten in einer friedvollen Atmosphäre stattfinden und mit dem Gespür dafür, dass der Klient die wichtigste Person bei diesem Vorgang ist.

Gebühren

Eine angemessene Gebühr für eine Rückführung, die anderthalb bis zwei Stunden dauert und vor der ein kostenloses Erstgespräch angeboten wird, liegt zwischen 50 und 120 Euro. Manche Hypnosetherapeuten verlangen mehrere hundert Euro, aber da wäre ich an deiner Stelle eher vorsichtig. Eine Rückführung in der Gruppe sollte zwischen 20 und 35 Euro kosten. In einer Gruppenrückführung kann man dir allerdings keine persönliche Aufmerksamkeit widmen, und es kann vorkommen, dass du in neue Szenen gedrängt wirst, bevor du eigentlich bereit bist weiterzugehen.

Pass auf, falls eine Therapeutin Termine für mehrere Sitzungen mit dir vereinbaren will. Eine gute längere Sitzung reicht vollkommen aus, um dir zu helfen, dich für Erinnerungen an vergangene Leben zu öffnen. Wenn das erst einmal geschehen ist, kannst du allein weitermachen. Wenn du die Hypnotiseurin danach dennoch erneut aufsuchen möchtest, sollte die Gebühr niedriger sein, da sie ja nicht mehr die ganze Einführung machen muss und du schon damit vertraut bist, in eine Ebene des Unterbewusstseins einzutauchen. Du wirst dich dann auch rascher als zuvor auf Erinnerungen an frühere Leben einstellen können, weil du schon einen Weg in die Vergangenheit gefunden und deine unterbewusste, spirituelle Wahrnehmung dafür geöffnet hast.

Heilung

Frage die Therapeutin auch, wie sie dein Karma ausgleichen und die Ereignisse und Gefühle aus früheren Leben während der Rückführung heilen wird, oder ob das überhaupt etwas ist, womit sie sich auskennt und was sie tut. Dein Karma kann auf zweierlei Weise in Balance gebracht werden: entweder unmittelbar während der Rückführung mit Hilfe der Energien deiner Gefühle. Oder es wird während der Rückführung mit dem Ausgleich begonnen und dieser Prozess dann durch positive Handlungen in der Gegenwart abgeschlossen. Dieser Karmaausgleich bewirkt ein Loslassen unguter Gefühle und befreit dich von negativem Karma, also negativen Handlungen und Erfahrungen aus der Vergangenheit, die heute immer noch ihre Wirkungen zeitigen.

Jegliche Negativität zu heilen, die in deinem Bewusstsein während einer Rückführung auftaucht, ist ein wesentlicher Punkt, weil es wichtig ist, dass du keine negativen Energien aus früheren Leben in deine Gegenwart mitbringst. Erkundige dich, wie die Hypnotiseurin negative Energien klärt und auflöst. Befrage sie zum weißen Licht. Wenn sie davon nichts weiß, steh auf und gehe oder beende höflich das Telefonat. Weißes Licht ist ein grundlegender und integraler Bestandteil von Rückführungen. Man verwendet es sowohl zum Schutz als auch zur Heilung.

Da wir gerade beim Thema des spirituellen Umgangs mit Energien aus früheren Leben sind – erkundige dich auch danach, wie sie mit den Zeiten zwischen den Leben umgeht. Geht sie überhaupt darauf ein, nur sehr kurz oder sogar intensiv? Du brauchst eine Therapeutin, die die Bedeutung des Todesübergangs versteht – wenn man in diesen »Zwischenraum« zwischen zwei Leben geht, in dem man das vergangene Leben Revue passieren lässt und spirituelle Energien aufnimmt. All dies sind auch wichtige Aspekte deiner Rückführung, und du solltest sie nicht versäumen.

Integration von Erfahrungen

Erkundige dich auch, wie sie dir dabei helfen kann, die Erfahrungen und Emotionen aus früheren Leben mit deinen jetzigen Erlebnissen während der Rückführung zu verbinden. Erfrage, wie sie dir hilft, deine Erfahrungen während der Rückführung später noch weiter in dein Alltagsleben zu integrieren. Welchen Satz oder welche Suggestion verwendet sie, um dir zu helfen, dich an Dinge aus deinen früheren Leben zu erinnern, wenn die Rückführung beendet ist? Bietet sie dir zusätzlich zum Erstgespräch auch ein Gespräch nach der Rückführung an?

Macht sie sich während der Rückführung Notizen oder macht sie eine Tonaufnahme und bietet dir Notizen oder Aufnahme danach an? Viele Menschen freuen sich über eine Tonaufnahme von ihrer Rückführung, damit sie sich später in Ruhe Zeit dafür nehmen können, noch einmal alles anzuhören und darüber nachzudenken. Dabei tauchen dann vielleicht zusätzliche aufschlussreiche Erinnerungen auf, oder es werden gar neue ausgelöst, für die während der Rückführung entweder keine Zeit war oder die man einfach gar nicht bemerkt hatte. Ein weiterer Vorteil einer Tonaufnahme besteht darin, dass man sich die Einstimmung in die Rückführung wieder anhören und dann in so viele weitere Leben »einsteigen« kann, wie man möchte.

Pro und Kontra

Wenn du zu einer Hypnosetherapeutin gehst, dann vertraust du darauf, dass sie dich während der Rückführung korrekt anleitet und begleitet und dass sie im Bezug auf Hypnose und Rückführungen erfahren und kundig ist. Sich an eine Hypnotiseurin zu wenden, kann für solche Menschen ratsam sein, die meinen, dass sie die Rückführung nicht selbst und allein durchführen möchten oder können. Andere Menschen befürchten, dass sie allein keinen Zugang zu den Informationen aus vergangenen Leben finden könnten, und wenden sich deshalb an eine Hypnotiseurin, weil sie sich dann sicher fühlen, dass die Erinnerungen auftauchen werden. Wenn du glaubst, einer dieser Gruppen von Menschen anzugehören, dann wende dich ruhig an einen qualifizierten Hypnosetherapeuten, um Erinnerungen an frühere Leben zu gewinnen.

Dieses Buch befasst sich zwar vor allem damit, wie man selbst eine umfassende und vollständige Rückführung für sich durchführen kann, und es beschreibt etliche andere Möglichkeiten, Erinnerungen an vergangene Leben freizulegen. Und doch ist es unter Umständen von Vorteil, zu einer Hypnotiseurin zu gehen. Wenn sie sich auf das einstimmt, was man während seiner Rückführung erlebt, kann sie den Klienten unmittelbar und persönlich auf eine Weise begleiten und anleiten, die ihn am besten dabei unterstützt, die Erlebnisse und Emotionen aus früheren Leben ganz zu erfahren und zu erforschen, und sie kann auch wertvolle Einsichten vermitteln.

Du kannst all das aber auch erreichen, wenn du dich selbst in frühere Leben zurückführst. Wenn du zu irgendeiner Zeit während deiner Rückführung das Gefühl hast, dass du tiefer gehen und etwas noch genauer erforschen willst, dann halte einfach inne und gib dir selbst genügend Ruhe, um so tief in deine Erinnerungen zu gehen, wie du das möchtest.

Du wirst später in diesem Buch entdecken, dass du deinen eigenen intuitiven inneren Führer hast. Du wirst eine Seelenverbindung mit deinem höheren Selbst eingehen, das dann dein innerer Führer ist. Im achten Kapitel wirst du deinem höheren Selbst begegnen, falls du das nicht schon zuvor erlebt hast. Dein höheres Selbst, das alles von dir weiß und alle deine Erinnerungen an frühere Leben kennt, weiß am allerbesten, wie es dich anleiten soll – denn im Grunde genommen führst du dich selbst und vermittelst dir Einsichten und Antworten von der Ebene eines erhöhten Seelenbewusstseins aus.

Wenn du deine eigene Rückführung vollziehst, dann weißt du, dass du die Fähigkeit hast, dich für Erinnerungen an vergangene Leben zu öffnen. Vertraue dieser Fähigkeit. Dein Selbstvertrauen wird dein Unterbewusstsein dazu anregen, sich zu öffnen und all die anschaulichen Einzelheiten und Gefühle in Form von bewegten Bildern zu zeigen, die zu deinen Erinnerungen an frühere Leben gehören. Dein Unterbewusstsein wird dir dann ein umfassendes Verständnis all dessen vermitteln, was du in der Rückführung erlebst.

3. Prägungen und Eindrücke aus deinen früheren Leben

Eine Rückführung ist nicht die einzige Möglichkeit, vergangene Leben zu entdecken. Bevor wir uns auf die Reise in deine früheren Leben begeben, gibt es zahlreiche andere Methoden, wie du dich daran erinnern und ein recht gutes Gefühl für vergangene Inkarnationen entwickeln kannst, ohne eine Rückführung zu machen. Viele Informationen erhältst du in Träumen. Ebenso durch anscheinend zufällige Gedanken und Tagträumereien, über deine Intuition, durch Bilder, die plötzlich in deinem Geist auftauchen, im Rahmen von Meditationen und aufgrund von Déjà-vu-Gefühlen. Schließlich auch durch Ahnungen von Erlebnissen, die du in früheren Leben hattest. Wenn du mehr auf solche Zeichen achtest und dich mit diesen vorläufigen Hinweisen näher beschäftigst, werden weitere Informationen auftauchen und dir zeigen, wie du Ereignisse und Gefühle aus früheren Leben noch besser erforschen kannst. Hinweise, die in Träumen oder Meditationen auftauchen, und Gefühle, die sich auf vergangene Inkarnationen beziehen, sendet dir auch dein Unterbewusstsein, also deine Seele bzw. dein spirituelles Bewusstsein.

Du kannst Einflüsse aus früheren Leben in der Gegenwart erkennen. Die Prägungen und Eindrücke aus vergangenen Zeiten haben sich in deiner Seele sozusagen eingebrannt, und sie spiegeln sich in ähnlichen Alltagserfahrungen wider, mit denen man sich konfrontiert sieht. Wiederholungen aus früheren Lebenserfahrungen sind überall um uns herum, weil sich die Energien vergangener Geschehnisse durch die Zeit bis in die Gegenwart fortsetzen.

Schau dir einmal die Situationen in deinem Leben an, die sich häufiger auf ähnliche Weise ereignen. Oft sind das Dinge, die von Erfahrungen aus früheren Leben beeinflusst werden. Diese wiederkehrenden Situationen zeigen dir, wie sich dein Karma entfaltet und was du mitgebracht hast, sowohl im Guten wie im Schlechten. Du kannst Prägungen aus vergangenen Leben nachverfolgen, indem du registrierst, was jetzt in deinem Leben passiert und welche Gefühle du damit verbindest. Folge deinen Emotionen und deinem inneren spirituellen Gespür, um Zusammenhänge zwischen dem gegenwärtigen und früheren Leben zu entdecken.

Die Schwingungen aus vergangenen Ereignissen können in der Gegenwart in Gestalt anscheinend zufälliger Begegnungen und sogenannter Fügungen auftauchen, von denen du angezogen wurdest, damit sie deine Seele erfährt. Du kannst sie auch als unerwartete glückliche Umstände erleben, bei denen alles genau zusammenpasst. Oder sie zeigen sich, indem du zur rechten Zeit am richtigen Ort bist. Vor der Geburt in dieses Leben hast du dir bestimmte Erfahrungen ausgewählt und erschaffen, die deiner Seelenentwicklung dienen. Wenn sich solche Schwingungen aus früheren Leben in deinem Leben bemerkbar machen, erinnerst du dich an sie auf der Ebene deiner Seele.

Manche der Geschehnisse und Gefühle aus vergangenen Leben hast du womöglich schon bemerkt, ohne dir dessen richtig bewusst zu sein. Sie befinden sich vielleicht gerade noch unter der Oberfläche deines Unterbewusstseins, in Form eines Gefühls oder eines Bildes, und warten nur darauf, dass du sie entdeckst. Sie tauchen immerzu in deinem jetzigen Leben auf – manchmal als kleine Begebenheiten, manchmal aber auch auf dramatische Weise.

Bruchstücke aus Erlebnissen in einem früheren Leben können

wie Rückblenden auftauchen, wenn du eine vorübergehende Erinnerung an ein wichtiges Ereignis hast, das in Form von flüchtigen Eindrücken und zufälligen Bildern aus heiterem Himmel in deinen Gefühlen und Gedanken erscheint. Meistens machen sich solche Erinnerungen bemerkbar, wenn eine Situation in deinem jetzigen Leben dem sehr ähnlich ist, was du in einem früheren Leben bereits erfahren hattest. Solche Gefühle und flüchtigen Bilder können geistige Fenster und Türen öffnen – neue Möglichkeiten der Wahrnehmung –, so dass du deine Erinnerungen noch deutlicher erkennst und sie noch weiter vertiefen kannst, um all ihre Aspekte zu erforschen.

Wenn du anfängst, darauf zu achten, wie sich deine Vergangenheit in der Gegenwart widerspiegelt, hast du zunächst vielleicht einfach nur ein allgemeines Gefühl, ein intuitives Wissen oder eine bestimmte geistige Haltung. Gib diesen Einblicken oder subtilen Gefühlen Raum, weiter zu wachsen. Respektiere dein Gefühl. Verlange jedoch nicht, dass es sich sofort und eindeutig zeigt. Du wirst es verlieren, wenn du etwas erzwingen willst. Lass es sich auf sanfte Weise in deinem Geist entfalten, so, als ob du über ein vages Traumbild nachdenkst, bevor es ganz sichtbar wird.

Es kann z. B. passieren, dass du scheinbar unvermittelt das Gefühl hast, früher einmal im Dschungel gelebt zu haben. Drei Tage später spürst du dann ziemlich stark, dass du damals ein Mann warst. Mit der Öffnung für solche Impulse siehst du später vor deinem geistigen Auge jemanden mit dunkler Haut, der einen Lendenschurz trägt und einen Speer hält. In einer der folgenden Nächte träumst du von einer solchen Person. In deinem Traum erinnerst du dich an zusätzliche Informationen aus ihrem bzw. deinem Leben. Im Laufe der Zeit erhältst du schließlich in Form von Gedanken und

Gefühlen weitere Einblicke in dieses Leben, und du bemerkst vielleicht, was der Sinn dieses Lebens gewesen ist, warum du dich an diese Inkarnation nun erinnerst und wie sie mit deinem jetzigen Leben zusammenhängt.

Manchmal werden die Gefühle, die dir bewusst werden, eher allgemeiner Natur sein. Madeline, eine meiner Studentinnen, erzählte mir einmal, dass sie sich an ihrer Arbeitsstelle wie erstickt fühlte und Platzangst hatte. Ihr Büro war ein kleines Kämmerchen ohne Fenster, aber sie spürte, dass noch mehr dahinterstecken musste. Sie hatte auch Probleme mit ihrem Chef, der ihren Vorschlägen nicht die Aufmerksamkeit und Wertschätzung entgegenbrachte, die sie verdient hätten. Sie meditierte über ihre Gefühle, um zu sehen, ob es eine Verbindung zwischen einem früheren Leben und dem gab, was sie jetzt erlebte. Auf diese Weise erinnerte sie sich an ein Leben, in dem ihr Mann ihr Chef gewesen war und ihr nicht erlaubt hatte, ihre Gefühle und Meinung zum Ausdruck zu bringen. Im gegenwärtigen Leben machte sie nun eine recht ähnliche Erfahrung – als ob sie quasi geistig erstickt und nicht anerkannt würde.

Wenn man Gefühle hat, die man nicht klar benennen kann, wenn man sich z. B. in bestimmten Situationen im jetzigen Leben wohl oder unwohl fühlt, aber gar nicht weiß, warum, oder wenn man auf gewisse Umstände gar nicht charakteristisch reagiert, dann könnte es sein, dass man Emotionen aufnimmt, die aus unterbewussten Erinnerungen an vergangene Leben stammen und jetzt auf einen einwirken. Die heutigen Gefühle und Reaktionen werden dann durch die Ähnlichkeit mit Situationen in früheren Leben hervorgerufen.

Diese vergänglichen Gefühle und flüchtigen Einblicke fördern, dass mehr und mehr Erinnerungen an frühere Leben auftauchen – in deinen Gedanken und Gefühlen, in nächtlichen Träumen und in Meditationen. Wenn du erst einmal deinen Wunsch und deine Absicht klar zum Ausdruck gebracht hast, dich an Erfahrungen aus früheren Leben zu erinnern, dann hast du damit den Weg bereitet bzw. die entsprechende Schwingung geschaffen, damit sich Ereignisse und Emotionen aus der Vergangenheit zeigen können. Du brauchst dann nur darauf zu achten, wie und wann sich die Vergangenheit in deiner Gegenwart bemerkbar macht.

Es kann auch sein, dass du ein absolut sicheres Gefühl des Wissens in Bezug auf ein Ereignis in einem früheren Leben hast. Das nennt man spontane Erinnerung. So etwas kann sehr aufregend sein, weil es meist durch ein besonderes Erlebnis in der Gegenwart ausgelöst wird, das sich durch eine intensive Emotion auszeichnet, die jenem Gefühl ähnlich ist, das du beim Ereignis im früheren Leben erfahren hast.

Zusammenhänge zwischen Vergangenheit und Gegenwart

Erinnerungen an frühere Leben zeigen sich in der Gegenwart auf unterschiedliche Weise. Landschaften, die dich an Orte erinnern, wo du früher einmal gelebt hast, können solche Bilder aus früheren Leben auslösen. Eine Freundin von mir fuhr mit ihrem Mann geschäftlich nach Schottland. Sobald sie dort angekommen waren, wurde sie schier überflutet von Erinnerungen daran, wie sie dort in einem früheren Leben mit ihrem Mann gelebt hatte. Alles war ihr vertraut, sie kannte sich aus und brauchte nicht nach dem Weg zu fragen.

Eine Studentin von mir hat sich immer nach Ägypten hingezogen gefühlt. In den 70er-Jahren vertiefte sie sich in das Wissen um die Kräfte der Pyramiden. Sie gab sogar ihrem Hund den Namen Pharao, und ihre Katze hieß Sphinx. Sie ging in ein Museum, das gerade eine Ägyptenausstellung zeigte. Als sie die Ausstellungsstücke sah, stiegen spontan Erinnerungen an ein Leben in Ägypten an die Oberfläche ihres Alltagsbewusstseins. Das inspirierte sie so stark, dass sie eine Reise nach Ägypten buchte. Als sie dort war, erhielt sie noch sehr viele weitere aufschlussreiche Erinnerungen an ein vergangenes Leben in diesem Land.

Vielleicht fühlst du dich von einem speziellen Ort angezogen, weil deine Seele dort etwas erfahren soll, um weiter zu wachsen und zu lernen. Oder dort lebt eine Person aus einem früheren Leben, der du jetzt wieder begegnen sollst. Bei einer Buchmesse kam eine Frau an den Stand, um sich mein Buch über mediale Wahrnehmung anzusehen, und sie fing eine Unterhaltung mit mir an. Sie erzählte, dass sie früher in einem anderen Staat gelebt hatte und dort auch recht glücklich gewesen war, aber dennoch den unwiderstehlichen intuitiven Drang gespürt hatte wegzuziehen. Sie folgte ihrem Gefühl und traf dann an ihrem neuen Wohnort ihren jetzigen Mann. Sie sagte, dass sie in dem Augenblick, als sie ihn zum ersten Mal gesehen hatte, wusste, dass sie schon einmal zusammen gewesen waren. Ihre Seele hatte sie dorthin geführt, damit sie sich mit ihrem Seelenpartner wieder vereinigen konnte.

Vielleicht hast du schon einmal eine spontane Anziehung oder eine deutliche Abneigung gegenüber einem Menschen empfunden, den du gerade erst getroffen hast. In solchen Fällen ist es sehr wahrscheinlich, dass du diesen Menschen schon in einem früheren Leben gekannt hast. Deine Seele erinnert sich an diesen Menschen, auch wenn du es bewusst nicht tust. Wie oft ist es dir schon passiert, dass du bei der Begegnung mit einem Menschen das Gefühl hattest, dass du mit ihm einfach dort weitermachen kannst, wo ihr irgendwann aufgehört habt? Und dass du es dir so vorkommt, als ob ihr nur kurze

Zeit voneinander getrennt gewesen wärt? Im neunten Kapitel gehe ich näher darauf ein, wie Personen aus früheren Leben im gegenwärtigen miteinander zu tun haben können.

Sieh dich um, was in deinem Alltag geschieht. Notiere dir deine Gefühle und Reaktionen auf alltägliche Dinge und Situationen, die auf den ersten Blick ganz normal aussehen und sich später dann doch als sehr bedeutsam herausstellen können. Wenn du sie näher betrachtest, findest du so vielleicht Hinweise darauf, wer du einmal gewesen bist und was du in deinen früheren Leben gemacht hast.

Deine gegenwärtige Lebensführung kann dir zeigen, wie deine Vergangenheit auf dich wirkt. Die Dinge, die du gerne tust und mit denen du dich wohl fühlst, sind unter Umständen Dinge, die du früher getan und genossen hast. Wenn du ein Talent oder eine Vorliebe für bestimmte Dinge hast oder immer schon ein spezielles Hobby ausüben oder dich näher mit etwas befassen wolltest, könnte dein Wunsch danach ein früheres Leben widerspiegeln, in dem du genau das getan oder ausgeübt hast. Deine Vorliebe für oder die Abneigung gegen eine bestimmte Art des Essens könnte ein Schlüssel dafür sein, wo du früher gelebt hast. Dein Heim und wie du es einrichtest hat möglicherweise etwas mit den Plätzen zu tun, an denen du früher gewesen bist. Dein jetziger Beruf könnte eine Fortsetzung von damals sein. Wenn du etwas wirklich magst und gut darin bist, dann ist dies ein ziemlich sicheres Indiz dafür, dass du dich auch in einem früheren Leben schon damit beschäftigt hast.

Wenn du die Gegenwart betrachtest, um etwas über die Vergangenheit herauszufinden, dann richte deinen Blick auf dich selbst. Manche der Persönlichkeitsmerkmale und der kleinen Eigenheiten, die eben gerade dich ausmachen, könnten aus früheren Leben übernommen worden sein. Schau dir deine Ängste an. Wenn du dafür keine Ursache in diesem Leben finden kannst, stammen sie womöglich aus deiner Vergangenheit. Emotionen aus früheren Leben werden sehr deutlich und stark übertragen, manchmal allerdings ohne entsprechende Erinnerung an die ursprünglichen Auslöser. Das erklärt vielleicht, warum du in bestimmten Situationen oder auf gewisse Menschen in ganz anderer Weise als sonst reagierst.

Deine Gesundheit kann dich auf etwas hinweisen, was du in früheren Leben erfahren hast. Das »Gesundheitskarma« kann ein symbolischer Hinweis auf Handlungen und Einstellungen in vergangenen Leben sein. Vielleicht hast du eine körperliche Beschwerde, um eine besondere Lektion zu lernen oder Eigenschaften wie Empathie und Mitgefühl zu erfahren. Muttermale sind manchmal Anzeichen für Verletzungen oder Traumata, die man in einem früheren Leben an dieser Stelle erlitten hat. Wenn du ein Mal am Nacken hast, bist du unter Umständen in einem vergangenen Leben erhängt worden. Schmerzen und Leiden, die quasi aus dem Nichts kommen, ohne erkennbaren Grund im jetzigen Leben, können auf Einflüsse aus früheren Leben zurückgehen.

Die derzeitigen Lebensumstände bieten dir Einblicke in das, was du in früheren Leben erfahren hast und wie du warst. Echos aus der Vergangenheit finden sich auch in gegenwärtigen Problemen und Situationen, die ihren Ursprung in früheren Leben haben. Wenn du dich also fragst, warum du in Bezug auf bestimmte Menschen oder in manchen Situationen starke Gefühle entwickelst, wofür es in deinem gegenwärtigen Leben keinen offensichtlichen Grund gibt, dann überlege, ob es in einem früheren Leben dafür eine Ursache gegeben haben könnte. Sei empfänglich dafür, Einflüssen aus der Vergangenheit Beachtung zu schenken, die sich in deinen Gefühlen, Lebensumständen, Beziehungen und Erfahrungen in diesem Leben möglicherweise widerspiegeln.

Intuition – dein inneres Wissen

Du kannst Eindrücke und Prägungen deiner früheren Leben auch dann besser kennenlernen, wenn du auf deine Ahnungen achtest und dich für dein inneres Wissen öffnest – für deine Intuition – und indem du dich auf deine spirituelle Wahrnehmung einstimmst. Deine Intuition ist eine angeborene Fähigkeit. Du bist mit spirituellem Wissen geboren worden und kannst dich jederzeit darauf einstellen und es nutzen. Intuitiv kannst du unter die Oberfläche deiner derzeitigen Erfahrungen blicken, um darin Widerspiegelungen entsprechender Ereignisse in früheren Leben zu entdecken.

Deine Intuition kann dir helfen, flüchtige Bilder und Gedanken, die durch deinen Geist ziehen und bei denen du spürst, dass sie etwas mit einem früheren Leben zu tun haben, zu durchschauen und zu verstehen. Du kannst Zugang zu deinem inneren Wissen erlangen – zu deiner spirituellen Bewusstheit vordringen –, um wahrzunehmen, wie die Vergangenheit bis in die Gegenwart hineinreicht. Vertraue deinen Gefühlen und dem, was du als stimmig und wahr empfindest. Deine Einsichten und dein inneres Wissen – deine intuitive Bewusstheit – werden dir im folgenden Exkurs Bilder aus früheren Leben zeigen. Du weißt bereits in deinem Unterbewusstsein, was in deinen vergangenen Leben passiert ist.

Exkurs: Intuitive Eingebungen

Diese einfache Meditation wird dir viele Mosaiksteinchen aus deinen früheren Leben zeigen. Vielleicht bietet sie dir sogar den Überblick über ein ganzes vergangenes Leben oder sie gibt dir einen Anfangshinweis, was du bei einer Rückführung erleben wirst. Die Meditation ist darauf gerichtet, Erfahrungen und Situationen aus Vergangenheit und Gegenwart deutlich zu machen, die sich ähnlich sind. Damit folgst du einem roten Faden und einer Energie, die von der Gegenwart in die Vergangenheit zurückreicht.

Eingebungen

Atme tief ein und entspanne dich. Lass alle Anspannung in deinem Körper los. Lass dein Alltagsbewusstsein ruhig und still werden. Atme einige Minuten lang ganz natürlich und normal, während sich dein Körper weiter entspannt. Während du deine Mitte findest, gelangst du in einen meditativen Zustand.

Denke an eine Situation oder ein Problem, das dich jetzt beschäftigt und das mit etwas aus der Vergangenheit zusammenhängen könnte. Konzentriere dich auf deine Gefühle und auf das, was jetzt in der Gegenwart passiert und dich in die Vergangenheit führen könnte. Öffne dich für deine Intuition – dein inneres Wissen –, damit sie dir Ereignisse und Emotionen aus der Vergangenheit zeigt, die irgendwie mit den Erfahrungen verwandt sind, die du jetzt in der Gegenwart machst. Lass vor deinem inneren Auge Szenen aus einem früheren Leben auftauchen. Spüre in sie hinein und mache sie dir bewusst. Stimme dich auf die Gefühle ein, die du damals erlebt hast. Lass dich ganz auf die Energien, Bilder und Stimmungen ein, die sich dort abspielen. Achte auf deine Gefühle und Gedanken von damals und folge dem Fluss deiner Einblicke und der intuitiven Information, die in dir auftaucht.

Beobachte, ob es Ähnlichkeiten zwischen den Ereignissen in diesem vergangenen Leben und deinem jetzigen gibt. So kannst du unter Umständen besser verstehen, auf welche Weise deine Vergangenheit dich heute beeinflusst. Achte auf Zusammenhänge. All das kann sich im Verlauf der Meditation einstellen.

Wenn du damit fertig bist, komm langsam in die Gegenwart zurück und bewahre dir die Bewusstheit all der Geschehnisse und Gefühle aus dem früheren Leben.

Denke über die gesehenen Bilder nach, über deine Gedanken und Gefühlen – über das, was dir bewusst geworden ist.

Déjà-vu und Träume

Du kannst dich an frühere Leben und Erfahrungen auch durch sogenannte Déjà-vu-Erlebnisse erinnern. Ein Déjà-vu ist das Gefühl, irgendwo schon einmal gewesen zu sein, etwas schon früher einmal gesehen zu haben, genau zu wissen, was als Nächstes passieren wird. Dieser Begriff aus dem Französischen heißt wörtlich übersetzt »schon gesehen«. Du hast so etwas sicher schon mehrfach erlebt, und manche dieser Erlebnisse sind tatsächlich bereits Hinweise auf Ereignisse in einem früheren Leben gewesen.

Ein Déjà-vu wird durch Ähnlichkeiten zwischen Situationen und Gefühlen in der Vergangenheit und Situationen und Gefühlen in der Gegenwart ausgelöst. Du reagierst vielleicht auf etwas in deinem Umfeld mit dem unheimlichen Gefühl, dass du das doch schon einmal erlebt hast, ohne genau zu wissen, wann und wo das war, und ohne dich an weitere Einzelheiten erinnern zu können.

So erging es einem meiner Studenten, für den ein Déjà-vu-Erlebnis der Beginn einer Erinnerung an ein früheres Leben darstellte. Er war auf dem Weg zu einer Buchhandlung, die er zuvor nie besucht hatte, um dort an einem Workshop teilzunehmen. Es war ein ziemliches Stück Weg von seinem Wohnort aus dorthin, und er hielt sich an die Anfahrtsbeschreibung, als er hinter ein paar Bäumen einen Park in der Nähe sah. Sein Herz fing plötzlich stark an zu schlagen, und er fühlte sich sofort von diesem Park angezogen. Deshalb hielt er an und schaute sich um. Als er durch den Park lief, hatte er das Gefühl, eine ähnliche Szene schon einmal erlebt und dabei Angst gehabt zu haben. Er spürte, dass an diesem Ort, der ihm so vertraut erschien, mehr war. Ohne jeden Zweifel wusste er, dass er irgendwann schon einmal dort gewesen sein musste. Seine Erinnerung zupfte gewissermaßen an seinem Geist. Und dann erinnerte er sich. In einem vergangenen Leben war der Park ein Feld, über das er gerannt war, um so schnell wie möglich zu seinem Bauernhaus zu gelangen, das in Flammen stand. Sein Herz schlug erneut viel stärker, als er die Angst noch einmal erlebte, die er damals gespürt hatte. Er war im damaligen Leben so schnell gelaufen, wie er nur konnte, um seine Frau und seine kleine Tochter zu retten.

Déjà-vus müssen nicht immer eine weltbewegende Erfahrung sein. Meistens zeigt sich solch ein Erlebnis auf stille Weise, fast unmerklich. Wenn du einem Déjà-vu deine ganze Aufmerksamkeit zuwendest und deine intuitive Wahrnehmung dabei öffnest, dann tauchen währenddessen Erinnerungen an frühere Leben auf.

Du kannst so etwas jedoch auch in einem Traum erleben. Ständig tauchen Bilder aus früheren Leben in deinen Träumen auf. Vielleicht hast du schon von Erfahrungen aus vergangenen Leben geträumt, dann den Traum aber wieder vergessen oder ihn als bedeutungslos abgetan. Wenn etwas in deinem jetzigen Leben eine Erinnerung an einen Traum auslöst und du meinst, dass dies mit einem Déjà-vu-Erlebnis zu tun hat, dann nutze dieses Gefühl, um die Geschehnisse aus dem Traum in dein Alltagsbewusstsein zu rufen.

Träume spielen sich in unserem Unterbewusstsein ab, dort, wo auch die Erinnerungen an frühere Leben gespeichert sind. Sie bringen uns immer wieder auch Bilder aus früheren Leben und weisen uns auf Zusammenhänge hin. Damit wirken Träume wie ein Tor, das Vergangenheit und Gegenwart miteinander verbindet. Manche Träume über frühere Leben zeigen klare Bilder, wer du damals gewesen bist und was du erlebt hast. Sie stellen Umstände dar, die sich direkt auf dein jetziges Leben beziehen, und erklären die Beziehung zwischen damals und heute.

In anderen Träumen tauchen nur bruchstückhafte Bilder aus früheren Leben auf, manchmal zeigen sie auch Menschen, mit denen du sowohl damals als auch heute zu tun hattest und hast. Der Traum spielt wie in einem Film Ereignisse ab, die jetzt mit dir zu tun haben oder dich direkt oder symbolisch auf das Karma hinweisen, das noch ausgeglichen werden muss.

Wieder andere Träume bringen Bilder von jetzigen Lebensumständen und Ereignissen, die solchen aus früheren Leben ähnlich sind. Dabei träumst du von vergangenen Erlebnissen, aber so, als ob du sie in diesem Leben unter den heutigen Umständen haben würdest. Achte also auf Ähnlichkeiten oder Verbindungen zu jetzigen Erfahrungen, die eine Widerspiegelung vergangener Lebensumstände sein könnten.

Manche Träume kannst du leicht deuten, weil die Träume

direkt und die Bilder darin klar sind. Wenn du etwas Mühe hast, deine Träume zu verstehen, zeigen sie dir vielleicht Emotionen und Ereignisse aus früheren Leben, die du dir noch nicht ganz bewusst machen und noch nicht wirklich annehmen willst. Dann ist es sinnvoll, dass du tiefer in die Bilder deines Traums einsteigst und entdeckst, was damit wohl gemeint sein könnte.

Finde heraus, ob es bei deinen Träumen um frühere Leben geht oder ob sie sich nur auf das jetzige Leben beziehen, indem du die Hauptbotschaft und das vorherrschende Gefühl des jeweiligen Traums erfasst. Prüfe mögliche Zusammenhänge zwischen Hinweisen auf frühere Leben und dein gegenwärtiges. Achte immer auf dein Gefühl, denn es bietet einen guten Anhaltspunkt, um zu erspüren, ob ein Traum etwas mit einem vergangenen Leben zu tun hat.

Du kannst Träume über vergangene Leben selbst erzeugen. Sag dir, bevor du schlafen gehst, dass du von einem früheren Leben träumen wirst. Dein Unterbewusstsein wird das Leben aussuchen, das für dich im Moment am stimmigsten ist. Wenn du schon irgendwelche Informationen über ein früheres Leben hast, dann mach sie zum Teil deiner Eigensuggestion. Wenn es um ein Problem in deinem gegenwärtigen Leben geht, das gefühlsmäßig mit einem früheren Leben zu tun hat, dann berücksichtige auch das. Während du deinen Traum so »vorprogrammierst«, kommt dir vielleicht ein Bild oder ein Gefühl aus einem vergangenen Leben in den Sinn. Da macht sich dann dein Unterbewusstsein bemerkbar, das sich schon auf ein früheres Leben einstimmt und dir eine Vorschau dessen gibt, was da auf dich zukommen wird.

Maggie, eine meiner Studentinnen, erzählte mir von einem Traum, der sie dazu brachte, ihre Seelenverbindung mit ihrem Freund David näher zu erforschen. Aber das Einzige im

Traum, was ihr ganz deutlich in Erinnerung geblieben war, war ein Wort, das sie zuvor noch nie gehört hatte. Als sie das frühere Leben zu erkunden begann, das mit diesem Wort in irgendeinem Zusammenhang stand, passierte etwas sehr Aufregendes.

Das Wort war *Antigua*. Im Lexikon fand sie den Hinweis, das Antigua ein Eiland ist, das zu den Westindischen Inseln gehört. Aber irgendwie erschien ihr das nicht stimmig. Sie forschte weiter und entdeckte, dass es in Guatemala einen Ort gibt, der Antigua heißt. Ausgehend von dieser Information sah sie vor ihrem geistigen Auge ein Oval, das sich in einem Felsen öffnete. Als sie einen Reiseführer für Guatemala durchblätterte, fand sie dort genau diesen Felsen. Im Verlauf der nächsten Wochen bekam sie weitere Informationen über ihr früheres Leben dort. In Meditationen begann sie, Bilder von ihrem damaligen Leben zu sehen und sich an Ereignisse zu erinnern, die sie dort erlebt hatte. Sie spürte und wusste, dass sie und ihr Freund dort gelebt hatten, sich aber etwas Schlimmes ereignet hatte.

Eines Nachts, als sie mit David während eines Gewitters zusammen war, hatte sie eine Eingebung, dass sie ihn damals mit einem Dolch in den Rücken gestochen hatte. Das war zu jener Zeit auch während eines Gewitters geschehen. In dem Augenblick, als Maggie sich dessen bewusst wurde, sagte ihr Freund, dass ihm der Rücken weh tue. Sie berührte einen Punkt auf seinem Rücken und fragte, ob das genau der Punkt sei, der ihm weh tue. Er sagte ja – und das war genau der Fleck, wo sie ihn ihrer Eingebung zufolge in einem früheren Leben erdolcht hatte. Natürlich war sie ein bisschen erschrocken, und sie erzählte David nichts von ihren Bildern. Bis zu dieser Nacht war ihre Beziehung in Ordnung gewesen, aber von da an begann er, ihr aus dem Weg zu gehen.

Während eines Kurses über Reinkarnation, den ich einige Wochen später leitete, erwähnte ich, dass die Augen eines Menschen die Fenster zu seiner Seele seien und dass man in die Seele eines anderen Menschen blicken könne, wenn man in dessen Augen über der Flamme einer Kerze sehen würde. Maggie entschloss sich, dies auszuprobieren, und lud David dazu ein. Sie erzählte ihm von dieser Kerzenmeditation und erklärte, dass sie glaube, David und sie seien in einem früheren Leben schon zusammen gewesen, und dass sie gerne auf diese Weise in seine Seele blicken würde. Er war einverstanden, und so entzündete sie eine Kerze, die sie auf den Tisch zwischen sich und ihn stellte. Sie legte sich ein Notizbuch und einen Stift bereit, um Informationen aufzuschreiben, die vielleicht durchkommen würden.

David nahm das Ganze nicht so ernst und machte Witze über den Stift. Er fragte Maggie, ob sie ihn damit wohl erdolchen wollte. Sie sagte nichts dazu, aber fragte sich, ob er vielleicht dieselben Seelenerinnerungen in sich trug, die sie in sich entdeckt hatte. Während sie sich unverwandt in die Augen blickten, erinnerte er sich an all die Dinge von damals und an noch mehr, als ihr bisher bewusst geworden war. Seine Erinnerungen bestätigten, was sie schon wusste und worauf sie gestoßen war, weil in ihrem Traum ein bestimmtes Wort aufgetaucht war.

Falls du mit einem anderen Menschen, mit dem du deinem Gefühl nach ein früheres Leben geteilt hast, eine Kerzenmeditation durchführen möchtest, dann gebe ich dir hier eine Anleitung dazu. Zunächst einmal: Das ist eine ernste Sache, deshalb sollte man mit großer Achtung damit umgehen. Es kann durchaus ein bisschen unheimlich wirken, was du in den Augen des anderen erblickst und wie sich die Gesichtszüge verändern können, wenn du darauf nicht vorbereitet bist. Einem anderen Menschen direkt und unverwandt in die Augen zu blicken – gewissermaßen zu »starren« –, wird dir sehr viele Informationen über Erfahrungen einbringen, die ihr beide gemeinsam gemacht hat.

Du wirst deine Partnerin bzw. deinen Partner erst so sehen, wie du sie bzw. ihn aus diesem Leben kennst und wie sie oder er jeden Tag aussieht. Richte deine Aufmerksamkeit auf die Augen und achte auf deine Gedanken und Gefühle, während du in die Augen und das Gesicht deines Gegenübers blickst. Ihr werdet beide mit der Zeit über die körperliche Erscheinungsform hinausgehen und Bilder des anderen sehen, wie sie oder er in früheren Inkarnationen ausgesehen hat. Die Augen deines Gegenübers werden sich verändern; du meinst, eine ganz andere Person anzusehen. Du wirst auch bemerken, wie sich unterschiedliche Gesichtszüge auf ihr bzw. sein Gesicht legen. Du spürst dann vielleicht, dass dein Gegenüber nicht mehr die Person ist, die sie in diesem Leben verkörpert, und du fühlst unter Umständen auch, dass du selbst ein anderer Mensch bist. Das wird ein sehr deutliches, wenn auch etwas unheimliches Gefühl sein. Und auch die Schwingungen im Raum werden sich anders anfühlen.

Bevor ihr mit der Kerzenmeditation beginnt, solltet ihr euch beide in einen meditativen Gemütszustand bringen und euch mit weißem Licht umhüllen. (Weißes Licht wird die Schwingungen auf einer spirituellen Ebene halten und euch vor irgendwelchen negativen Erfahrungen schützen. Im sechsten Kapitel wird das näher beschrieben.) Zünde dann die Kerze an und stelle sie zwischen euch. Lass das Licht im Zimmer an. Setzt euch gegenüber und haltet euch an den Händen. Das bildet sowohl eine physische als auch eine telepathische Verbindung zwischen euch. Schaut euch gegenseitig tief in die Augen, um die Seele des Gegenübers zu sehen, und sagt dem anderen, was ihr seht. Das trägt dazu bei, dass ihr euch eurer gemeinsamen spirituellen Verbindung bewusster werdet, und es wird auch die Eingebungen und Einblicke des jeweils anderen fördern bzw. auslösen. So werdet ihr euch auch jenem Leben bzw. jener Leben bewusst, die ihr gemeinsam erfahren habt.

Diese Kerzenmeditation ist eine Möglichkeit, sich an frühere Leben zu erinnern, die du mit einem anderen Menschen erfahren hast. Wenn du eine Kerzenmeditation ganz für dich allein durchführen möchtest, um in und durch deine Seele zu blicken, um dir Erlebnisse aus früheren Leben bewusst zu machen, dann zünde eine Kerze an und schau dir selbst in einem Spiegel in die Augen und in dein Gesicht. Achte auf die Gedanken und Gefühle ebenso wie auf das, was du siehst.

Nachtrag: Träume

In deinen Träumen kannst du also an Informationen aus früheren Leben erinnert werden. Darüber hinaus können sie dir jedoch bei jedem Aspekt deines jetzigen Lebens helfen. Träume spielen sich im Unterbewusstsein ab, im Reich deines inneren Wissens. Sie öffnen deine spirituelle Wahrnehmung und Bewusstheit und übermitteln dir Geheimnisse deiner Seele. Achte also auf deine Träume. Mache es dir zur Gewohnheit, dich jeden Tag an sie zu erinnern. Vielleicht zeigen sie dir Bilder aus früheren Leben oder helfen dir auf vielfältige Weise in deinem gegenwärtigen Leben.

Teil II

Schwingungen

4. Der Rhythmus des entspannten Sicheinlassens

Dass du in dein Unterbewusstsein gelangst, um Zugang zu Erinnerungen an frühere Leben zu gewinnen, ist der erste Teil einer Rückführung. Dazu brauchst du dich nur zu entspannen. Wenn du deinen Körper vom Kopf bis zu den Zehen vollständig entspannst, gelangst du automatisch in dein Unterbewusstsein. Körperliche Entspannung führt zu einem sehr sanften Rhythmus, der im Einklang mit deiner geistigen Bewusstheit steht. Bei der physischen Entspannung fließt alle Anspannung oder Verkrampfung von dir ab, während sich dein Alltagsbewusstsein von den täglichen Gedanken, Sorgen und Befürchtungen befreit. Ein natürliches Gefühl von Erholung tritt an die Stelle von körperlichen Verspannungen oder Nervosität, während sich all deine Muskeln entspannen und du den »geistigen Müll« abwirfst und die ständige Geräuschkulisse deines Alltagsbewusstseins zur Ruhe kommen lässt.

So wirst du ruhig und still, du richtest deine Aufmerksamkeit auf dein Unterbewusstsein, an diesen spirituellen Ort inneren Wissens, und lässt dich auf einen meditativen Gemütszustand ein. Auf diese Weise bekommst du Zugang zu deinen Erinnerungen an vergangene Leben. Du fühlst dich in diesem Zustand sehr friedvoll und spürst so etwas wie ein rhythmisches Strömen. Dabei spürst du, wie du auf dich selbst eingestellt und in Harmonie mit deinem spirituellen Wesen bist.

Du hast das sicher schon öfter so gemacht, vielleicht nicht mit der Absicht, durch die Zeit zu reisen, um dich an frühere Leben zu erinnern, sondern einfach, um dich nach einem langen, schweren Arbeitstag oder vielen Besorgungen in einer hektischen Atmosphäre zu entspannen und auszuruhen, dich wieder auf dich selbst und deine eigenen Schwingungen einzustellen. Vielleicht hast du dich in einen bequemen Sessel gesetzt oder dich auf ein weiches Sofa gelegt, deinen Körper entspannt und dein Alltagsbewusstsein zur Ruhe gebracht, indem du die üblichen Gedanken losgelassen hast. Vielleicht hast du in den Tag hinein geträumt und bist mental an irgendeinen schönen Ort gegangen. Wenn du dich so gelöst, weich und friedvoll fühlst, bist du eingestimmt auf deine wahren Gefühle, auf deine spirituelle Bewusstheit. Genauso ist es beim ersten Schritt deiner Rückführung. Dazu folgt hier die erste Anleitung.

Strecke dich auf einem Sofa aus oder setze dich in einen bequemen Sessel, der Rücken und Nacken gut abstützt. Verschränke deine Beine nicht und lass deine Hände an deiner Seite ruhen. Atme ganz natürlich und normal, während du nun beginnst, deinen Körper sanft zu entspannen, deine Gedanken loslässt und deinem Bewusstsein erlaubst, ruhig und still zu werden. Atme einfach. Entspanne dich. Lass deine Gedanken los. Richte deine Aufmerksamkeit sanft auf deine Atmung. Sie wird dich entspannen und dein Alltagsbewusstsein beruhigen, während du deine Aufmerksamkeit nun nach innen wendest, auf den noch bewussteren und wissenderen Teil deines Selbst.

Schließe deine Augen und lass dich auf den Rhythmus der Entspannung ein. Nimm dir Zeit. Erfühle und erfahre jede Empfindung vollständig im gegenwärtigen Augenblick. Entspanne deinen Körper und kläre und beruhige dein Alltagsbewusstsein, indem du natürlich und tief atmest. Lass es einfach geschehen. Entspannung ist ein angenehmes Gefühl von Frieden, ein wunderschönes Gefühl von Harmonie und

Einklang mit sich selbst. Atme tief ein und lass den Atem wieder langsam ausströmen. Richte deine Aufmerksamkeit und dein Bewusstsein einige Minuten lang ganz auf die Atmung. Atme einfach. Beobachte, wie dich der schlichte Vorgang des Atmens entspannt, und nimm wahr, wie ruhig du dich fühlst.

Lausche auf das Geräusch deiner Atmung, wenn du langsam und natürlich ein- und ausatmest. Lausche auf dein Atmen, während du spürst, wie sich dein Körper entspannt und du dein Alltagsbewusstsein zur Ruhe bringst, um deine Aufmerksamkeit auf dich selbst zu richten. Atme einfach weiter.

Während du einatmest, stellst du dir vor, dass du positive, wohltuende Gefühle einatmest, dass du ein sanftes, friedvolles Gefühl der Entspannung weich einströmen und durch dich hindurchfließen lässt. Du spürst, wie es in dir in einem sanften Rhythmus von Harmonie und Entspannung kreist, verbunden mit einem zarten Gefühl des Friedens und des Wohlseins.

Während du ausatmest, stelle dir vor, dass du negative Gedanken und Gefühle ausatmest, dass du einfach all deine Sorgen, Ängste und Probleme auf leichte, sorgenfreie Weise freigibst, dass du all deine Alltagsgedanken und Gefühle loslässt, während deine Atmung weiterhin alle Anspannungen aus deinem Körper löst.

Atme Harmonie ein. Atme das Gedankenkarussell aus. Atme ein Gefühl der Entspannung und des Wohlseins ein. Atme alle körperlichen Anspannungen und unnötigen Gedanken aus, die dein Alltagsbewusstsein beherrschen, während du deinen Geist auf dein Unterbewusstsein richtest – auf die Erinnerungen an frühere Leben, die du entdecken und erforschen möchtest.

Indem du deinen Körper mit ein paar tiefen Atemzügen entspannst, reinigst du deine Lungen und klärst deinen Geist. Wenn dein Alltagsbewusstsein still und ruhig wird und sich dein Körper entspannt, dann schalte die irdische Welt für eine Zeitlang aus und stimme dich auf eine feinere, innere und viel bewusstere Ebene deines Verstandes ein. Du richtest deine Bewusstheit nach innen und öffnest dein Unterbewusstsein, um in einen meditativen und zugleich bewussteren, spirituellen Gemütszustand einzutreten.

Atme. Atme einfach weiter. Spüre, wie sich ein sanfter Strom der Entspannung langsam und weich in und durch deinen gesamten Körper bewegt. Atme positive, wohltuende Gefühle ein; atme negative Gedanken und Gefühle aus. Atme Entspannung ein. Atme Anspannungen aus. Atme Ruhe und Stille ein. Atme Lärm und Störungen aus. Atme Entspannung ein. Fühle, wie sie weich und natürlich in dich und durch dich strömt und dich mit vollkommenem Frieden und Harmonie erfüllt. Spüre, wie sich all deine Muskeln entspannen, während du jegliche Anspannung in deinem Körper loslässt.

Fühle, wie das friedliche Gefühl der Entspannung durch deinen ganzen Körper strömt, wie sich jeder Teil deines Körpers vollständig entspannt und du dich von Kopf bis Fuß rundum wohl fühlst. Atme ein und aus, sanft, weich, natürlich. Spüre, wie dein Geist ruhig und still wird. Fühle dich friedvoll und in deiner Mitte. Entspanne deinen Körper und öffne dich für dein Unterbewusstsein. Richte deine Aufmerksamkeit und Bewusstheit nach innen in einem sanften, strömenden Prozess, in einem wohltuenden Rhythmus und einer angenehmen Bewegung. Das ist so einfach und natürlich wie das Atmen selbst.

Indem du deine Aufmerksamkeit nun nach innen richtest,

fängst du an, Bilder aus früheren Leben zu sehen und zu erspüren, weil du deine unterbewusste Wahrnehmung geöffnet hast und in einen meditativen, geistig wacheren Zustand gelangst. Lass dein Unterbewusstsein sich auf seine eigene Weise bewegen und entfalten, so rasch oder langsam, wie es für dich selbst stimmig ist. Entspanne dich einfach und lass deine Gedanken los. Richte deine Aufmerksamkeit auf deine Atmung und spüre einen sanften Strom der Entspannung, der in und durch deinen gesamten Körper fließt. Atme. Atme einfach. Du kannst auf die Tiefe deiner Entspannung mit Hilfe deiner Atmung Einfluss nehmen. Lass dein Atmen den Körper entspannen, dein Alltagsbewusstsein zur Ruhe kommen und öffne dich deiner inneren Bewusstheit. Lass dich von deinem Atem an einen friedlichen, ruhigen und stillen Platz in dir selbst bringen.

Atme einfach einige Minuten lang so weiter, entspanne dich noch mehr, spüre, wie du gänzlich ruhig, still und friedvoll wirst. Wenn du magst, streck dich ganz auf deinem Sofa aus oder bewege dich etwas in deinem bequemen Sessel, damit du dich noch wohler fühlst und sich dein Körper noch besser entspannen kann. Atme weiter und lass dich auf den Rhythmus der Entspannung ein. Halte deine Aufmerksamkeit auf die Atmung gerichtet.

Atme. Atme einfach. Bemerke, wie der schlichte Vorgang des Atmens dich entspannt. Spüre, wie ruhig und still du dich fühlst. Lass einen sanften Storm, ein wohliges, friedliches Gefühl der Entspannung langsam und weich in und durch deinen gesamten Körper strömen. Atme positive, entspannende Gefühle ein und atme negative Gedanken und Gefühle aus. Während du im Einklang mit dir selbst ein- und ausatmest, lass dieses weiche, leichte und friedliche Gefühl der Entspannung sanft und natürlich ganz durch dich hindurchströmen und spüre, wie es dein Alltagsbewusstsein beruhigt und deine Körperanspannung ersetzt. Spüre alle Muskeln und Zellen, alle Nerven und das Gewebe – jeden Teil deines Körpers – und wie sich alles von Kopf bis zu den Zehenspitzen entspannt.

Fühle, wie dieses beruhigende, wohltuende, zarte, natürliche und sehr friedvolle Gefühl der Entspannung in und durch deinen Körper strömt, in und durch jeden Teil von dir, angefangen oben beim Kopf. Spüre diesen wohltuenden, friedlichen Strom der Entspannung, der in Harmonie mit deiner Atmung ist, als ein sehr zartes Gefühl, das langsam und weich bis ganz hinunter reicht, nacheinander durch alle Muskeln in deiner Stirn und deinem Gesicht und die Muskeln um deine Augen, Nase, Mund und Kiefer entspannt.

Atme natürlich weiter und erlaube deinem Atem, dich noch mehr zu entspannen. Lass dieses sehr friedvolle, beruhigende und wohltuende Gefühl der Entspannung, diesen zarten Rhythmus, langsam und weich durch deinen Nacken und deine Schultern fließen und dabei sanft alle Spannungen lösen. Sie fallen einfach ab, und an ihre Stelle tritt ein weiches, natürliches, friedvolles Gefühl sanfter Entspannung, das sich weiter deinen Rücken hinunter bewegt, Wirbel für Wirbel, und dabei alle Anspannung in den Muskeln deines Rückens löst.

Während dieses sanfte Gefühl, dieser Rhythmus der Entspannung, weich und langsam weiter nach unten strömt, durch deinen Brustkorb und deinen Bauch, wirst du spüren, dass sich deine Bauchmuskeln entspannen, deine Atmung tiefer und langsamer wird und sich so auf einen natürlichen, regelmäßigen Rhythmus einschwingt, der mit dem Grad deiner Entspannung im Einklang ist.

Lausche auf deinen Atem, während du ein- und ausatmest. Lausche auf deinen Atem und fühle dich in dir selbst sehr friedvoll.

Jetzt, da du besser entspannt bist, magst du dich vielleicht etwas bewegen, deine Lage oder deine Sitzhaltung noch einmal anpassen, damit du dich noch wohler fühlst. Du kannst dich auch ein bisschen recken und strecken, um noch entspannter zu sein, nachdem du nun all die Spannung aus Gesicht und Kiefer, Nacken und Schultern, Rücken, Brustkorb und Bauchraum gelöst hast.

Sinke noch tiefer in deinen Sessel oder auf deiner Couch ein, lass deinen Körper ganz und gar von Sessel oder Sofa tragen, fahre fort, natürlich zu atmen, und spüre diesen friedlichen, sanften, weichen und leichten Rhythmus, wie er langsam und natürlich von deinen Schultern in und durch deine Arme, Ellbogen, Handgelenke, Hände und Finger strömt.

Atme einfach weiter und fühle, wie der sanfte Strom der Entspannung weich und rhythmisch in deinem Körper kreist. Du fühlst dich jetzt sehr tief entspannt. Friedlich. Still. Wohlig. Das sanfte, leichte Gefühl der Entspannung strömt weiter durch deinen Bauch und deinen Rücken, in und durch deine Hüfte, die Oberschenkel, Knie, Unterschenkel, Knöchel, Füße und Zehen.

Du bist nun entspannt, und dein Körper ist vollkommen gelockert. Du fühlst dich friedlich, in Harmonie mit deinem Unterbewusstsein und eingestimmt auf deine spirituelle Bewusstheit. Genieße eine Weile das ruhige, stille, friedliche Gefühl der Entspannung. Atme einfach, fühle dich frei und vollkommen entspannt. Genieße das angenehme Gefühl, einfach zu sein.

Wenn dein physischer Körper entspannt und dein Alltagsbewusstsein ruhig und still ist, befindest du dich in deinem Unterbewusstsein. Du bist in einem wacheren, meditativen geistigen Zustand, an einem spirituellen Platz des inneren Wissens, wo du dich für deine Erinnerungen an frühere Leben öffnen und sie erforschen kannst.

Nachtrag: Gegenwärtige Aufgaben

Es gibt viele wunderbare Vorteile einer tiefen Entspannung, die nichts mit der Erinnerung an vergangene Leben zu tun haben – dein jetziges Leben jedoch auf vielfältige positive und nützliche Weise beeinflussen. Bereits durch den Vorgang des Entspannens vollziehen sich auf natürliche Weise körperliche Veränderungen, die sich positiv auf deine Gesundheit und dein Wohlergehen auswirken. Stress wird reduziert, Anspannungen, Verkrampfungen und Erschöpfung lösen sich auf, weil sich Körper, Geist und Seele regenerieren und neu »auftanken«. Wenn du dich entspannst, werden Atmung und Herzschlag langsamer und gehen zu einem natürlichen, friedvollen Rhythmus über, und selbst deine inneren Organe werden dadurch auf sanfte und heilsame Weise positiv beeinflusst. Deine Zellen und Muskeln scheiden Giftstoffe aus und reinigen sich selbst. Wenn du dich entspannst, dann schüttet dein Körper Endorphine aus, die dein physisches und dein mentales Wohlergehen fördern und deiner Gesundheit zugutekommen.
Wenn dein Alltagsbewusstsein ruhig und still wird, dann verlangsamen sich deine Gehirnwellen von einem Beta-Rhythmus, der Frequenz des normalen Wachzustands im Alltag, zu einem Alpha-Rhythmus, der einer wacheren, inneren, unterbewussten geistigen Ebene entspricht. Wenn du jene wachere

geistige Ebene betrittst, kannst du zahlreiche metaphysische Vorteile genießen und dich deiner inneren spirituellen Bewusstheit öffnen und sie erweitern. Dann gelangst du an einen Ort in dir selbst, an dem du klar denken und wo du meditieren kannst.

So schaffst du eine positive Lebenseinstellung und einen besseren Gemütszustand. Du öffnest einen Kommunikationskanal zwischen deinem Bewusstsein und deinem Unterbewusstsein, was für dich in jeder Hinsicht von Vorteil ist, ja selbst bei der Erfüllung deiner Wünsche von Nutzen ist. Du öffnest dich für deine natürliche Fähigkeit zu visualisieren – also mit dem geistigen Auge zu sehen – und fühlst intuitiv mit deinen inneren Sinnen. Damit öffnest du dich für dein inneres Wissen und erlebst eine spirituelle Form der Bewusstheit.

Exkurs: Körper, Geist und Seele heilen und harmonisieren

Es gibt eine ganz besondere spirituelle Methode, um Atmung und Körperentspannung zu nutzen, um Gesundheit und Harmonie für Körper, Geist und Seele zu bewirken und deine spirituelle Bewusstheit zu erhöhen. Dabei atmet man das Wesen und das Gefühl einer weißen Lichtschwingung ein, welche die universelle Quelle von Energie ist und die sowohl schützt als auch heilt. Das weiße Licht werden wir im Folgenden immer wieder verwenden.

Für den Augenblick kannst du das weiße Licht in deine Entspannung integrieren, indem du eines oder alle der folgenden Dinge tust: Du kannst dich daran einfach erfreuen; du kannst es nutzen, um den Grad deiner spirituellen Bewusstheit zu erhöhen; du kannst dem weißen Licht erlauben, dich auf die Weise zu heilen, die du möchtest. Atme einfach das Wesen und das Gefühl des weißen Lichts in dich ein, lass es in und durch deinen Körper, deinen Geist, deine Seele fließen. Das ist bereits alles, was es zu tun gibt. Das weiße Licht kümmert sich dann um alles Weitere.

Das weiße Licht

Atme ein sehr friedvolles, spirituelles, reines und reinigendes weißes Licht ein, das dein Alltagsbewusstsein beruhigt, während es weich in und durch dich fließt und dich dabei vollständig entspannt. Dieses wunderschöne Licht heilt und harmonisiert jeden Teil deines Körpers, indem es zart um dich herum kreist, wie eine sanfte, zarte Brise, indem es in und durch dich strömt wie ein rhythmischer Herzschlag. Atme das wunderbare Wesen und die friedlichen Gefühle dieses weißen Lichts ein; spüre, wie das Licht im Einklang mit dir atmet.

Du kannst dir auch vorstellen, dass du in einem schönen, üppigen Garten bist, der voller Gesundheit und Harmonie schwingt, während du dieses wunderbare Bild, das Gefühl und das Wesen des weißen Lichts einatmest. Vielleicht nimmst du das weiße Licht als Sonnenstrahlen wahr, die hell um dich herum scheinen und deinen Körper mit einer sanften Wärme und mit der Lichtenergie der Sonne durchdringen, während sie in und durch deinen Körper, Geist und deine Seele strömen.

Atme die reinen, positiven, friedvollen Schwingungen des universellen weißen Lichts in deinen Körper, Geist und deine Seele ein. Erlaube dem weißen Licht, dein Alltagsbewusstsein zur Ruhe zu bringen und es auszugleichen; erlaube ihm, deinen Körper sanft und natürlich zu entspannen, deine spirituelle Bewusstheit zu öffnen und dich in jeder Hinsicht zu heilen. Fühle die zarten, harmonischen, heilsamen Schwingungen des weißen Lichts, wie es weich und langsam kreist und sich in und durch dich hindurchbewegt, durch Körper, Geist und Seele. Atme dieses wundervolle, segensreiche weiße Licht ein, um dein Unterbewusstsein zu öffnen, dein inneres Wissen, und dir deine wahre spirituelle Natur zu zeigen, das Wesen deiner Seele.

Die friedliche Energie und die Gefühle des weißen Lichts sind sehr speziell, positiv und kraftvoll. Dein Körper, Geist und deine Seele sind eingestimmt auf die Harmonie und die spirituellen, universellen Schwingungen von weißem Licht. Sie sind in vollkommener und natürlicher Resonanz mit den heilenden Schwingungen und dem friedvollen Wesen des weißen Lichts. Das ist eine der vielen Gaben, die dir dein Seelenbewusstsein schenkt.

5. Durch den Regenbogen aufsteigen

Um mit deiner Rückführung fortzufahren, bleibe ganz entspannt, wenn du nun in deinen Gedanken durch einen magischen, mystischen Regenbogen reist. Bevor du zu deinen Erinnerungen an vergangene Leben kommst, wirst du durch die sieben Farben des Regenbogens aufsteigen. Wenn du durch die Energien der Farben bis zum obersten Teil des Regenbogens aufsteigst, dann trittst du in einen noch wacheren und bewussteren geistigen Zustand ein, in dem du mit dir selbst auf einer inneren, spirituellen Ebene in Berührung kommst.

Während du durch die Farben des Regenbogens aufsteigst, nimm dir in jeder Farbe genügend Zeit, um sie ganz zu erfahren und zu genießen und sie in Körper und Geist vollständig aufzunehmen. Du beginnst unten mit Rot, steigst dann auf zu Orange, Gelb, Grün, Blau, Indigo (ein tiefes Blau mit Rotanteilen) und Violett. Erlebe die einzigartigen Energien und Schwingungen jeder Farbe, spüre ihren Rhythmus und ihre Harmonie. Atme die Farben in dich ein. Sei die Farbe in dir. Sieh, fühle und empfinde die Schwingungen jeder Farbe, wenn du in deinem Geist in den magischen, mystischen Regenbogen eintauchst.

Während du durch den Regenbogen reist, siehst oder spürst du möglicherweise ein Bild oder eine Szene in jeder einzelnen Farbe. In jeder Farbe werden dir Gefühle bewusst, die dir nützlich und hilfreich sind. Lass dir Zeit, diese Bilder und Gefühle zu erforschen. Unter Umständen bieten sie dir einen Zugang zu Erinnerungen an frühere Leben oder helfen dir sonst auf eine besondere Weise, die für dich bedeutsam ist. Vielleicht siehst du eine Szene, in der sich mehrere Bilder bewegen und verändern, während du sie dir bewusst machst, oder du konzentrierst dich ganz auf die Schwingungen jeder Farbe.

Akzeptiere, was du siehst und fühlst. Dein Unterbewusstsein spricht durch Symbole und Bilder zu dir, weil das die Sprache des Geistes ist. Wenn du die Bilder und Gefühle annimmst, die dir dein Geist anbietet, und zwar so, wie sie dir angeboten werden, dann öffnest du dein Unterbewusstsein noch weiter und stimmst dich auf dein wahres spirituelles Wesen ein. Die Bilder, die du in jeder Farbe des Regenbogens siehst, und die Gefühle, die du dort erlebst, werden eine ganz besondere Bedeutung für dich haben. Die Schwingung jeder Farbe wird dir eine noch größere und weitere Bewusstheit vermitteln.

Du fährst fort, natürlich zu atmen, fühlst dich vollkommen entspannt und friedvoll, vollkommen ruhig und still in dir selbst. Nun stelle dir einen Regenfall am Morgen vor. Höre auf das sanfte Rauschen des Regens, wie er sacht an deine Fensterscheiben klopft. Der Klang ist einschläfernd und wohltuend, tröstlich und entspannend. Während der sanfte, stetige Regen anhält, fühlst du dich friedlich und still in dir selbst. Genieße das eine Weile.

Die Regentropfen beginnen, langsamer ans Fenster zu prasseln, weil der Regen allmählich aufhört. Wenn du nun in Gedanken aus dem Fenster blickst, siehst du, dass der Himmel sich langsam aufhellt, und du beobachtest, wie die Sonne hinter weißen Nebelschwaden und dichten Wolken auftaucht, die gemächlich über den Himmel schweben. Öffne das Fenster, spüre die angenehme Wärme eines Sommertags und entschließe dich, nach draußen zu gehen, um die Wärme und das Licht der Sonne zu genießen.

Wenn du jetzt aus dem Haus trittst, sieht alles strahlend

und schön aus. Atme die Frische des sanftes Windhauchs ein und den wunderbaren Duft der feuchten Erde. Spüre das großartige, erfrischende Gefühl eines verebbten Regengusses. Schau zum Himmel hinauf, wo du jetzt den schönsten Regenbogen bemerkst, den du je gesehen hast. Der Regenbogen hat sich durch den morgendlichen Regenschauer und das Sonnenlicht gebildet, das durch die weichen Nebelwolken scheint. Die Farben des Regenbogens sind leuchtend und rein, ein schimmerndes Spektrum von Farben, die ineinander übergehen, die vollkommen aufeinander abgestimmt sind und Harmonie in deinem Geist und in deiner Seele erzeugen.

Der Regenbogen umgibt dich wie eine vollkommene Kuppel, die die Erde und den Himmel berührt. Du fühlst dich, als ob du dich nach oben recken und den Regenbogen berühren könntest, als ob du die Farben einatmen und in ihnen sein könntest. Du fühlst dich, als ob du mit Hilfe des Regenbogens von unten bis oben aufsteigen und von seinem höchsten Punkt aus den Himmel und das Universum erreichen könntest.

Während du die Schönheit des Regenbogens bewunderst, spürst du die Harmonie der Farben und entschließt dich, eine magische Reise durch den Regenbogen anzutreten und dessen Farben in deinen Körper und Geist aufzunehmen. Du möchtest fühlen, wie die Farben wirklich sind. Du möchtest mittendrin in den Farben und ganz auf sie eingestimmt sein und dabei die speziellen Energien und Schwingungen jeder einzelenen Farbe verstehen. Du weißt instinktiv, dass du dafür nichts anderes zu tun brauchst, als dich auf den Regenbogen einzulassen, dich zu entspannen und zu spüren, wie du aufwärts durch die Farben schwebst.

Fühle, wie du im Regenbogen aufsteigst, sanft nach oben

schwebst, in die Farbe Rot aufsteigst, am unteren Rand des Regenbogens. Spüre, wie dich die Farbe umgibt. Atme sie ein und fühle sie in dir; spüre, wie sie sich sanft durch deinen Körper bewegt. Sauge die Farbe mit deinem Geist auf; spüre, wie sich dein Bewusstsein öffnet und immer wacher und aufmerksamer wird, während du beginnst, durch die Farben des Regenbogens zu reisen.

Fühle, wie du nun in die Farbe Orange im Regenbogen aufsteigst. Atme die Farbe ein, du wirst ein Teil der Farbe, und die Farbe wird ein Teil von dir. Spüre sie in dir und überall um dich herum. Fühle, wie sie sanft in deinem Geist schwingt. Während du diese Farbe in deinem Geist aufnimmst, erlebst du ein wunderbares Gefühl von Freiheit. Du fühlst dich, als ob du gleichzeitig auf der Erde und im Himmel stehst.

Spüre, wie du dich im Regenbogen ausdehnst und in die Farbe Gelb aufsteigst. Atme diese Farbe ein; fühle, wie sie sich sanft in und durch deinen Körper bewegt, in und durch deinen Geist. Dein Geist öffnet sich und wird bewusster, und du verstehst die Eigenschaft und das Wesen des Regenbogens, die Qualität und die Natur der inneren Wahrheit und des inneren Wissens. Du fühlst, wie sich deine innere Bewusstheit immer mehr ausdehnt und zunimmt, während du deinen Geist sogar noch weiter öffnest.

Du schwebst in die Farbe Grün hinein, atmest sie ein. Du fühlst ihre Schwingungen, die sich in Harmonie in und mit deinem Körper und deinem Geist bewegen. Während du diese Farbe in deinem Bewusstsein erfährst, gelangst du immer mehr in Kontakt mit deinen innersten Gefühlen. Du spürst die Farbe mit deinen Emotionen und du bist dir dessen bewusst, dass diese Farbe sowohl deinen Körper als auch deinen Geist nährt. Du fühlst dich erfrischt und gesund, während dein Körper und dein Geist in Harmonie zueinander stehen.

Du dehnst dein Bewusstsein weiter aus und steigst auf in die Farbe Blau, indem du sanft schwebst und im Regenbogen höher steigst. Du fühlst dich ruhig und beschaulich. Du atmest die Farbe ein, nimmst sie in Körper und Geist auf und fühlst dich, als ob deine Gedanken Worte seien und deine Worte Bilder, die mit Hilfe deiner Gefühle lebendig werden. Du fühlst dich, als ob du deine Gedanken gleichzeitig sagen und sehen könntest, und weißt, dass das tatsächlich ein und dasselbe ist – es gibt keinen Unterschied zwischen dem Gedanken und dem Wort. Du besitzt ein wunderbares Wissen und begreifst, dass Himmel und Erde in Wahrheit eins sind und dass es keinen Unterschied zwischen dem Universum und dir gibt.

Während dir das bewusst wird, steigst du im Regenbogen in die Farbe Indigo auf. Du atmest diese Farbe der intuitiven Bewusstheit und des spirituellen Wissens in dir selbst ein, dein Geist öffnet sich vollständig und dehnt sich in immer weitere Horizonte aus, die weit über das hinausreichen, was man physisch sehen und berühren kann. Du besitzt ein Verständnis und ein Wissen, das jenseits von Worten und Gefühlen ist.

Während du diese Bewusstheit in dir erkennst und annimmst, trittst du ganz oben im Regenbogen in die Farbe Violett ein. Atme sie in deinen Körper und deinen Geist ein und fühle, wie sie in dir kreist, diese Farbe, die zu Gefühlen der Ehrfurcht und Verehrung inspiriert. Du erkennst, dass du dich der wahren Bewusstheit deines Geistes geöffnet hast und deine reine Natur erfährst. Du hast dich dem spirituellen Wissen in deiner Seele geöffnet und verstehst nun alles, was in dir ist.

Wenn du möchtest, bleib einfach noch in dieser Regenbogenschwingung, um darüber nachzusinnen, was dir bewusst geworden ist und was du in jeder Farbe des Regenbogens gefühlt hast. Wenn du dich noch tiefer entspannen willst und dabei sowohl dein Unterbewusstsein als auch deine spirituelle Bewusstheit erhöhen möchtest, bleib einfach noch eine Weile im Regenbogen. Meditiere und sieh, was zu dir kommt. Wenn du nun aber mit der Rückführung anhalten willst, verwende die folgende Anleitung dazu, die dich wieder auf die Erde zurückbringen wird. Wenn du die Rückführung lieber fortsetzen möchtest, dann bleib in der Farbe Violett oben am Regenbogen. Deine Reise in vergangene Leben geht im nächsten Kapitel weiter.

Du spürst nun, wie du vom Violett oben am magischen, mystischen Regenbogen in deinem Geist durch alle Farben hindurch, die du erlebt hast, allmählich nach unten steigst. Nimm dir Zeit, während du fühlst, wie du selbst weich mit den Farben Violett, Indigo, Blau, Grün, Gelb, Orange und Rot verschmilzt, und rufe dir all die wundervollen Dinge in Erinnerung, die du gesehen und gespürt und in jeder Farbe erlebt hast.

Nun stehst du wieder auf der Erde und schaust dir den Regenbogen von unten an. Du bemerkst den Sonnenschein, wie er anfängt, alle Wolken zu zerstreuen. Die Sonne fühlt sich angenehm warm an, und der Sonnenschein ist sehr hell. Du denkst darüber nach, was du im Regenbogen erfahren hast, als du deinen Geist und deine spirituelle Bewusstheit geöffnet hast: Du weißt, dass du einen ganz besonderen Schatz in dir selbst entdeckt hast.

Aufgaben und Ziele des gegenwärtigen Lebens und vergangener Existenzen

Dein Körper und dein Geist schwingen auf bestimmten Energieebenen mit den sieben Farben des Regenbogens. Der Aufstieg in den Regenbogen ist ein wesentlicher Aspekt deiner Rückführung. Darüber hinaus wirkt der Regenbogen auf Körper und Geist ein, in physischer und in spiritueller Hinsicht.

In unserem Körper, im endokrinen System, den Drüsen, befinden sich Chakren. Dieses Wort aus dem Sanskrit bedeutet »Rad«. Es handelt sich dabei um Energiezentren oder Energiewirbel, die mit den Farben in Verbindung stehen. Die Energien unserer Chakren sind in ihrer Schwingung harmonisch auf die Energien der sieben Farben des Regenbogens abgestimmt. Um es einfach auszudrücken, könnte man sagen, dass sich der Regenbogen als sanfte, schwingende Energie bewegt, dessen Bewegungsrhythmus stetig erhöht wird bzw. zunimmt, und das entspricht auch dem, was du auf jedem Bewusstseinslevel erfährst.

Der Regenbogen beginnt mit der Farbe Rot, die mit physischen Energien schwingt. Das dazugehörige Chakra ist unten an der Wirbelsäule, am Steißbein. Der Regenbogen geht dann über in die Farbe Orange, die mit emotionalen und erdverbundenen Energien schwingt. Das entsprechende Chakra liegt in der Nähe der Milz und den Geschlechtsorganen. Dann folgt die Farbe Gelb, die mit mentalen Energien, mit Gedanken und innerem Wissen schwingt. Das dazugehörige Chakra befindet sich im Solarplexus. Der Regenbogen dehnt sich dann weiter in die Farbe Grün aus, die mit Wachstum, Liebe und Heilung schwingt. Das entsprechende Chakra liegt in der Herzregion. Hier ist der zentrale Punkt, an dem sich physische und spirituelle Energien treffen.

Blau schwingt mit astralen Energien und es drückt Kommunikation und Kreativität aus. Das Chakra für diese Farbe befindet sich beim Hals. Indigo schwingt mit ätherischen Energien und in Harmonie mit dem Bewusstsein in einem höheren spirituellen Rahmen von Weisheit und Verstehen. Das dazugehörige Chakra ist ein wenig oberhalb der Augen in der Mitte der Stirn. Man nennt das auch das geistige Auge, das dritte Auge oder das mediale Sehen. Die Farbe Violett, die im Regenbogen ganz oben ist, schwingt in Harmonie mit den Energien der Seele und dem spirituellen Bewusstsein. Das entsprechende Chakra befindet sich oben am Kopf, an der Schädeldecke. Man nennt es auch Kronenchakra.

Es gibt zahlreiche körperliche und geistige Absichten und Gründe, um die Farben der Regenbogenenergien ganz zu fühlen, zu erleben und sich darauf einzulassen. Diese Schwingungen öffnen dir den Zugang zu Erinnerungen an frühere Leben, an bestimmte Gedanken und Bilder aus der Vergangenheit, die in dir auftauchen, wenn du durch die Farben gehst. Wenn du dich ganz auf die Bilder einstimmst, die in jeder Farbe des Regenbogens auftauchen, und sie richtig erspürst, dann können dir bestimmte Ereignisse vergangener Leben bewusst werden, die mit der jeweiligen Farbe und ihrer Schwingung in Verbindung stehen.

Manchmal sind Emotionen und Ereignisse in bestimmten Energiefrequenzen gespeichert, zu denen du einen Zugang erhältst, indem du deine Aufmerksamkeit auf die betreffende Farbe richtest und vielleicht auch auf jenen Teil deines Körpers, in dem sich die Erinnerung an die Vergangenheit Ausdruck verschafft. Das trifft z. B. oft bei unerklärlichen Schmerzen oder Beschwerden zu oder bei einer chronischen Krankheit, für die es im jetzigen Leben keine vernünftige Ursache zu geben scheint.

Als ich mit meinen Lehrgängen begann, bekam ich jedes Mal, wenn ich in den Kursraum ging, eine akute Kehlkopfentzündung und verlor meine Stimme. Dafür gab es jedoch nie einen physischen Grund. Es passierte einfach immer nur dann, wenn ich einen Vortrag hielt oder einen Workshop leitete. Zuerst dachte ich, dass meine Nerven mir einen Streich spielten, aber im Verlauf einer Rückführung wurde mir ein Leben in Ägypten bewusst, in dem meine Zunge herausgeschnitten wurde – als Bestrafung dafür, dass ich geheimes Wissen mit anderen geteilt hatte. In meinem jetzigen Leben reagierte ich unbewusst auf dieses Trauma, indem meine Stimme immer dann versagte, wenn ich spirituelles Wissen weitergeben wollte.

Als ich zum ersten Mal durch den Regenbogen aufstieg, würgte es mich, als ich zur Farbe Blau gelangte, zur Farbe der Kommunikation, die auch mit der Kehlkopfentzündung zu tun hat. Der Hypnotiseur badete meine Kehle in den blauen Schwingungen und fuhr mit der Rückführung fort, in deren Verlauf ich die Gründe dafür erkannte, warum ich damals verfolgt wurde. So war ich imstande, das Trauma durch Verstehen, Vergebung und weißes Licht zu heilen. Indem ich begriff, woher meine symbolischen Kehlkopfbeschwerden ursprünglich kamen und wie sie damals entstanden sind, konnte ich dieses Trauma aus der Vergangenheit loslassen, das sich in meinem Halschakra und in der Farbe Blau festgesetzt hatte. Jetzt spreche ich klar und deutlich und habe keinerlei Probleme mehr, wenn ich unterrichte.

Einer meiner Klienten bekam Krämpfe im Rücken, als er in die rote Farbe im Regenbogen ging. Im Vorgespräch hatte er erwähnt, dass ihn häufig Rückenschmerzen plagten. Er hatte schon verschiedene Ärzte aufgesucht, und er war auch geröntgt worden. Alle Ärzte hatten ihm gesagt, dass es keine physische Ursache für seine Beschwerden gebe. Aber der Schmerz war für ihn sehr real. Als wir uns auf die Farbe Rot einstimmten, wurde ihm ein früheres Leben bewusst, in dem er in den Rücken gestochen und unter entsetzlichen Qualen gestorben war. Als ihm die Erinnerung an die Vergangenheit bewusst wurde und er das damit zusammenhängende Thema geklärt hatte, meldeten sich die Rückenschmerzen nicht mehr zurück.

Während du durch den Regenbogen aufgestiegen bist, hast du sicherlich Bilder aus vergangenen Leben und Gefühle in den Farben wahrgenommen. Du hast vielleicht Geschenke erhalten in Gestalt von Einsichten oder Antworten, oder du bist dir über bestimmte Probleme oder Traumata aus früheren Leben klar geworden, die sich in gewissen Farben festgesetzt haben. Deine Bilder und Gefühle bieten dir vielfältige Möglichkeiten, die du entweder jetzt oder später weiter erforschen kannst. Sie vermitteln dir einen Dreh- oder Angelpunkt, um deine Vergangenheit in der Rückführung noch weiter zu erkunden oder in eine verwandte Richtung weiterzureisen.

Deine Bilder und Gefühle haben dir unter Umständen Einsichten in etwas geboten, das mit einem früheren Leben zu tun hat oder auch nicht. Du hast vielleicht eine Antwort auf eine Frage erhalten, die dich bisher umgetrieben hat, oder du hast einen Hinweis in Bezug auf etwas erhalten, was in deinem jetzigen Leben vor sich geht und wo du dich gefragt hast, was du tun sollst.

Wenn du möchtest, könntest du dich jetzt in einen meditativen Zustand begeben und wieder in den Regenbogen gehen, um vollständig zu erforschen, was du im Zusammenhang mit jenen Farben des Regenbogens bemerkt hast, die für dich auf irgendeine Weise besonders wichtig waren. Lass dich also erneut in die Szenen, Bilder und Gefühle ein, die du zuvor erfahren hast, und gib ihnen Raum, sich weiter auszudehnen und dir zu zeigen, wohin sie dich führen wollen.

Es gibt viele nützliche Methoden, um die Schwingungen der unterschiedlichen Farben für physische und spirituelle Absichten im gegenwärtigen Leben zu nutzen. Du kannst Kleidung in der entsprechenden Farbe tragen oder dir vorstellen, dass du von der Schwingung einer bestimmten Farbe umhüllt wirst, um spezielle Ziele zu erreichen. Auch wenn du einfach nur an eine Farbe denkst, werden dir dadurch ihre Schwingungen vermittelt. Es folgt nun eine kurze Auflistung, wofür die Farben stehen. Aber achte vor allem auf deine eigenen Gefühle und darauf, was die Farben für dich bedeuten.

Wenn du dich müde fühlst und abgespannt, umgib dich mit Rot; das wird dir Energie geben. Rot ist auch die Farbe der Leidenschaft. Orange dehnt deine Instinkte aus und ist sehr erdverbunden. Es wird dich erden und dich in jeder Situation mit deinen wahren Gefühlen in Kontakt bringen. Gelb stärkt dein inneres Wissen und hilft dir, deine Intuition und deine angeborene Geisteskraft zu öffnen. Grün fördert Heilung und Harmonie, Wachstum und Liebe. Blau entspannt, beruhigt und tröstet dich. Es nimmt schlechten Gefühlen oder üblen Erfahrungen die Schärfe und Bitterkeit. Indigo stärkt deine mediale Wahrnehmung und fördert die mystische Kraft deines Geistes. Violett hilft dir, deine wahre spirituelle Natur besser zu erkennen, und diese Farbe ist wie ein Tor zum Universum in dir selbst.

Exkurs: Der Pfad des Regenbogens

Unternimm eine mehr als nur magische Reise durch den Regenbogen, um spirituelle Gaben und Schätze in den Schwingungen jeder Farbe zu entdecken. Gehe erneut durch den Regenbogen, diesmal aber nicht, um frühere Leben zu erkunden, sondern um die Geschenke zu finden, die dort auf dich warten. Erlaube dir, diese Gaben ganz und gar anzunehmen und zu erfahren. Stimme dich dafür zunächst meditativ ein.

Geschenke vom höheren Selbst

Wenn du dich nun in die Farbe Rot erhebst, siehst du einen majestätischen Berg vor dir, der von Bäumen und grünen Wiesen, von Gärten und Flüssen, Hügeln und Tälern, Plateaus und Wasserfällen übersät ist, die alle von Regenbogenfarben umspielt werden. Du bemerkst, dass es Felsen gibt und Wege, denen du folgen kannst. Manche der Felsen sind klein, wie Treppenstufen, andere sind große Blöcke. Du spürst die Energie dieses Berges und deine eigene Energie, und du weißt, dass der Berg sehr lebendig ist, genau wie du selbst. Er hat sein eigenes Wesen, seine eigene Energie und seine eigene Bestimmung. Erforsche seine Energie in der Farbe Rot und sieh, was sie dir zeigt und anbietet. Vielleicht möchtest du auf einige der größeren Felsen klettern, damit du eine bessere Sicht auf all das hast, was auf dem Berg ist, und auch, um einen Weg für den Regenbogenpfad zu planen, dem du folgen willst.

Du fühlst dich von den Schwingungen der Farbe Orange angezogen und erkennst, dass du mit der Erde verbunden und in deinem Körperbewusstsein verankert bist. Du blickst dich um und siehst eine Höhle oder eine Öffnung an einer Bergflanke. Sie scheint von innen erleuchtet zu sein. Ein orangefarbenes Licht lädt dich ein, und du entschließt dich, hineinzugehen und zu erkunden, was es in der Höhle zu sehen gibt. Wenn du in die reiche Tiefe deines Geistes eintrittst, taucht ein besonderes Geschenk dieser Höhle vor dir auf, eine spirituelle Gabe, die dir auf jegliche von dir gewünschte Weise in deinem gegenwärtigen Leben helfen wird.

Wenn du aus der Höhle wieder herauskommst, bemerkst du den strahlend hellen gelben Sonnenschein überall um dich herum. Er fühlt sich warm auf deiner Haut an. Du erlaubst der Wärme, Körper, Geist und Seele zu erfüllen. Während du das Sonnenlicht in dir aufnimmst, fühlst du, wie es jeden Teil von dir mit einer angenehmen, sanften Wärme durchdringt. Du spürst, wie sich dein Geist dem Licht öffnet. Du siehst nach oben zur Sonne und bemerkst, dass die Lichtstrahlen wie die Augen eines Gottes sind, die aus dem Himmel durch eine Wolke schauen.

Ein Lichtstrahl ist besonders hell und viel größer als die anderen. Er strahlt und schimmert voller Energie. Er ruft dich sanft, und du entscheidest dich herauszufinden, was ihn funkeln lässt. Während du in das Licht hineingehst, siehst du ein Podium vor dir, ein Rednerpult, an dem vielleicht ein weiser Professor oder ein Philosoph zu seinen Studenten spricht. Auf dem Podium siehst du ein Buch des Wissens, das geöffnet ist und auf dich wartet. Geh dorthin und blättere das Buch durch, um zu sehen, welches Wissen und welche spirituellen Gaben es dir anzubieten hat.

Du hältst das Buch des Wissens in deinen Armen geborgen, nahe deinem Herzen, und siehst nun einen üppigen, wunderschönen grünen Garten, einen perfekten Ort der Heilung und einen spirituellen Kraftplatz. Du entscheidest dich, diesen Garten zu besuchen, um dort vielleicht noch mehr im Buch zu lesen oder um dich einfach zu entspannen und die Schönheit und Erhabenheit der Natur zu genießen, die Blumen zu bewundern, die dort wachsen und blühen. Dein Herz fühlt vollkommene Freude an diesem wundervollen heilsamen Ort der Harmonie. Während du die reine, frische, saubere Luft einatmest und den Duft des Grüns und der Blumen um dich herum wahrnimmst, spürst du, wie die Luft und das Grün dich erneuern und regenerieren, wie sie jede Zelle deines Körpers, deinen Geist und deine Seele mit Gesundheit erfüllen. Genieße die Gesundheit, die dir hier geschenkt wird.

Du fühlst dich rundum wohl und heil im Körper, im Geist und in der Seele und blickst zum blauen Himmel empor. Du siehst die Weite des Universums. Das Blau scheint sich ewig fortzusetzen. Du fühlst dich eingestimmt auf das Universum und du weißt, dass du in das Blau aufsteigen kannst, dass du mit dem Himmel kommunizieren kannst und dass der Himmel seine Geheimnisse mit dir teilen wird. Du spürst, wie du nach oben in den Himmel gezogen wirst, in das weite Universum. Während du in die Bläue des Himmels gelangst, fühlst du deren sanfte Weichheit. Das Blau umgibt dich so komplett, dass du spürst, wie dein Wesen damit eins wird und du noch höher steigst. Die Bläue des Himmels besitzt eine weiche Beschaffenheit, ein Gefühl des vollständigen Friedens, ein Wissen darüber, dass deine Seele schon einmal diese Reise gemacht hat. Sprich mit dem Himmel, tausche dich aus, höre, was er dir zu sagen hat, höre auf das, was er dir übermittelt, und sieh dir an, was er dir zeigt und anbietet.

Du reist weiter durch den Himmel und lernst von seiner Weisheit. Nun siehst du eine tiefblaue Wolke, die dich zugleich erregt und verängstigt. Sie erregt dich durch ihre einzigartige Farbe und sie macht dir Angst, weil sie dich an eine Gewitterwolke erinnert und du glaubst, dass vielleicht in jedem Augenblick ein Sturm ausbricht. Aber dann spürst du ein friedvolles Gefühl, das sich in dir ausbreitet, ein intuitives inneres Wissen um die Macht in der Wolke, in dir selbst. Du gehst in diese Wolke hinein und siehst eine indigoblaue Blume in ihrer Mitte – du erkennst die Vergangenheit, die Gegenwart und die Zukunft dieser Blume. Du siehst sie erst als Knospe, die sich gerade zu öffnen beginnt, und du erkennst, dass es um deine spirituelle Bewusstheit geht, die sich zu öffnen beginnt. Beobachte, wie diese tiefblaue Blume sich weiter öffnet, während sich auch deine Bewusstheit weiter öffnet, um zu innerer Weisheit und Wissen zu erblühen, in die Wirklichkeit eines inneren Wissens und spiritueller Wachheit.

Während du über diese wunderschöne Blume meditierst und beobachtest, wie sie sich öffnet, und während du bemerkst, wie sich dein inneres Wissen und deine spirituelle Bewusstheit öffnen, steigst du weiter hinauf in die Farbe Violett, oben im Regenbogen, über der indigofarbenen Wolke. Du weißt, dass sich das Violett durch die Vereinigung von Indigo mit dem weißen Licht des Universums gebildet hat. In der Farbe Violett fühlst du dich außergewöhnlich, wie geheiligt. Du spürst Ehrfurcht und Ehrerbietung in dir, tief in deiner Seele. Es besteht eine gedämpfte Stille, die sehr beruhigend, sehr friedvoll ist. Du fühlst auch etwas sehr Ätherisches im violetten Licht, das überall um dich herum schwingt und pulsiert, als ob es lebendig wäre.

Du schließt deine Augen für einen Moment, um die Farbe ganz in dir zu absorbieren, sie einzuatmen und zu spüren, wie sie alles in dir durchdringt und erfüllt. Wenn du nun deine Augen öffnest, siehst du eine wunderschöne Kapelle vor dir. Diese Kapelle steht vielleicht oben auf der Spitze des Bergs und war deinem Blick nur bislang verborgen, doch nun hast du deine Bewusstheit für den Himmel und das Universum geöffnet. Vielleicht befindet sich die Kapelle auch auf einer Lichtung in einem Wald. Oder sie ist in deiner Seele. Tritt in die Kapelle ein und schau, was sich darin befindet. Es ist dein Geschenk. Vielleicht ist es ein greifbares Geschenk, etwas, was in der irdischen Welt existiert. Vielleicht ist es ein Gebet, das erhört, oder ein Wunsch, der erfüllt worden ist. Oder es ist ein Gespür für die Richtung, die du einschlagen musst, um dem Regenbogenpfad deines Geistes zu folgen.

Die Dinge, die du in jeder einzelnen Farbe des Regenbogens auf diesem mystischen majestätischen Berg gefühlt, gesehen und erfahren hast, und die Geschenke, die du erhalten hast, wurden dir vom höheren Selbst, von deiner Seele gegeben. Diese Gaben hast du bekommen, damit du sie nach deinen Wünschen nutzen kannst, um dein Leben immer besser und schöner werden zu lassen.

6. Universelles Licht

Weißes Licht ist eine universelle Energieschwingung, die zahlreiche wirksame spirituelle Anwendungen und ebenso praktischen körperlichen Nutzen besitzt. Wenn du im nächsten Abschnitt deiner Rückführung in das weiße Licht oberhalb des Regenbogens eintrittst, wirst du erkennen und dich daran erinnern, was das Licht ist – die natürliche Schwingung deiner Seele. Das ist ein Aspekt des weißen Lichts. Du bist ein Lichtwesen, und deine Seele ist ein göttlicher Energiefunke. Weißes Licht ist eine machtvolle Quelle, die du aus dir selbst erschließen und aus dem Universum in dich hinein- und um dich herumziehen kannst, wann immer du es möchtest oder brauchst, egal, aus welchem Grund und für welchen Zweck.

Um dich jederzeit auf die Energien des weißen Lichts einzustimmen, musst du einfach nur reines weißes Licht einatmen. Atme es in jeden Teil deines Selbst, in jede Zelle tief ein, absorbiere weißes Licht in dir, so, wie du die Wärme des Sonnenlichts auf deiner Haut spürst, wenn sie deinen Körper durchdringt. Umgib und umhülle dich vollständig mit weißem Licht. Fühle, wie es in dich hineinfließt und zirkuliert, durch und um deinen Körper, deinen Geist und deine Seele. Sei und werde eins mit dem Licht.

Während deiner Rückführung wirst du dich mit weißem Licht umhüllen und die reinen und positiven Energien des weißen Lichts einatmen, um auf den körperlichen, emotionalen, mentalen und geistigen Ebenen vollkommen geschützt zu sein. So verhinderst du, leidvolle oder traumatische Energien aus früheren Leben zu fühlen und negative Energien aus der Vergangenheit in dein jetziges Leben zu bringen. Vielmehr bringst du bei der Rückkehr ins Hier und Jetzt Verständnis für die damaligen Ereignisse mit. Du wirst dir über das Geschehen und die Gefühle in der Vergangenheit völlig bewusst sein, aber die Energien aus früheren Leben werden dich nicht beeinflussen.

Um nun also mit deiner Rückführung fortzufahren, entspanne deinen Körper vollständig und öffne dich für einen meditativen Gemütszustand. Gehe dann durch den Regenbogen bis zur Farbe Violett ganz oben. Du erlebst oder spürst weißes Licht wie eine Art von Nebel, wie ein friedvolles, spirituelles Gefühl, in Form eines strahlend hellen klaren Lichts oder als ein schimmerndes Wesen. Wie du es auch erleben magst – das ist die Art und Weise, wie sie für dich am stimmigsten ist. Weißes Licht ist einerseits sehr machtvoll, aber zugleich auch sehr friedlich und tröstlich. Während du dich vom weißen Licht aufladen lässt, werden dich seine Energien auch entspannen, weil du dich auf deine natürlichen spirituellen Schwingungen einstimmst.

Schau nach oben, über den Regenbogen hinaus, und erblicke dort einen weiß schimmernden Nebel. Das Licht, das durch den Nebel dringt, sieht wohltuend und warm aus. Der Nebel ist universelles weißes Licht, das in seiner Energieschwingung sehr machtvoll, rein und positiv ist. Es funkelt und schimmert mit dem Wesen des universellen Lichts. Das Licht lädt dich zu sich ein und heißt dich willkommen. Es fühlt sich sicher und beschützend an, friedvoll und spirituell, wenn du es nun einatmest und dich ganz damit umhüllst.

Sieh, spüre und fühle, wie du selbst im weißen Nebel oberhalb des Regenbogens bist. Es fühlt sich friedlich, wohltuend und warm an. Tauche ganz darin ein.

*Während du in diesen weiß schimmernden Nebel ein-
tauchst, fühlt er sich sicher an und wie erfüllt von einer stillen Kraft, die beruhigend und spirituell aufbauend wirkt.
Du spürst und erinnerst dich daran, dass dieses Licht etwas
ganz Besonderes ist.*

*Indem du das Licht ganz um dich herum versammelst und
es in dich einatmest, wirst du zu einem Teil des Lichts und
nimmst es in deinem Körper, deinem Geist und deiner Seele
vollständig auf. Wenn du jetzt das weiße Licht des Universums einatmest, weißt du, dass das weiße Licht auch die
Schwingung deiner Seele ist. Du weißt, dass du ein wirklich
starkes spirituelles Wesen bist, und du fühlst dich eins mit
dem Licht und mit deiner Seele. Du bist in Harmonie mit
deinem spirituellen Kern.*

*Atme ein und nimm diese friedlichen und kraftvollen
Schwingungen der Energien des spirituellen weißen Lichts
in dich auf, damit sie in dir, durch dich hindurch und überall um dich herum schwingen. Während du die reinen Energien des weißen Lichts in dich hineinziehst, merkst du, wie
sie auf sanfte Weise deine physischen und spirituellen Energien mit der universellen Energie abstimmen und harmonisieren, da das Licht deinen Körper, deinen Geist und deine
Seele ausgleicht, reinigt und dich in Einklang mit deiner
spirituellen Bewusstheit bringt. Das Licht schützt und heilt
dich dabei auf allen Ebenen.*

*Jetzt, da du das weiße Licht in dir aufnimmst, dringt es tief
in dich ein, und du erkennst, wie mächtig es ist – wie mächtig du bist. Gleichzeitig realisierst du, dass dieselbe Energie
tief in dir gespeichert ist, dass sie aufsteigt und die spirituelle Kraft freisetzt, die du in deinem Inneren hast. Du spürst,
fühlst und weißt, dass das Wesen deiner Seele auf sehr feine
Weise mit den universellen Schwingungen des weißen Lichts*

verbunden und verwoben ist und dass deine Seele in völliger Übereinstimmung mit denselben friedvollen Energien schwingt wie das universelle Licht.

Nimm dir einige Augenblicke Zeit, um im Licht zu verweilen, die friedvollen Schwingungen zu empfinden und die Harmonie deines Körpers, deines Geistes und deiner Seele zu erfahren. Atme und sei im natürlichen Rhythmus und in Harmonie mit dir selbst und mit dem weißen Licht. Du fühlst dich wohl und entspannt, sicher und ruhig, vollkommen im Einklang mit dir selbst auf einer höheren Ebene des spirituellen Bewusstseins und Wissens. Atme weißes Licht in dich ein. Umgib dich damit. Fühle, wie es in dich einströmt, durch dich hindurch und rundherum um Körper, Geist und Seele.

Das weiße Licht wird dich immer beschützen und dich auf deinen Reisen in vergangene Leben begleiten, während du Ereignisse und Gefühle aus Lebenszeiten, die inzwischen lange vorbei sind, noch einmal erlebst. Du kannst das weiße Licht auch anwenden, um alle negativen Geschehnisse, Leid und Traumata aus der Vergangenheit zu heilen. Das weiße Licht ist immer bei dir; es steht dir immer zur Verfügung.

Fahre fort, weißes Licht einzuatmen. Es fühlt sich wie ein Atemzug reiner, frischer Luft an, die deine Energie auf jeder Ebene von Körper, Geist und Seele belebt und auffüllt. Spüre die Wärme, die deinen Körper wie ein Herzschlag durchströmt, die in einem sanften Rhythmus von Schutz und Sicherheit pulsiert, die sich natürlich und wohltuend anfühlt, während sie dich mit reiner und positiver Energie regeneriert, dich entspannt und zur Ruhe bringt.

Fühle die Energie in dir, wie sie durch dich hindurch zirkuliert und jeden Muskel, jeden Nerv, jeden Knochen, das gesamte Gewebe, jedes Organ, alle Zellen und jeden Teil *deines Körpers umgibt. Während die Wärme des weißen Lichts durch dich strömt, spürst du, wie dein Körper sacht schwingt und sich im Rhythmus und im Einklang mit der reinen, friedvollen, positiven Energie bewegt. Das fühlt sich natürlich, normal und wohltuend an; du fühlst dich ganz sicher und friedlich, in Harmonie mit deinen spirituellen Schwingungen.*

Du atmest weiter weißes Licht ein und akzeptierst und absorbierst es in deinem Geiste. Du spürst, wie sich deine Bewusstheit ausdehnt, und du steigst in die Schwingung deiner Seele auf. Atme weißes Licht in deine Seele ein. Es gibt dir Sicherheit und Schutz in all deinen Erfahrungen auf deiner Reise in frühere Leben.

Fühle die friedvollen, reinen, positiven Energieschwingungen, während du weiter weißes Licht einatmest, dich vollkommen damit umgibst, während du Körper, Geist und Seele mit dem weißen Licht umhüllst, das physischen, emotionalen, mentalen und spirituellen Schutz gewährt. Spüre das weiße Licht in dich hineinfließen und sanft durch jeden Teil von dir kreisen. Atme das Licht weiter ein, während du dich damit umhüllst wie mit einer warmen, schützenden Aura von Wissen, Bewusstheit und Energie. Fühle, wie es dich umgibt und dich mit positiver, friedvoller Energie durchströmt. Weißes Licht ist eine universelle Energiequelle, die dir immer zur Verfügung steht. Es stimmt sich auf deine Energie ein, innen und außen, und schützt dich auf allen Ebenen. Es ist friedlich und zugleich mächtig. Fühle deine vermehrte Energie und dein erweitertes Bewusstsein, während du dich ganz mit weißem Licht umgibst und hineintauchst. Atme es ein, spüre es in dir und durch dich kreisen, hülle dich damit ein, bis du dich mit weißem Licht vollständig erfüllt und ermächtigt fühlst.

Nachdem du inzwischen vertraut bist damit, dich zu entspannen, in den Regenbogen aufzusteigen und darüber auch
ins weiße Licht zu gehen, kannst du nun Zugang zu deinem
Unterbewusstsein und zu Erinnerungen an vergangene Leben gewinnen, indem du einfach weißes Licht einatmest und
absorbierst. So kannst du unmittelbar vollständige physische Entspannung und ein erhöhtes spirituelles Bewusstsein
erlangen.

Das wird dir bei deinen Reisen in frühere Leben sehr helfen.
Wenn dich während deiner Rückführung irgendetwas irritiert, kannst du rasch und leicht komplette körperliche Entspannung und Gemütsruhe erreichen, indem du dich wieder
zu dem Platz hin orientierst, an dem du bei der Rückführung
zuvor gewesen bist. Atme einfach das Licht ein und werde
eins mit ihm. Während du weißes Licht einatmest, sage dir
selbst, dass du zu dem Ereignis in der bisherigen Rückführung zurückkehren wirst, das du gerade erlebt hast.

Exkurs: Gute Schwingungen

Weißes Licht besitzt eine Menge guter Eigenschaften und
bietet viele nützliche Vorteile auch über die Anwendung im
Rahmen einer Rückführung hinaus. Die körperlichen, geistigen, emotionalen und spirituellen Möglichkeiten für jeden
Bereich des Lebens sind praktisch unbegrenzt. Das weiße
Licht schützt dich vor Leid oder Traumata aus früheren Leben und kann diese heilen, aber es wirkt auch wunderbar, um
deinen Körper in diesem Leben zu heilen. Du brauchst dazu
nur zu visualisieren und zu spüren, wie weißes Licht in und
durch dich strömt, in jedem Teil deines Körpers, um vollkommen gesund zu bleiben. Du hast das schon während der

Heilung und Harmonisierung im Exkurs des vierten Kapitels gemacht.

Es ist wirklich so leicht und einfach, weißes Licht zur Heilung zu nutzen, und doch wirkt es dabei sehr kraftvoll. Umgib dich damit, atme es in alle Zellen ein, bade in den Schwingungen des weißen Lichts. Die Heilung wird durch deine Gedanken, Gefühle und deinen Glauben daran wirksam sein. Wenn du eine spezielle Beschwerde heilen möchtest, dann fokussiere das weiße Licht und richte es auf jeden Teil deines Körpers aus, der von erhöhten Schwingungen einen Vorteil haben wird.

Es gibt weitere Vorzüge, wenn man weißes Licht zur körperlichen Heilung nutzt: Es wird dich in jeder Hinsicht energetisieren und revitalisieren. Es wird alte Spinnweben aus deinem Geist fegen und alle Giftstoffe aus deinen Gedanken und Gefühlen beseitigen. Es reinigt und säubert dich auf jeder Ebene – Körper, Geist und Seele.

Neben der Heilung des physischen Körpers kann man weißes Licht auf vielfältige Weise sowohl praktisch als auch metaphysisch anwenden. Wenn es um irgendeine positive Absicht geht, wirkt es jederzeit. Es gibt buchstäblich Millionen von Methoden, weißes Licht für alles und für jeden Zweck anzuwenden, den du erforschen und erfahren möchtest. Es wird dir dabei helfen, alles zu erreichen, was du anstrebst.

Auf der physischen Ebene kann man weißes Licht einsetzen, um Beziehungen zu verbessern oder leidvolle Beziehungen zu heilen, um Ziele zu erreichen und innerste Wünsche zu verwirklichen, um einen »Extraschuss« Energie zu erhalten, um jegliche Formen von Negativität zu neutralisieren oder um eine negative Situation, ein schlechtes Gefühl oder eine schmerzliche Erfahrung in etwas Positives zu verwandeln. Du kannst Situationen, Menschen, Orte und Dinge mit weißem Licht umhüllen, um deren Energien zu verändern bzw. um sie zu erhöhen und um positive Ergebnisse zu erzielen. Du kannst weißes Licht auch anwenden, um deine Gefühle und deine Einstellung zu ändern. Es hat die Kraft, Niedergeschlagenheit in Segnung zu verwandeln. Du kannst weißes Licht für praktisch alles einsetzen, was du dir nur vorstellen kannst. Die Zahl der Anwendungen wird nur durch deine Glaubensmuster begrenzt. Die Möglichkeiten sind endlos.

Im Rahmen dieses Buchs nutzen wir die Frequenzen des weißen Lichts, damit du dich vor Gefühlen und Erfahrungen aus früheren Leben schützt, die vielleicht mit Leid und Traumata verknüpft sind, und um Geschehnisse und Gefühle aus der Vergangenheit zu heilen. Wenn du dich im weißen Licht befindest, kannst du dich an diese Ereignisse erinnern und begreifen, warum sie passiert sind. Es wird dir besonders dabei helfen, negative Gefühle, Situationen und Beziehungen zunächst einmal zu bemerken und zur Kenntnis zu nehmen, damit du sie verstehen, segnen, heilen und dann auch wieder loslassen kannst. Das weiße Licht hilft dir, wahrhaft zu verzeihen und immer aus einem liebevollen Ort des weißen Lichts und aus deiner Seele zu kommen.

Weißes Licht ist dein spirituelles Geburtsrecht, und du darfst es in jeder Hinsicht nutzen, wie du es möchtest. Es wird immer zum höchsten Gut aller wirken. Es erinnert auch daran, dass du wirklich ein starkes, spirituelles Lichtwesen bist und dass dein Wesen – das Licht deiner Seele – hell leuchtet, ausstrahlt und ausströmt in und durch alle Gedanken und Gefühle, die du hegst. Es berührt alles, was du tust, und beeinflusst alle Aspekte jeder Erfahrung, die du machst.

Da weißes Licht ein universelles Licht ist, findest du es jeden Tag in den natürlichen Energien des Sonnenlichts vor. Wie du bereits weißt, fühlst du dich jedes Mal wohl, wenn du den warmen Sonnenschein auf deinem Gesicht spürst. Das liegt an dem weißen Licht darin. Weißes Licht ist auch in Blitzen enthalten und im Mondlicht, obwohl seine Schwingungen dort jeweils unterschiedlich sind. Vor allem jedoch ist weißes Licht in dir selbst, in deiner Seele. Es ist deine natürliche Energieschwingung.

7. Heilige Räume

Der nächste Schritt auf deiner Reise in vergangene Leben führt in den heiligen Raum deines spirituellen Sanktuariums. Ein spirituelles Sanktuarium oder Heiligtum ist ein besonderer Platz der Harmonie in deinem Herzen, in deinem Geist und in deiner Seele, wo du dich vollkommen gelöst, wohl, sicher und friedvoll fühlst und in perfekter Übereinstimmung mit deinen spirituellen Schwingungen. Es ist ein heiliger Raum, wo du ganz auf deine Seele eingestimmt und in Kontakt mit deiner wahren spirituellen Natur bist. Dein Heiligtum ist ein spiritueller Ort, den es bereits in dir gibt. Du bist schon früher dort gewesen – in deinem inneren Wissen und deinem spirituellen Bewusstsein. Du bist in deiner Seele schon viele Male dorthin gereist.

Es ist ein Platz, der darauf wartet, dass du dich an ihn erinnerst und ihn erneut aufsuchst. Dort kann sich deine Seele wieder mit sich selbst verbinden, sich erneuern und erquicken, dort ist es ihr möglich, sich auszuruhen und zu reflektieren. Es ist ein ruhiger, stiller Platz, wo du Frieden, Zartheit und das innere Glück genießt. Es ist ein Ort, an dem du wirklich in Kontakt mit dir selbst bist, wo du eingestimmt bist auf die Ruhe, Sanftheit und den Frieden deines inneren Wesens. Dieser Platz heißt dich willkommen, und dort kannst du so sein, wie du wirklich bist. Es ist ein magischer Ort, an dem du die ganze Bewusstheit deines Geistes öffnest, wo du dich auf dein höheres Selbst einstimmst und auf deine innere Stimme lauschst.

Es ist ein heiliger Ort, an dem du dich wieder mit deiner wahren spirituellen Natur verbindest, an dem du deine Seele pflegst und nährst und wo du vollständige Harmonie in dir selbst erlebst. Vielleicht hast du bereits deinen heiligen Raum in dem üppigen und wunderschönen Garten in der Farbe Grün im Regenbogen entdeckt oder irgendwo sonst auf dem Regenbogenberg. Dein spirituelles Heiligtum ist genau dort und genau das, wo und wie du es haben möchtest. Deine Seele erinnert sich daran, was und wo dein heiliger Raum ist, und kann jederzeit dorthin zurückkehren, um Frieden und Regeneration zu finden.

Es kann sich um einen Platz handeln, an dem du schon einmal gewesen bist oder den du dir im Geiste selbst erschaffst. Dein Heiligtum ist vielleicht ein Symbol für ein Gefühl, das du gespürt hast, oder ein Platz, an dem du dich wirklich ganz wie du selbst gefühlt und an dem du es genossen hast, mit dir im Reinen und in Frieden zu sein. Der Ort kann eine Stimmung darstellen, die du einmal erfahren hast, als du mit dir eins warst und im Einklang mit deinem inneren spirituellen Wesen.

Dein heiliger Raum ist vielleicht ein schöner, heiterer Ort im Grünen, in der natürlichen Schönheit der Natur oder irgendwo in der Nähe eines beruhigenden Gewässers. Er könnte am Strand sein, wo du auf den Klang der Wellen hörst und ihnen zusiehst, wie sie sanft heranrollen und wieder versinken. Es könnte ein Ort in einem Wald sein, an dem du hörst, wie der Wind leicht durch die Blätter der Bäume streicht, als ob er dir etwas zuflüstert. Vielleicht ist es auch eine weite Erdfläche, wo du in jeder Himmelsrichtung freien Blick bis zum Horizont hast. Oder ein Berg oder ein Tal. Es könnte ein wunderbarer See oder ein Bach mit großen Steinen darin sein, den du überqueren kannst; ein funkelnder Fluss oder ein wundervoller Wasserfall, ein Garten oder eine Wiese voller hübscher Blumen.

Dein heiliger Raum erinnert sich vielleicht an einen Ort auf der Erde, wo du schon einmal gewesen bist, oder es handelt sich um einen Platz, der aus einer spirituellen Erinnerung kommt. Es könnte ein Ort sein, an dem du zwischen zwei Leben warst, wo du deine Seele in ihrer reinen und natürlichen Form erfahren hast. Oder es ist ein spiritueller Platz des Seins oder Erkennens auf einer multidimensionalen Ebene, also eine Energieschwingung der reinen Seele. Es kann ein Regenbogen sein oder die Sonne. Der Himmel oder eine Wolke. Dein heiliger Raum kann ein Sonnenaufgang oder ein Sonnenuntergang sein. Das Universum oder ein Stern. Er kann auch einfach die Luft sein, die du atmest.

Denke an den Platz oder erinnere dich an den Ort, den du gern als dein spirituelles Heiligtum haben möchtest. Deine Seele wird dir zeigen, was er ist, und wird dich in diesen heiligen Raum bringen. Um nun mit der Rückführung fortzufahren, richtest du dich wieder auf das weiße Licht oberhalb des Regenbogens aus und siehst oder visualisierst dein spirituelles Heiligtum oder erinnerst dich daran.

Im weißen Licht wird dir ein heiliger Raum bewusst – ein besonderer Platz, der dein spirituelles Heiligtum ist. Nimm dir Zeit, diesen Raum zu sehen, zu fühlen, dir vorzustellen bzw. dich daran zu erinnern. Nimm dir Zeit, dort zu sein und dich an diesem sehr friedlichen und heiligen Ort in dir selbst zu erfreuen.

Gehe in die Bilder und Gefühle, die dein spirituelles Heiligtum hervorbringt und wozu es dich inspiriert; sei ganz dort. Schau dich um, spüre und sei einfach in deinem heiligen Raum, diesem heiligen Platz in deiner Seele. Schau dich überall um und erforsche alles, was es dort zu sehen und zu wissen gilt, und verstehe, warum es ihn gibt. Verbringe einige Zeit, um deinen heiligen Raum zu genießen und richtig schätzen zu lernen. Beobachte, wie du dich in deinem spirituellen Heiligtum fühlst, was du tust und worüber du nachdenkst. Stelle dich auf deine Gefühle ein, stimm dich auf deine Seele ein.

Nimm wahr, wie dein heiliger Raum aussieht. Achte auf die bildhaften Eindrücke, die dir bewusst werden. Diese Bilder können Symbole für deine tiefen inneren Gefühle sein. Sie zeigen dir vielleicht Szenen aus einigen deiner früheren Leben oder bieten dir die Anfangsschritte, um in eine Erinnerung an ein vergangenes Leben einzusteigen. Nimm dir jetzt etwas Zeit – alle Zeit, die du brauchst –, um alles wahrzunehmen, was es in deinem spirituellen Heiligtum zu sehen gibt, und um alle Dinge zu erkunden, die dir bewusst werden. Nimm dir Zeit, um dich an diesem spirituellen Platz in dir, in deiner Seele, wohl zu fühlen.

Dein spirituelles Heiligtum ist ein wichtiger, wertvoller Teil deiner Rückführung. Dort beginnst und beendest du deine Reise zu früheren Leben, während du über die Erfahrungen und Emotionen nachdenkst, die dir dabei begegnet sind. Du darfst aus jedem beliebigen Grund in deinen heiligen Raum gehen und zu jeder Zeit während der Rückführung, um dich dort auszuruhen, über das nachzusinnen, was du erlebt hast, um Ereignisse und Emotionen aus vergangenen Leben zu heilen oder um dich einfach ein bisschen in den heilsamen Schwingungen deines Heiligtums zu entspannen.

Dein heiliger Raum ist der Platz, an dem du dich an dein höheres Selbst erinnerst und dich wieder mit dem vereinst, was der spirituellere Teil von dir ist, der alles über deine Erfahrungen in früheren Leben weiß. Dein höheres Selbst wird dein Mentor und Führer sein, wenn du in Erinnerungen an die

Vergangenheit reist. Hier beginnst du deine Reise, indem du mit deinem höheren Selbst eins wirst, und in dieses Heiligtum kehrst du zurück, wenn du deine Reise beendest und bevor du wieder in die jetzige, physische Realität zurückkommst.

Dein Sanktuarium ist auch ein sicherer Hafen, in den du sofort und jederzeit während deiner Rückführung einkehren kannst, wenn die Erinnerung und die Erfahrungen aus vergangenen Leben traumatisch oder leidvoll werden und wenn du dich eine Zeitlang aus der Situation entfernen und in die heilenden Energien deines heiligen Raums eintauchen möchtest. Dein höheres Selbst wird dich in jedem Augenblick hierher bringen, wenn du das aus irgendeinem Grund brauchst – vielleicht, um dich von etwas sehr Schmerzlichem fernzuhalten, das du noch nicht ganz bereit bist, erneut mitzuerleben, oder um dir hier ein Trauma von früher zu erklären, hier an einem Ort, wo du dich sicher und beschützt fühlst.

So kannst du über Geschehnisse und Gefühle, die dir klargeworden sind, mehr Informationen sammeln, weil dein höheres Selbst die Gründe deutlich darlegen wird, warum du dich jetzt daran erinnern musst und welche Emotion und welcher Zweck dahinterstecken. Dein höheres Selbst wird dich dann wieder in diese Erinnerung begleiten, wobei du dann aber eine viel klarere Wahrnehmung hast und bewusst erkennst, was geschieht, warum es passiert und wie es sich auf dein jetziges Leben auswirkt.

Dein höheres Selbst kann dich auch in dein spirituelles Heiligtum zurückführen, um dich in weißem Licht zu baden, um jegliche negativen Schwingungen auszugleichen und »abzuwaschen«, um dir zu helfen, die Vergangenheit zu heilen, und um heilende Schwingungen in das gegenwärtige Leben zu bringen. Vielleicht möchtest du in dein Heiligtum zurückkommen, um eine Atempause von deiner Rückführung zu genießen oder um über Erfahrungen nachzudenken, die du gemacht hast, bevor du in neue Erfahrungen hineingehst, möglicherweise in einem anderen Leben. Oder um deine Schwingungen auf eine höhere Ebene zu heben, um dich auf die bewusste Wahrnehmung von Erinnerungen an vergangene Leben einzustimmen, die du als nächste erfahren wirst.

Nachtrag: Aufgaben in diesem Leben

Es gibt viele wundervolle Dinge im Zusammenhang mit deinem spirituellen Heiligtum, die du erfahren und woran du dich erfreuen kannst, auch neben den Reisen in die Vergangenheit. Du kannst diesen Ort jederzeit aufsuchen, wann immer du das wünschst und aus jedem beliebigen Grund. Von Zeit zu Zeit wirst du Gaben und Schätze vorfinden, die dort auf dich warten. Vielleicht vom Universum oder einem besonderen Engel, oder vielleicht hast du dir solche Gaben auch selbst aus einem Traum heraus oder einem anderen Bewusstseinszustand gegeben.

Von einem praktischen und rein physischen Standpunkt aus bietet dir dein spirituelles Heiligtum einen Ort, an den du jederzeit gehen kannst, um dich einige Augenblicke lang zu entspannen, um Frieden und Harmonie zu erleben, um Körper und Geist zu regenerieren und zu revitalisieren und um Stress und Anspannung loszulassen, die sich während des Tages aufbauen. Es stellt so etwas wie eine Atempause von der irdischen Welt und den weltlichen Angelegenheiten dar. Es ist auch ein wundervoller Ort der Harmonie, an dem du jegliche Art von Heilung erfahren kannst.

Dein heiliger Raum bietet dir die Gelegenheit, wirklich ganz zu dir selbst zu kommen, still über die Dinge zu reflektieren, die sich in deinem Leben abspielen, in dich selbst zu blicken, um festzustellen, wie und warum du manche Erfahrungen gemacht hast, und um deren Symbolik und spirituelle Bedeutung zu erfassen. Du kannst Lösungen auf Probleme finden und Antworten auf alle Fragen, die du stellst. Höre auf deine innere Stimme, deine echten Gefühle. Bitte dein höheres Selbst um Führung.

Dein spirituelles Heiligtum ist so viel mehr, als es zunächst zu sein scheint. Es ist ein heiliger, spiritueller Platz in dir, der sich zu zahlreichen wunderbaren Welten hin öffnet, die dir Einsichten und wahres Verständnis deiner Selbst und deiner Seele vermitteln. Welten, die sich zum universellen Wissen hin öffnen, Welten, die dir dein spirituelles Wesen zeigen. Erforsche diese Welten.

8. Deine innere Führung

Dein innerer Führer bei deiner Rückführung ist dein höheres Selbst. Das ist der wissende Teil von dir, der alle Informationen über alle Erfahrungen in deinen früheren Leben bewahrt – was passiert ist, warum es geschehen ist und wie dich das alles heute beeinflusst. Dein höheres Selbst ist ein Aspekt deiner Seele. Wer könnte ein besserer Führer bei deinen Reisen in vergangene Leben sein als deine Seele?

Es ist ein ganz natürlicher Vorgang, in Kontakt mit deinem höheren Selbst zu gelangen. Es bedeutet, dass du dich auf den spirituellen Teil deines Selbst einstimmst und deine spirituelle Bewusstheit »einschaltest«. Möglicherweise bist du mit deinem höheren Selbst bereits vertraut und bezeichnest diesen Teil deiner Seele einfach nicht mit diesem Namen. Viel zu viele Menschen streben nach spiritueller Hilfe, indem sie außerhalb ihres Selbst nach Antworten und Führung suchen, anstatt sich nach innen zu wenden. Dabei neigen sie dazu, ihre Selbstermächtigung an äußere Quellen von Macht abzugeben – an Engel, Geistesführer und spirituelle Meister, von denen sie glauben, dass sie viel mehr über spirituelle Dinge wissen als sie selbst. Es ist völlig in Ordnung, diese spirituellen Quellen anzurufen, da sie in Zeiten der Not wunderbare Hilfe und Einsichten vermitteln können.

Allerdings besitzt deine Seele genau dieselben Informationen und sogar noch mehr, als dir diese äußeren Quellen bieten können. Betrachte es einmal so: Vielleicht sind all diese äußeren Quellen, denen du dich zwecks spiritueller Nahrung zuwendest, in Wahrheit unterschiedliche Teile deiner eigenen Seele, die in verschiedenen Gestalten und »Verkleidungen«

auftreten, so, wie du dich damit am wohlsten fühlst. Deine Seele zeigt sich dir auf jene Weise, die am geeignetsten ist, um dich zu erreichen, damit du die spirituellen Anteile deines Selbst am besten erkennen und annehmen kannst.

Indem du aus einer spirituellen Perspektive in dein Inneres blickst, kannst du Aspekte deines höheren Selbst in den unterschiedlichen Rollen sehen und erkennen, die es in deinem Leben spielt. Dein höheres Selbst ist Mentor deiner Träume und dein spiritueller Führer in die multidimensionalen Bereiche von Bewusstheit und Wissen, die dich geradewegs zu deiner Seele führen. Dein spiritueller Führer kann sich auch in Gestalt eines schamanischen Krafttiers zeigen, als ein Verbündeter. Dein höheres Selbst taucht als eine Antwort auf, nach der du verzweifelt gesucht hast. Es kann durch deine innere Stimme zu dir sprechen oder als blitzartiger Einfall kommen. Es kann sich wie eine tröstliche Berührung deiner Schulter bemerkbar machen, wenn du sie am meisten brauchst, oder in Form eines Flüsterns von Liebe und Lebensfreude in deinem Herzen, wenn du dich sonst völlig niedergeschlagen fühlst und sehr traurig bist.

Dein höheres Selbst zu kennen ist eines der schönsten Dinge, die du dir je vorstellen kannst. Es liebt dich ganz und gar und bedingungslos. Es ist dein Seelen-Selbst, das Wesen deiner Seele, der Lichtfunke, der hell in dir erstrahlt. Es ist wie das Flüstern eines Windhauchs, der dich sanft umgibt und dich zart liebkost, während er durch dich hindurchweht und dich mit einem weichen, friedlichen Gefühl von Heiterkeit und Harmonie erfrischt, mit einem Gefühl von Freude und Staunen. Dein höheres Selbst ist alles, was gut, wunderbar und warmherzig an dir ist.

Dein höheres Selbst ist in jedem Sinn des Wortes dein Schutzengel, der Hüter deines Herzens, deines Geistes und deiner Seele, während du in physischer Form lebst. Es ist der höhere Aspekt deines Selbst, es ist die unsterbliche Flamme deiner spirituellen Existenz. Es ist das, was weiterlebt, wenn der physische Körper stirbt. Dein höheres Selbst wird durch deine Seele verkörpert.

All das klingt vielleicht zu wundervoll, um wahr zu sein, aber es ist wirklich wahr. Dein höheres Selbst ist all das und noch viel mehr. Glaube es, weil es wahr ist. Schau in dein Herz und in deinen Geist und wisse, dass es wahr ist. Lausche auf deine innersten Gedanken und Gefühle und du wirst die Wahrheit hören. Dein höheres Selbst wird durch dein Herz sprechen und dich durch deine Seele berühren.

Bevor du über dein höheres Selbst weiterliest, nimm dir ein paar Minuten Zeit, um darüber nachzudenken, wer dein höheres Selbst wirklich ist, was es dir bieten kann und auf welch vielfältige Weise es dir bei verschiedenen Gelegenheiten in deinem Leben erschienen ist. Besinne dich auf die Zeiten, in denen du mit deinem höheren Selbst in Kontakt gewesen bist und wie du dich damals mit diesem Teil deiner Seele verbunden hast. Nachdem du darüber eine Weile meditiert hast, kannst du vielleicht die Frage beantworten, wie du dein höheres Selbst wahrnimmst.

Du kannst es auf sehr unterschiedliche Weise wahrnehmen. Jeder von uns wird sich des eigenen höheren Selbst auf ganz einzigartige Weise bewusst. Manche Menschen spüren es als eine Energie oder ein Gefühl, vielleicht als ein glühendes Licht oder in Gestalt einer Lichtenergie. Andere sehen es als ein Abbild ihrer Selbst, das in jeder Hinsicht voller Wissen und Weisheit ist. Manchmal erscheint das höhere Selbst in einer symbolischen Gestalt wie ein Engel, ein weiser alter Mann oder ein Philosoph aus der Antike, oder es taucht als eine

Mutter- oder Vatergestalt auf, die fürsorglich, nährend und tröstend ist. Manchmal erscheint das höhere Selbst auch als dein bester Freund bzw. deine beste Freundin.

Manche Menschen stellen es sich als einen spirituellen Führer vor, der ein von ihnen getrenntes Wesen ist, außerhalb oder über ihnen. Dein höheres Selbst ist aber weder über dir noch außerhalb von dir oder sonst auf irgendeine Weise von dir getrennt – dein höheres Selbst ist ein integraler Teil von dir. Es ist ein ganz besonderer, sehr spiritueller Teil von dir, der immer bei dir ist – in jedem Augenblick und in all deinen Leben. Dein höheres Selbst umfasst jeden Teil deiner Seele und ist in jedem Gedanken präsent, den du hast, in jedem Gefühl, das du empfindest, in jeder Erfahrung, die du machst, in jeder Handlung, die du ausführst, und in all deinen Hoffnungen, Träumen, Wünschen und Sehnsüchten. Es ist in jedem Atemzug, den du machst, und in jedem Herzschlag.

Wenn du mit deinem höheren Selbst wieder eins wirst – mit dem höchsten Aspekt deines Selbst – dann ist das, als ob du mit deinem ältesten, liebsten und vertrauenswürdigsten Freund zusammen bist. Es fühlt sich an, als ob man nach einer langen Reise, auf der man sich verirrt hatte, hungrig war, Angst erlebt hat und allein war, nun endlich nach Hause kommt. Du fühlst dich willkommen geheißen und von der Sanftheit und Liebe deines spirituellen Selbst empfangen und umhüllt. Wenn du zuvor keinen Kontakt mit deinem höheren Selbst gehabt hattest, dann ist diese Wiedervereinigung manchmal recht emotional und von so viel Freude und Glück erfüllt, dass es Worte nicht beschreiben können.

Fahren wir nun mit deiner Rückführung fort. Begib dich dazu in das weiße Licht oberhalb des Regenbogens und tritt in dein spirituelles Heiligtum ein.

In deinem spirituellen Heiligtum fühlst du dich in Kontakt mit dir selbst und eingestimmt auf deine wahre spirituelle Natur. Du fühlst dich sehr friedvoll und still und du spürst eine erhöhte Bewusstheit und eine Erwartungshaltung, die sich in dir aufbaut. In deinem Heiligtum herrscht eine spezielle Atmosphäre, die du vorher nicht bemerkt hast, oder du hast zwar schon vorher etwas gespürt, aber nicht gewusst, was es ist. Vielleicht hast du diese speziellen spirituellen Schwingungen jedoch auch auf Anhieb erkannt. Du spürst, dass eine besondere Präsenz in dein spirituelles Heiligtum eingetreten ist, und du heißt die wache Bewusstheit willkommen, die sich in dir ausdehnt. Du weißt, dass dies dein höheres Selbst ist, der höchste Aspekt deines Selbst, der jetzt zu dir gekommen ist. Du weißt, dass es deine Seele ist, die bereit ist, dir zu erscheinen.

Du blickst dich in deinem heiligen Raum um und siehst, dass dein höheres Selbst da ist und auf dich wartet. Du weißt, dass es immer da gewesen ist und darauf gewartet hat, dass du es erkennst und dich daran erinnerst, und du weißt auch, dass dein höheres Selbst immer da sein wird. Du blickst es an und spürst dabei ein unglaubliches Gefühl der Achtung und des Vertrauens, der Liebe und Freude, die nicht in Worten auszudrücken ist. Diese Gefühle kommen gleichzeitig sowohl von dir als auch von deinem höheren Selbst. Nimm dir ein paar Augenblicke Zeit, um dir deines höheren Selbst noch bewusster zu werden und die Vorfreude zu genießen, dass du dich an alle schönsten, wichtigsten und spirituellsten Teile deines Selbst vollständig erinnern wirst.

Während dein höheres Selbst nun auf dich zukommt, empfindest du die positiven, liebevollen und spirituellen Gefühle, die von ihm ausgehen, und du spürst die Energie und das

Wissen, die tief aus dem Inneren deines höheren Selbst strahlen, tief aus dir selbst, tief aus deiner eigenen Seele. Du gehst nun auch auf dein höheres Selbst zu, um dich mit ihm zu vereinigen, mit deinem eigenen spirituellen Anteil, und du erlebst dabei ein wunderbares Gefühl von Freude und Glück. Während dich dein höheres Selbst umarmt, spürst du, wie du mit Wissen, Bewusstheit und Licht verschmilzt und eins wirst. Du erkennst, dass du den höheren Aspekt deines Selbst gefunden hast, dass du zu dir selbst nach Hause gekommen bist und dass du deine Seele erkannt und angenommen hast. Stell dich nun auf deine eigene Weise und wie es für dich am stimmigsten ist, noch mehr und inniger auf dein höheres Selbst, auf deine Seele ein. Spüre das Einverständnis, das du mit deinem höheren Selbst hast und das die Übereinstimmung und Verbindung zwischen euch noch weiter stärkt, damit du dich noch mehr für dein spirituelles Wissen und deine spirituelle Bewusstheit öffnen kannst.

Wenn du fertig bist, atme einige Momente tief ein und fühle die Harmonie in dir selbst, spüre die Harmonie, die du mit deinem höheren Selbst hast. Atme die Bewusstheit und die Erkenntnisse über all das ein, was du im Hinblick auf dein höheres Selbst, auf deine Seele wieder entdeckt und woran du dich wieder erinnerst hast.

Denke über das nach, was du erlebt hast, als du wieder eins geworden bist mit deinem höheren Selbst. Lass all deine Gefühle und Gedanken in Bezug auf dein höheres Selbst Revue passieren. Reflektiere darüber, wie es dir erschienen ist und wie du darauf reagiert hast. Erinnere dich daran, was es dir gesagt hat und was es getan hat. Das hilft dir, dein höheres

Selbst noch bewusster wahrzunehmen und all das Wissen zu erkennen, das du in deiner Seele besitzt. Dein höheres Selbst zu kennen ist eine Einführung dazu, dir aller verschiedenen Teile deiner Seele bewusst zu werden und deine wahre spirituelle Natur zu erkennen.

Die Rolle deines inneren Führers

Dein höheres Selbst ist dein innerer Führer und wird dich mit Verständnis und Einsicht durch deine Rückführung begleiten und wird dir alles, was du erlebst, deutlich erklären. Unter Umständen hast du bereits einige vorgefasste Ansichten in Bezug auf die Erfahrungen aus früheren Leben, die du erforschen wirst, darauf basierend, was in deinem gegenwärtigen Leben gerade passiert oder was du in einer früheren Rückführung erfahren hast. Sei aber nicht erstaunt, wenn dir dein höheres Selbst etwas völlig anderes zeigt. Lass alle vorgefassten Meinungen über deine Rückführung los, die dich behindern oder beeinflussen.

Dein höheres Selbst ist dein intuitiver und sehr kenntnisreicher Führer, der dir das zeigen wird, was du jetzt am dringendsten sehen, wissen und erfahren musst. Folge während deiner Rückführung immer, immer, immer – ich kann das gar nicht genug betonen –, folge also wirklich immer der Führung deines höheren Selbst. Es hat stets das im Sinn, was für dich das Beste ist, und wird dich mit großer Fürsorge und Verständnis durch deine Erinnerungen an vergangene Leben geleiten.

Dein höheres Selbst wird dich bei allem begleiten, was du siehst und erfährst. Sprich mit ihm. Stell Fragen. Bitte um Aufklärung. Frage, warum dir bestimmte Ereignisse gezeigt werden, warum du etwas erlebst. Dein höheres Selbst wird alles erklären, was sich während der Rückführung ereignet, was du fühlst und warum du es fühlst, damit du wirklich alles vollkommen verstehst, was passiert und warum es passiert. Dein höheres Selbst wird dir den Grund in der Vergangenheit dafür zeigen und erklären, welche Bedeutung es für dein jetziges Leben hat. Es wird die Zusammenhänge zwischen früheren Leben und dem jetzigen aufzeigen, damit du mehr Einsicht und Verständnis gewinnst. Wenn dein höheres Selbst eine Weile still bleibt, so weist das darauf hin, dass du die Antworten schon kennst und die Erklärung in dir selbst finden kannst.

Bevor du mit deiner Rückführung beginnst, während du dich in deinem spirituellen Heiligtum aufhältst, kannst du dein höheres Selbst um Hilfe bitten, ein Problem in diesem Leben aufzulösen, das vielleicht auf ein früheres Leben zurückgeht. Es wird dich dann in das entsprechende vergangene Leben führen und dir zeigen, wie du dich mit damaligen Lebenserfahrungen so verbinden kannst, dass du das Problem verstehen und lösen kannst und auch seine spirituelle Bedeutung für dein gegenwärtiges Leben erkennst.

Dein höheres Selbst wird dir erklären, wer die Menschen in deinem jetzigen Leben in einem früheren Leben waren und welche Art von Beziehungen es zwischen euch gab. Es wird dir zeigen, welches Karma zwischen euch entstanden ist, und die Gründe erklären, warum ihr euch jetzt wieder begegnet seid. Dein höheres Selbst wird dir helfen, alle Aspekte deines Karmas zu verstehen, und dich durch einen Prozess des Ausgleichs und der Heilung führen. Es wird dir auch zeigen, wie du alte negative Leidensmuster aus früheren Leben heilen kannst.

Vertraue deinem höheren Selbst, vertraue deinem inneren Wissen. Akzeptiere, was du siehst, und mach dir bewusst, was die Art und Weise bedeutet, wie es dir gezeigt wird. Für alles, was du wissen möchtest und wofür du Erklärungen haben willst, werden Antworten gefunden – ganz natürlich zur rechten Zeit, in der richtigen Abfolge der Ereignisse und in einem stimmigen Fluss. Lass dich dabei nicht von deinen Alltagsgedanken stören. Wenn du bemerkst, dass du dich einer Erfahrung mit Widerstand entgegenstellst, oder wenn du versuchst, bewusst einen Teil deiner Rückführung dorthin zu lenken, wo du glaubst oder möchtest, dass sie hingehen sollte, oder wenn du krampfhaft nach Einzelheiten oder einer Antwort suchst, die nicht sofort kommt – dann lass los. Höre auf dein höheres Selbst.

Nachtrag: Aufgaben in diesem Leben

Du kennst dein höheres Selbst vielleicht schon als dein inneres Selbst oder als die leise Stimme, die dir aus der Stille deines Geistes etwas in deinen Gedanken, Träumen und Gefühlen zuflüstert. Du hörst deine innere Stimme möglicherweise in der Meditation oder in einer besonderen Situation. Deine innere Stimme könnte man als Vorahnung bezeichnen, als Intuition, als das Gespür, etwas einfach zu wissen. Dein inneres Selbst ist Teil deines höheren Selbst.
Dein höheres Selbst ist in jedem Teil deines Lebens gegenwärtig, von den weltlichen bis zu den mystischen Bereichen. Sei jeden Tag in deinen Gedanken in Kontakt mit deinem höheren Selbst, mit diesem höheren Teil deines Selbst. Sei einfach still und meditiere, um dich für dein spirituelles Bewusstsein zu öffnen. Lausche auf dein höheres Selbst, wenn es sich über Gefühle zum Ausdruck bringt. Es ist sich über alles bewusst, was mit dir zu tun hat, und es bietet dir Anleitung und

117

Führung für dein Leben, sowohl auf der physischen als auch auf der spirituellen Ebene.

Du darfst all deine Probleme und Sorgen deinem höheren Selbst übergeben. Es wird sich voller Verständnis und mit großer Weisheit darum kümmern und dir den besten, liebevollsten Weg zeigen, sie zu lösen. Du kannst dich jederzeit aus einem ganz beliebigen Grund an dein höheres Selbst wenden. Es wird akzeptieren, was du fühlst und erlebst, und wird dir zeigen, wie du dich selbst auf eine bessere und klarere Weise verstehen kannst.

Dein höheres Selbst macht so viel mehr, als dich nur durch Rückführungen zu begleiten. Es ist etwas Magisches und Mystisches, mit dem Wesen deines höheren Selbst in Berührung zu kommen. Dein höheres Selbst spielt in jedem Bereich deines Lebens eine entscheidende Rolle. Du kannst es in all deine Alltagserfahrungen einbringen. Handle einfach mit und durch die Energie deines höheren Selbst und mit seiner Hilfe in jedem Augenblick deines Lebens, in all deinen Gedanken und Tätigkeiten. Höre auf deine Gefühle und folge deinem Herzen.

Teil III

Karmische Verbindungen

9. Menschen aus Vergangenheit und Gegenwart in deinem jetzigen Leben

Es gibt in deinem jetzigen Leben Menschen, die du aus früheren Leben kennst. Du triffst jemandem zum ersten Mal und spürst sofort eine Vertrautheit mit ihm, oder deine Seele erkennt etwas wieder. Du hast bei einer Person vielleicht auf Anhieb eine Nähe gefühlt und dich in ihrer Gegenwart wohl gefühlt, als ob es ein verloren geglaubter Freund oder eine Freundin wäre, und es fühlt sich auch so an, als ob ihr genau da weitermacht, wo ihr früher aufgehört habt. Freunde, Partner und besondere Familienmitglieder, die du von früher kennst und mit denen du vergangene Leben verbracht hast, sind Seelenverwandte.

Sie befinden sich in deinem gegenwärtigen Leben in unterschiedlichen Beziehungen zu dir. Deine jetzige Mutter war früher vielleicht deine Schwester oder Lieblingstante. Dein Bruder könnte in einem früheren Leben dein bester Freund oder deine Tochter gewesen sein. Dein Vater war unter Umständen dein Chef oder dein Sohn und deine Schwester womöglich dein Großvater. Die Beziehungsmuster, das heißt, wie du mit Seelen aus früheren Leben verbunden warst und es jetzt vielleicht erneut bist, können sich von Leben zu Leben verändern. Manchmal bleibt man jedoch in derselben Art von Beziehung, was besonders häufig bei Paarbeziehungen zwischen Mann und Frau der Fall ist. Der Grund dafür ist die besondere Liebe, die deine Seele für die betreffende Person empfindet. Unter Umständen kann es aber sein, dass ihr das Geschlecht von Leben zu Leben wechselt.

Deine Gegner oder Feinde aus der Vergangenheit tauchen

gleichfalls in deinem jetzigen Leben auf. Schau dir die Menschen, mit denen du derzeit Probleme hast, einmal genau an – unter Umständen erkennst du in ihnen Menschen aus einem vergangenen Leben, die jetzt in deiner Gegenwart erscheinen, um dir Schwierigkeiten zu bereiten. Aber vielleicht sind es auch ganz besondere Seelen, die in dein jetziges Leben gekommen sind, um dir zu helfen, eine Lektion zu lernen oder schlechtes Karma zwischen euch auszugleichen, damit ihr beide an der Erfahrung wachsen und sich eure Seelen entwickeln können.

Sowohl deine Freunde aus früheren Leben als auch vergangene Feinde lassen sich leicht an den Gefühlen erkennen, die du ihnen gegenüber jetzt hast, und auch an den Situationen, in denen du dich im Moment mit ihnen befindest. Die Gegenwart spiegelt wider, was in der Vergangenheit geschehen ist. Betrachte deine gegenwärtigen Beziehungen und die jeweils dazugehörigen Gefühle, um dir die Ähnlichkeiten mit Beziehungen und Ereignissen in früheren Leben bewusst zu machen. Dann wirst du die karmischen Verbindungen sehen, die du mit anderen Seelen besitzt.

Nehmen wir einmal an, du hättest ein Problem mit deinem Chef. Er bedrängt dich ständig, die Arbeit pünktlich fertig zu haben, und lässt dich Sachen noch einmal machen, die du schon erledigt hattest, weil er meint, das sei nicht gut genug gewesen. Nun hast du möglicherweise das Gefühl, dass er in einem früheren Leben dein dominanter Vater war und dich nicht wirklich geschätzt hat, weil alles, was du getan hast – egal, was es war –, ihm nie gut genug gewesen ist. Als Folge davon hast du dein Selbstwertgefühl verloren und dich stattdessen auf die Meinung eingelassen, du seist nie gut genug. Das ist das Karma, das du in dieses Leben mitgebracht hast: die Neigung, lieber anderen Menschen zu gefallen als vor allem dir selbst.

Dieselbe Seele von damals ist nun möglicherweise aus verschiedenen Gründen erneut in deinem Leben – z.B., damit du den karmischen Konflikt auflösen und dich selbst so annehmen kannst, wie du bist, und damit du lernst, für dich selbst einzustehen. Es könnte aber auch sein, dass diese Seele dich richtig drängt, immer noch besser zu sein, und dir damit hilft, dass sich deine Seele gut entwickelt. Oder es handelt sich nur um einen gemeinen, widerwärtigen Tyrannen, der gerne andere Menschen demütigt. Vielleicht warst du in einem früheren Leben selbst einmal einer, und dein Karma ist nun so, damit du das Gleiche aus einer anderen Perspektive erlebst – um zu erfahren, was du unter Umständen früher anderen angetan hast. Oder du hast alles Mögliche unternommen, um es diesem Kerl nur ja in jeder Hinsicht recht zu machen und dabei zugelassen, dass er dich überrollt.

Egal, aus welchem speziellen Grund: die karmischen Umstände existieren in deinem Leben, damit deine Seele wachsen und sich weiterentwickeln kann. Der karmische Test besteht darin zu prüfen, wie du auf die betreffende Situation reagierst – entweder, indem du noch mehr schlechtes Karma erzeugst oder indem du auf positive Weise damit umgehst. Wenn du die Situation auflöst – durch aufrichtige Gefühle und indem du angemessene Handlungen ausführst – , wird das Karma ausgeglichen. Wenn du die Situation nicht auflöst, trägst du das Karma in ein kommendes Leben oder in eine spätere Phase dieses Lebens weiter, wo dann eine ähnliche Situation auf dich zukommen wird.

Nehmen wir noch eine andere Situation an, nämlich, dass du ein Problem mit deiner Tochter hast, die ein Teenager ist. Rebellisch zu sein ist für Jugendliche ja ganz normal, aber vielleicht gibt es Probleme aus früheren Leben, die sich damit verbinden. Eine meiner Klientinnen war in einem Dauerkonflikt mit ihrer Tochter, die ständig davonlief. Meine Klientin liebte ihre Tochter, aber beide konnten es miteinander nicht aushalten. In einer Rückführung erlebte sie, wie sie in einem früheren Leben ihre vierzehnjährige Tochter im Stich gelassen und sich selbst aus dem Staub gemacht hatte. In ihrem gegenwärtigen Leben versuchte ihre Tochter nun, sie zu verlassen. Das Karma der Mutter war eine »Rückzahlung« für das, was sie früher selbst getan hatte, und zugleich auch eine Prüfung, ob sie ihre Tochter auch in diesem Leben im Stich lassen würde. Durch diese Situation konnte sie zusätzlich lernen, die Angst und Zurückweisung, die ihre Tochter in dem vergangenen Leben erlebt hatte, aufzulösen, indem sie diese Gefühle nun selbst empfand. Und auch ihrer Tochter war die Möglichkeit gegeben, ihre eigenen Gefühle des Verlassenwerdens zu überwinden und zugleich ihrer Mutter auf liebevolle Weise zu helfen, mit den Gefühlen von Schuld und Reue – weil sie ihre Tochter in einem früheren Leben verlassen hatte – umzugehen.

Wenn du laufend in schlimmen Beziehungen steckst, die einem ähnlichen Muster folgen, oder wenn du ständig sitzengelassen wirst, könnte es sein, dass du in einem oder mehreren vergangenen Leben eine ziemlich miese Person warst. Was du jetzt erlebst, spiegelt dann womöglich das wider, was du früher anderen angetan hast. Dein Karma ist, selbst die verletzenden Gefühle zu erfahren, die du bei anderen verursacht hast, und diese Gefühle aufzulösen und zu heilen, damit deine Seele weiter wachsen kann. Oder du steckst in schlechten Beziehungen, weil du die inneren Eigenschaften von Liebe und Akzeptanz lernen möchtest, um deine Seele voranzubringen. In früheren und auch im jetzigen Leben taucht immer wieder das Szenario auf, dass ein Partner den anderen betrügt. Das Karma dahinter ist meistens genau spiegelbildlich angelegt.

Wenn du in einem vergangenen Leben deinen Partner bzw. deine Partnerin hintergangen hast, wirst du vermutlich in diesem Leben betrogen. Allerdings muss das auch nicht immer zutreffen. Wenn dich dein Partner betrügt, besteht die karmische Lektion hauptsächlich darin, dass du lernst, mit solchen Gefühlen auf eine positive, liebevolle Art und Weise umzugehen. Meistens ist der Partner, der dich hintergeht, eine besondere Seele, die in deinem Leben in einem solchen Beziehungsmuster agiert, damit du lernst, positiv damit umzugehen, und damit eure Seelen zu jener Liebe zurückkehren können, die ihr beide tief in euch tragt. Es könnte aber auch sein, dass die Seele des Partners, der dich betrügt, nicht für eine Beziehung mit dir bestimmt ist, aber in deinem Leben als Freund auftaucht, der dir hilft, ein liebevollerer Mensch zu werden. Schwierige Beziehungen sind immer aus positiven Gründen in deinem Leben vorhanden.

Dein Karma, ob nun gut oder schlecht, ist mit den Beziehungen und Erfahrungen verwoben, die du mit den Menschen in deinem Leben hast. Die Energie von Ereignissen und die Emotionen, die in Beziehungen stecken, werden nicht durch Zeit beeinflusst. Deine Seele bringt die früheren Energien von Geschehnissen in das jetzige Leben mit, um etwas fortzusetzen, das du früher einmal begonnen hast und das vollendet werden muss, weil das Karma damals nicht ausgeglichen wurde. Oder um etwas, was gut und von Liebe erfüllt war, weiterzuführen.

Du bringst auch Energien aus früheren Leben mit in dieses, um Seelenlektionen zu lernen oder um etwas aus der Vergangenheit mit in die Gegenwart zu tragen, das jetzt verstärkt werden kann. Besonders Liebe wird sehr deutlich übertragen: Die Liebe, die du für bestimmte Menschen aus der Vergangenheit empfindest, taucht in der Gegenwart wieder auf. Die

Vergangenheit zeigt sich im jetzigen Leben auch in ähnlichen Gefühlen, Situationen und Beziehungen.

Sobald die Energien früherer Emotionen im jetzigen Leben ankommen, werden sie erweitert und durchdringen die Interaktionen zwischen dir und der Seele, mit der du karmisch verbunden bist. Du entscheidest dich, mit Menschen zusammen zu sein, mit denen du früher in unterschiedlichen Beziehungen gewesen bist, um so Gelegenheiten zu bekommen, Karma auszugleichen, oder einfach um weiter Freude am Zusammensein zu haben. Wenn du solche Menschen in diesem Leben triffst, erinnert sich deine Seele an sie. Deine Seele wird sich an die Ereignisse erinnern, die ihr gemeinsam erlebt habt, und an die Gefühle, die du mit ihnen in der Vergangenheit ausgetauscht hast.

Wenn dir Menschen aus früheren Leben bewusst werden, die in deinem jetzigen Leben sind, dann hilft dir das, die Beziehungen besser zu verstehen, die du früher mit ihnen gehabt hast, und die Erfahrungen, die du jetzt mit ihnen machst. Dich an Seelen zu erinnern, die in deiner Vergangenheit eine Rolle gespielt haben, hilft dir zu wissen, was du jetzt tun kannst, um das Karma zwischen euch auszugleichen. Du spürst wahrscheinlich schon, vage oder mit absoluter Sicherheit, dass manche deiner Freunde und Feinde schon früher mit dir zusammen waren. Während deiner Rückführung wirst du die Rollen erkennen, die sie damals in deinem Leben gespielt haben. Du wirst sehen, wie der Austausch mit ihnen in der Vergangenheit die Rollen beeinflusst hat, die ihr heute spielt. Und du wirst die Gründe verstehen, warum ihr euch in den derzeitigen Umständen und Situationen befindet und warum du heute bestimmte Gefühle jedem Einzelnen gegenüber hast.

Menschen, mit denen du karmische Verbindungen hast, sind also entweder in deinem Leben, um Beziehungen zu vertiefen, die ihr früher schon einmal gehabt habt, oder um das Karma auszugleichen, das in der Vergangenheit erzeugt wurde. Ziemlich häufig ist die Beziehung eine Kombination von beidem. Das gemeinsame Karma zeigt sich auf unterschiedliche Weise. Wenn du die Situationen in deinem Leben betrachtest und schaust, wie du sie empfindest, wenn du verstehst, welche Erfahrungen du durch deine Beziehungen gemacht hast, und wenn du deine Gedanken darauf richtest, wie die Gegenwart deine Vergangenheit widerspiegelt, dann kannst du das Band erkennen, das dich aus einem früheren Leben mit einem Menschen heute verbindet. Du bist jetzt in deinem Leben entweder deshalb mit bestimmten Personen zusammen, um noch mehr von der Liebe zu erfahren, die du für diese Seele fühlst, oder weil die Umstände günstig sind, euer gemeinsames Karma hier und jetzt auszugleichen.

Wenn du mit der Information arbeitest, die du während deiner Rückführung bekommst, wirst du entdecken, wie und warum das Karma mit einer anderen Person ausgeglichen werden muss und kann. Du erkennst auch, warum deine Seele sich entschieden hat, die jetzt in deinem Leben bestehende karmische Situation zu erleben, und was deine Seele daraus zu lernen hofft. Häufig möchten Menschen wegen Problemen in ihren Beziehungen eine Rückführung machen. Bevor sie in die Sitzung kommen, wissen sie meistens recht gut, was nicht stimmt, warum das so ist und wieso ein früheres Leben zumindest teilweise für die gegenwärtigen Schwierigkeiten verantwortlich sein könnte.

Während der Rückführung wirst du dich an Themen aus früheren Leben erinnern und dir wird klarer werden, welche sich darunter in jetzigen Problemen widerspiegeln. Dein höheres Selbst führt dich in jenes Leben zurück, in dem die Probleme mit der betreffenden Person begannen, und zeigt dir dann spätere Leben, in denen die negativen Muster fortgesetzt wurden. Dein höheres Selbst wird dir Einsichten und Verständnis dafür vermitteln, wie und warum das betreffende Problem in einem früheren Leben begann. Es wird dir sagen, warum du es jetzt wieder erlebst und was du aus dieser Erfahrung lernen sollst. Höre auf das, was dein höheres Selbst dir sagt. Es entspricht deinem inneren Wissen. Es ist dein Seelenbewusstsein, das zu dir spricht.

Exkurs: Beziehungen klären

Wenn du in einer gegenwärtigen Beziehung Probleme mit Menschen aus früheren Leben hast, wird es immer helfen, das Problem zunächst einmal richtig und umfassend inklusive aller Einflüsse aus der Vergangenheit zu verstehen, bevor du das gemeinsame Karma ausgleichst. Wenn du das Problem wirklich verstehst – wie und warum es überhaupt entstanden ist –, dann siehst du die verschiedenen Rollen, die ihr beide am Anfang und dann später während negativer Ereignisse und Emotionen gespielt habt, und du begreifst, warum sich das bis in die Gegenwart fortgesetzt hat. So bekommst du ein vollständiges Bild und kannst dann alle Negativität auflösen. Wenn du deine gegenwärtigen Beziehungen aus einer aufrichtigen Perspektive und tiefschürfend betrachtest, so wirst du Antworten und Einsichten erhalten – sowohl für dich selbst als auch für die anderen Beteiligten und natürlich über die Beziehung selbst. Damit wirst du dich noch für weitere Informationen in deiner Rückführung öffnen, den Ursprung der Probleme und das daraus entstandene Karma mit der betreffenden Person besser erkennen. So gewinnst du Einsichten über die Probleme, die du jetzt hast, und über deine Reaktionen in der jeweiligen Beziehung und du begreifst, wie vergangene und jetzige Probleme miteinander verknüpft sind und wie sie sich fortsetzen.

Denke an jemanden in deinem Leben, mit dem du Probleme erlebst. Denke an das Problem, das du mit dieser Person hast und wie es in diesem Leben angefangen hat. Betrachte deine Haltung und deine Gefühle zu dieser Person und zu dem speziellen Problem. Welches Karma spürst du, müsste mit dieser Person ausgeglichen werden? Warum ist sie wohl in deinem jetzigen Leben? Lass die Antworten in deinen Geist kommen. Diese Information wird in der Rückführung in vielen Einzelheiten auftauchen, aber du kannst sozusagen einen Vorsprung gewinnen, wenn du jetzt schon Informationen sammelst, die dann in der Rückführung erweitert und vertieft werden, wenn du Geschehnisse aus der Vergangenheit noch einmal erlebst, die mit der betreffenden Person zu tun haben. Bevor du dich auf diese Exkursion begibst, öffne dich für einen meditativen Gemütszustand und umgib dich mit einer Aura von liebevollem weißem Licht.

Gemeinsames Karma – Beziehungen heilen

Um tiefer in die jetzige Beziehung und in die damit verbundenen Erfahrungen aus früheren Leben einzutauchen, die euch beide betreffen, stelle dir diese Person in deinem Geiste vor und denke an die Gefühle, die du zu ihr hegst. Deine Gefühle werden dich mit einer Erinnerung an ein früheres Leben verbinden. Lass deine Gedanken einfach in die Erfahrungen eines früheren Lebens fließen, das du mit diesem Menschen geteilt hast.

Vielleicht siehst du Bilder, oder dir werden Gefühle bewusst, oder du spürst mit einem Mal, wo du bist und was du tust oder was geschieht.

Wenn du dann in einer Erfahrung aus einem vergangenen Leben bist, nimm wahr, was sich ereignet, und sieh dir die Rollen an, die ihr beide innehattet, um das gemeinsame Karma zu erschaffen. Entweder erfühlst du die Szene oder du befindest dich mitten in ihr und erlebst sie selbst mit. Bleibe eine Weile in dieser Erfahrung und gehe dann weiter auf die Ebene der Seelenbewusstheit. Von diesem höheren Standpunkt aus wird dir dein höheres Selbst helfen zu verstehen, wie deine früheren Emotionen und Handlungen deine Gefühle »färben«, die du jetzt für die betreffende Person und das Beziehungsproblem empfindest. Das hilft dir, die Vergangenheit von der Gegenwart zu unterscheiden, und es bringt dich mit deinen wahren Gefühlen in Berührung. Diese Erfahrung wird dir all die vergangenen und die gegenwärtigen Aspekte deiner Beziehung mit dieser Person aufzeigen.

Erkenne die Ursprünge der Negativität damals, die sich jetzt in der Gegenwart zeigen. Sieh, wie sich vergangene und gegenwärtige Energien durch die Zeit hindurch in eurer Beziehung miteinander verweben, und erkenne, warum du die früheren Erfahrungen teilweise mit in dieses Leben herübergenommen hast oder warum du dich entschieden hast, die derzeitigen Erfahrungen zu machen. Sieh ganz deutlich, wie und warum das Problem angefangen hat, um zu verstehen, was deine Seele daraus lernen möchte. Betrachte, wie das Problem aus der Vergangenheit in deine Gegenwart getragen wurde. Erkenne die Rolle, die du dabei gespielt hast. Suche nach negativen Entscheidungen, die du früher einmal auf der Seelenebene im Hinblick auf diese Beziehung getroffen hast. Erkenne, wie frühere Entscheidungen, die mit intensiven emotionalen Gefühlen verbunden waren, aus vergangenen Leben mit in das jetzige Leben übertragen wurden und sich in dem widerspiegeln, was du nun erlebst.

Die Situation aus der Vergangenheit ist nicht nur Auslöser für das heutige Problem. Damit du dir die Vereinbarungen bewusst machst, die eure beiden Seelen im Hinblick auf das jetzige gemeinsame Karma miteinander getroffen haben, bevor ihr in dieses Leben geboren wurdet, wird dich dein höheres Selbst in die Zeit zwischen den Leben führen, als du dich auf dieses Leben vorbereitet und die Vereinbarungen mit der betreffenden Person geschlossen hast. Dein höheres Selbst wird dir die Seelenabsprachen und Versprechen bewusst machen und dich verstehen lassen, warum ihr euch entschlossen habt, bestimmte Erfahrungen zu machen – um so gemeinsames Karma aufzulösen und gewisse Seelenlektionen zu lernen. Tauche in das erweiterte Bewusstsein ein, das du auf dieser spirituellen Ebene hast: das Bewusstsein, das du hattest, als du dich entschieden hast, die gegenwärtigen Umstände zu erschaffen, die dich mit dieser Person verbinden. Umstände, die es dir möglich machen, das Problem zu klären und die Beziehung zu heilen.

Die Einsichten, die dir dein höheres Selbst eröffnet hat, und die gesammelten Information aus der Vergangenheit sowie deine wahren Gefühle in der Gegenwart helfen dir, deine aktuelle Beziehung besser zu begreifen, ihre

Ursprünge in früheren Leben zu erkennen und zu verstehen, wie deine Seele die Schwierigkeiten auflösen möchte. Diese Informationen bieten dir Antworten und lassen dich verstehen, was du gerade erlebst und warum. Du begreifst dadurch auch, dass du die Umstände, in denen du dich jetzt befindest, selbst mit erschaffen hast und dass du ein aktiver Teil davon bist. Du kannst nun alle Aspekte der gemeinsamen Erfahrungen erfassen.

Um dir bewusst zu machen, wie du das Problem jetzt bestmöglich lösen und gemeinsames Karma aus der Vergangenheit am effektivsten ausgleichen kannst, wird dir dein höheres Selbst viele schöne Möglichkeiten aufzeigen. Das wirst du auch in der Rückführung erfahren. Vielleicht musst du einfach nur annehmen, was passiert ist, ohne irgendjemandem eine Schuld zuzuweisen oder ohne irgendetwas zu bedauern, um dann der anderen Person bzw. dir selbst zu vergeben. Dann kannst du die damaligen Situationen und Erfahrungen segnen und loslassen, um dann alles mit weißem Licht zu umhüllen und es so zu heilen. Unter Umständen ist aber auch eine positive Aktion in deinem jetzigen Leben notwendig, um die Schwierigkeiten aufzulösen.

Alle Einsichten und Informationen, die du im Verlauf dieser meditativen Erkenntnisreise gewonnen hast, bilden den Hintergrund zum Verständnis für das Karma mit allen Menschen in deinem Leben und wie du es auflösen kannst. Du kannst diese Erkenntnisse nutzen, um deine Beziehungen zu heilen, die aus früheren Leben stammen, und um deine Beziehungen in diesem Leben zu verbessern. Und auch deine Seele entwickelt sich dadurch weiter.

Nachtrag: Sinn im Hier und Jetzt

Es ist zwar wichtig, schmerzliche Beziehungen aus früheren Leben zu verstehen, auszugleichen und zu heilen. Aber genauso wichtig ist es, vielleicht sogar noch entscheidender, jetzige Beziehungen zu heilen, bevor sie sich in Beziehungen verwandeln, die in zukünftigen Leben mit schlechtem Karma behaftet sind. Heilung bringt inneren Frieden, Harmonie und Glück mit sich. Ganz zu schweigen von all den negativen Energien, die du dann loslassen kannst, anstatt sie weiter mit dir herumzutragen und dich weiter von ihnen verletzen zu lassen.

Indem du dich um zwischenmenschliche Probleme in der Gegenwart auf eine positive, liebevolle Weise kümmerst, eliminierst du die Notwendigkeit, dass sich schlechtes Karma überträgt und aus der Vergangenheit wieder auftaucht oder sich in der Zukunft bemerkbar macht. Indem du aktuelle Themen und akute Konflikte in deinen gegenwärtigen Beziehungen auflöst, gleichst du entweder schlechtes Karma aus der Vergangenheit aus oder erzeugst gutes neues Karma, das du später in diesem oder in einem nächsten Leben erfahren wirst.

Eine gute Möglichkeit, um jede Verletzung zu heilen und um jedes bestehende Beziehungsproblem zu lösen, besteht darin, das, was gerade passiert, einfach als das zu akzeptieren, was es ist – ohne Gefühle des Zorns oder der Verurteilung, ohne Schuldzuweisungen, Bedauern, Rachegedanken oder irgendeine andere Fortsetzung negativer Schwingungen. Erkenne, dass die betreffende Situation in deinem Leben besteht, um dich daran wachsen und lernen zu lassen, um dir Frieden und Harmonie zu bringen. Wisse zudem, dass du diese Umstände ausgewählt hast, um deine Seelenentwicklung zu fördern.

Richte dein Bewusstsein auf alle positiven Aspekte in dieser sonst so negativen Situation. Sei für die Erfahrung dankbar, worin sie auch bestehen möge. Betrachte, was du daraus gelernt und gewonnen hast – wie du dadurch zu einem besseren Menschen geworden bist und deiner Seele geholfen hast, sich weiterzuentwickeln. Vergib dir selbst und der anderen Person für die Rollen, die ihr beide in der Situation gespielt habt, und dann lass einfach alles los.

Klammere dich nicht an eine Verletzung, weise keinem irgendeine Schuld zu und halte nicht an Bedauern und Kummer fest. Du wirst von der Situation nur dann völlig frei sein, wenn du sie auf eine positive, liebevolle Weise ganz und gar loslässt. Während der Rückführung wirst du immer besser verstehen, warum bestimmte Probleme in einer Beziehung auftauchen, und du wirst in der Lage sein, diese Erfahrungen als das zu segnen, was sie sind: Wegweiser zu deiner Seele und Unterstützung für dein spirituelles Wachstum.

Du wirst fähig sein, Ereignisse und Emotionen aus früheren Leben zu heilen, die dich und andere Menschen verletzt haben, vielleicht, indem du weißes Licht verwendest und diese Dinge mit Liebe gehen lässt. Du wirst mit der liebevollen Energie des weißen Lichts in deiner Seele verbunden sein. Liebe ist immer dann vorhanden, wenn alles im Gleichgewicht ist; das ist die natürliche Schwingung deiner Seele. Da wir von Liebe sprechen: Die folgenden Meditationen zeigen dir die Kraft der Liebe, alles zu heilen, ob es aus der Vergangenheit stammt oder aus der Gegenwart. Sie zeigen dir, wie du mehr Liebe in dein Leben bringen und deinem Seelenpartner begegnen kannst, falls du ihn oder sie nicht bereits getroffen hast.

Heute, gerade jetzt, ist ein Tag der Liebe. Ein Tag, um Beziehungen zu vertiefen, Gefühle wieder neu zu entfachen, Liebe in dein Herz strömen zu lassen und deine Seele zu öffnen, um Liebe auszudehnen. Heute ist ein Tag, um Liebe in dein Leben zu bringen oder um die Liebe zu verstärken, die du schon hast. Es ist ein Tag, um alte Verletzungen zu vergeben und dich selbst zu befreien, um vorwärtszugehen. Ein Tag, um jegliche Wunden deines Herzens zu heilen. Es ist ein besonderer Tag für alle möglichen Arten der Liebe – erotische Liebe, Eltern-Kind-Liebe, Liebe zwischen Freunden – und vor allem ein Tag, um dich selbst zu lieben. Liebe fängt im Inneren an und dehnt sich dann aus, um jeden Menschen in deinem Leben mit Liebe zu umgeben. Wenn du die Liebe aussendest, die in dir ist, die Liebe deines Herzens und deiner Seele, dann beginnt sie zu schwingen, Energie auszustrahlen und kehrt vielfach zu dir zurück. Heute ist der Tag, um andere zu lieben, um ihre Seelen zu lieben. Heute ist der Tag, um dich selbst zu lieben, um Liebe in dir zu spüren, in deiner Seele.

Liebesmeditation

Fühle, dass du umfassend, ganz und gar und bedingungslos geliebt wirst. Lass dich von diesem Gefühl erfüllen, bis es dich gänzlich durchflutet, bis dein Herz vollständig von der Freude und dem Glück und dem Gefühl von Liebe erfüllt wird. Liebe umgibt dich so sehr und umhüllt dich mit seiner Schwingung so ganz und gar, durchströmt dich mit ihrer Schwingung derart, dass du und die Liebe eins werden. Liebe liegt in der Luft: Atme sie ein. Atme sie aus. Atme sie in dich ein. Spüre, wie sie in dir zirkuliert. Öffne dein Herz und löse dich von allen früheren Verletzungen. Lass sie auf eine leichte, sorglose und liebevolle Art und Weise los. Du fühlst dich so vom Segen und Glück der Liebe erfüllt, dass für alles andere kein Raum mehr ist. Reine, kraftvolle, wunderbare und segensreiche Liebe strömt durch dein ganzes Wesen.

Spüre, wie diese Liebe alles in deinem Leben durchdringt – Vergangenheit, Gegenwart und Zukunft. Fühle, wie sie von dir zu jedem Menschen in deinem Leben ausstrahlt. Spüre, wie diese Liebe dich in jeder Situation, in jeder Beziehung und in jeder Erfahrung umgibt. Je mehr Liebe du gibst, desto mehr Liebe ist zum Geben da. Je mehr Liebe du gibst, desto mehr Liebe kannst du empfangen. Sieh und spüre, wie jeder Teil deines Körpers vollständig von Liebe umhüllt wird, innerlich wie äußerlich. Sieh und fühle, wie sich dein Geist für Liebe öffnet, in Liebe hineinwächst und das Licht der Liebe in deinem ganzen Denken erstrahlen lässt.

Spüre, wie dein Herz ganz und gar von einer starken Liebe erfüllt wird – von einer besonderen, seelenvollen Liebe, die von dir ausstrahlt und durch jeden Teil deines Körpers hindurchleuchtet, die von dir ausströmt wie ein rhythmisch pulsierender Herzschlag, wie der Atem des Lebens, der mit allem um dich herum und in dir einen Tanz der Harmonie vollführt. Atme diese Liebe ein, atme sie aus und teile sie voller Freude mit anderen. Sieh und fühle, wie jeder Teil deiner ganzen Existenz von dieser wunderbaren, magischen, machtvollen und mystischen Energieschwingung der Liebe erfüllt wird. Sieh und spüre, wie dein Herz und deine Seele vollständig in die Liebe eintauchen. Teile diese Liebe mit dir selbst, mit jedem Gedanken in deinem Geist, mit jedem Gefühl in deinem Herzen und mit jeder Erfahrung, die deine Seele je gemacht hat. Teile diese Liebe mit jedem Menschen, den du kennst. Umhülle sie alle mit dieser Schwingung von Liebe, die durch dein Sein strömt und von deinem Herzen, deinem Geist und deiner Seele ausstrahlt.

Diese Meditation öffnet dein Herz vollständig für die Liebe und hilft dir, wirklich alle Verletzungen loszulassen, ob sie von früher stammen oder aus dem jetzigen Leben. Sie erfüllt dich mit so viel Freude und Glück, dass dieses wunderbare Gefühl in jeden Teil deines Lebens gelangt und jeden Menschen berührt, den du kennst, und alles, was du tust. Diese Meditation wird auch den Raum schaffen, um deinen Seelenpartner in dein Leben kommen zu lassen.

Exkurs: Deinem Seelenpartner begegnen –
Wie du ihn für dich begeisterst

Bist du jemals jemandem zum ersten Mal begegnet und hast dabei sehr stark und deutlich gespürt, dass du ihn schon von früher kennst? Vielleicht hast du das als Freundschaft empfunden, als eine gemeinsame Wellenlänge oder als eine Art von Vertrautheit. Unter Umständen hast du jedoch auch gespürt, dass diese Person jemand ganz Besonderes ist, ein sehr lieber, guter Freund von sehr viel früher, aus einem anderen Leben.

Vielleicht hast du eine plötzliche innere Aufregung gefühlt oder dass eine warme Welle der Liebe durch dich strömt. Oder dein Herz ist kurz stehengeblieben oder hat stark geklopft, weil du jemanden wiedererkannt und dich an eine intensive Liebe erinnert hast. Es könnte sein, dass dich der andere mit wissendem Blick angesehen hat. Vielleicht hast du angestrengt nachgedacht, wo du dieser Person denn schon einmal begegnet bist – aber deine Seele kannte die Wahrheit. Deine Seele hat deinen sehr geliebten Seelenpartner erkannt.

Wenn du deinem Seelenpartner schon begegnet bist, dann hast du das, was oben kurz beschrieben ist, längst erlebt – und noch viel mehr. Diese Begegnung ist wie ein Blitz, der dich trifft, während Liebe dein ganzes Wesen durchströmt. Dein Herz erinnert sich, und deine Seele erkennt die Freude. Falls du deinem Seelenpartner in diesem Leben noch nicht begegnet bist, wird die folgende Meditation die Energieschwingungen aktivieren und den Raum schaffen, damit dieser ganz besondere Mensch in dein Leben tritt.

Seelenpartner

Liebe liegt in der Luft. Du fühlst sie überall um dich herum, wenn du tief einatmest. Du spürst, wie sie sanft und zart durch dich strömt, durch deine Seele. Dein Herz ist weit geöffnet, bereit und wartet auf die Liebe, die nun hineinströmt. Es ist bereit und wartet nur darauf, die reine und kraftvolle Liebe deines Seelenpartners zu erfahren – jenes Menschen, der der andere Teil deiner Seele, der andere Teil von dir ist. Der Mensch, der den Schlüssel zu deinem Herzen hält, mit dem du all deine Liebe ganz und gar teilen möchtest – auf der Ebene von Körper, Geist, Herz und Seele.

Dein Herz sehnt sich nach der Liebe des Seelenpartners, an den du dich erinnerst. Du wünschst dir, deine besondere Liebe mit deinem Seelenpartner austauschen zu können. Du möchtest dein Leben mit deinem Seelenpartner teilen, viele Augenblicke mit ihm verbringen, viele Monate und viele Jahre der gemeinsamen Freude und des gemeinsamen Glücks. Du weißt, dass die Augenblicke magisch sind, sogar die irdischen, weil du sie mit jemandem teilst, der etwas ganz Besonderes für dich ist – nämlich mit der Liebe deines Lebens, der deine Augen leuchten lässt, dein Herz wärmt und deine Seele berührt.

Du weißt, dass dein Seelenpartner in deiner Nähe ist, vielleicht im Moment noch nicht physisch, aber emotional seid ihr bereits eine einzige verbundene Seele und nicht mehr zwei getrennte, die sich gegenseitig suchen. Vielleicht ist dein Seelenpartner nur einen Augenblick, einen Atemzug, einen Herzschlag von dir entfernt. Du spürst eine atemlose Erwartung, du wartest darauf, dass dein Seelenpartner in deinem Leben erscheint. Atme tief ein und umgib dein Herz und deine Seele mit Liebe, und du empfindest, wie sich die Energien um dich herum verändern. Die Schwingungen werden erhöht und sind wie ein Pulsschlag des Lebens, wie ein Herzschlag, wie eine Welle der Liebe.

Du spürst, dass dein Seelenpartner deine Seele aus alter

Zeit und von weither berührt und durch die Zeiten geht, um dich in diesem Leben wieder zu treffen, um erneut die Liebe zu teilen, die eure Seelen jahrhundertelang geteilt haben, seit Äonen von Zeiten, seit dem Anfang der Zeit. Vor deinem geistigen Auge und im Herzen deiner Seele siehst und erinnerst du dich, wie ihr beide im warmen Sonnenschein spazieren geht, euch an den Händen haltet und dabei fühlt, wie eure Herzen miteinander durch Vergangenheit, Gegenwart und in ewiger Zukunft verbunden sind. Du fühlst die Erinnerung an all diese Zeiten und an all die Liebe, die ihr miteinander gelebt habt.

Diese Gefühle von Verbundenheit, diese Erinnerungen deines Herzens und deiner Seele erzeugen eine tiefe, fröhliche und wunderbare Lebensfreude, die an die Oberfläche gelangt und durch dein Herz fließt. Sie erweckst in deiner Seele die Liebe, die du mit diesem Menschen teilst, während du die zeitlose Verbindung und glückliche Wiedervereinigung mit ihm erlebst. Obwohl eure Körper jetzt anders aussehen und ihr auch andere Namen tragt, erkennst du dennoch den Glanz und das Leuchten der Aura und das Wesen der Seele, die ihr teilt. Tauche ein in diesen warmen, liebevollen Schein, der zwischen euren Seelen neu entstanden ist. Im Kern deiner Seele weißt du, dass ihr euch, weit über die Dimensionen von Zeit und Raum hinaus, an den Händen fasst, dass sich eure Herzen berühren und ihr eure Liebe wieder erneuert und sie wachsen seht.

Gib deine Gefühle und die Sehnsucht, dein Seelenpartner möge in dein Leben treten, frei. Gib sie in die Luft um dich herum. Flüstere dem Wind deine Wünsche zu und lass sie von ihm in alle Ecken der Erde tragen, in die Weiten des Universums, lass ihn deine Wünsche dem Herzen deines Seelenpartners zuflüstern. Der Wind weiß, wo dein Seelenpartner ist. Formuliere deinen Wunsch mit Hilfe der ganzen Liebe deines Herzens. Sende deine Botschaft, dein Verlangen danach, in diesem Leben wieder mit deinem Seelenpartner zusammen zu sein, hinaus in die Welt, um ihn zu finden und ihn zu dir zu führen – mit dem Atem der Liebe und auf den Schwingen der Luft. Trage dem Universum, trage der höheren Macht deiner Seele auf, deinen Seelenpartner zu dir zu führen. Das Herz deines Seelenpartners wird zuhören und darauf antworten. Wisse, dass dein Seelenpartner in deinem Leben erscheint, wenn die Zeit für eure Seelen reif ist, wieder zusammen zu sein und eure Liebe erneut zu teilen.

Liebe ist die natürliche Schwingung deiner Seele und ihr Wesenskern. Liebe ist immer die Antwort. Liebe ist immer der Weg, um Probleme aus früheren Leben, die wir mit Menschen in unserem jetzigen Leben erfahren, auszugleichen und zu heilen.

10. Karma

Was ist Karma und was bedeutet es für dich im Rahmen des täglichen Lebens? Karma bedeutet Aktion, Handlung, es ist Energie, die sich bewegt. Es gibt gutes und schlechtes Karma. Es ist das Wechselspiel der Energien von Ereignissen, die du in deinen früheren Leben in Gang gesetzt hast – durch Gedanken, Gefühle, Handlungen und Reaktionen auf Umstände, Beziehungen und Erfahrungen, mit denen du zu tun hattest. Gutes Karma wird immer noch besser; schlechtes Karma strebt nach Ausgleich, um Dinge, die falsch gelaufen sind, aufzulösen.

Das Karma, das du in der Vergangenheit erzeugt bzw. an dem du teilgenommen hast, taucht im jetzigen Leben auf. Schlechtes Karma ist die Wiederholung von Erfahrungen aus früheren Leben, in denen du negativ gehandelt oder auf irgendetwas negativ reagiert hast. Wenn das gleiche Thema jetzt in einer ähnlichen Situation in der Gegenwart wieder auftaucht, bekommst du die Gelegenheit, dein Verhalten zu korrigieren. Karma kann man am besten mit der Redewendung »Wie man in den Wald hineinruft, so schallt es heraus« ausdrücken. Oder ebenso kurz und bündig: Karma ist Ursache und Wirkung. Ein Ereignis oder ein Gefühl aus einem früheren Leben ist die Ursache für eine Auswirkung, die du in diesem Leben erfährst.

Du selbst hast die Art und Weise erschaffen, wie sich dein Karma in deinem momentanen Leben zeigt. Karma ist nichts, das aus heiterem Himmel aus deiner Vergangenheit in dein Leben rauscht. Deine Seele ist sich dessen, was du als Erfahrung ausgewählt hast und wie du das erleben willst, vollkommen bewusst. Du hast die Ereignisse für dieses Leben ausgesucht, um deine Seele weiterzuentwickeln. Es ist wichtig, dass du dir dessen bewusst bist. Du selbst bist für alles verantwortlich, was dir in diesem Leben widerfährt, auch, wenn du dich nicht mehr bewusst daran erinnerst, dass du diese Erfahrungen erschaffen oder ausgewählt hast.

Deine Handlungen aus früheren Leben wiederholen sich in ähnlichen Erfahrungen in deinem jetzigen Leben. Diese ähnlichen Situationen kommen zustande, wenn sich die Energien aus deiner Vergangenheit mit den Energien aus deiner Gegenwart kreuzen. Dies geschieht, wenn etwas in deinem jetzigen Leben dem ähnlich ist, was sich in einem oder mehreren früheren Leben ereignet hat. Karma schließt den Kreis in der Gegenwart und bietet dir die Chance, einen Ausgleich herbeizuführen. Karmische Situationen, Beziehungen und Dramen werden sich in unterschiedlichen Ausprägungen so lange wiederholen, bis du das, was falsch gelaufen ist, korrigierst und so frühere und gegenwärtige Energien in einen Ausgleich bringst.

Das Wesen von Karma ist, nach Ausgleich zu suchen. Karma ist etwas Gutes: Es zeigt dir, dass du danach strebst, frühere Fehler zu berichtigen. Ein wesentlicher Teil deiner Rückführung besteht darin, zu erkennen, was dein Karma ist, und dich zu entscheiden, wie du damit umgehen möchtest. Wenn dir bewusst wird, wer du früher einmal gewesen bist, was du in vergangenen Leben gemacht hast, was dir zugestoßen ist und warum du damals auf die Weise gehandelt und reagiert hast, dann wirst du auch erkennen, wie und warum sich deine früheren Erfahrungen in deinem jetzigen Leben wiederholen. Du wirst verstehen, wie und warum sie auf deine Gegenwart einwirken und dich beeinflussen. Du wirst begreifen, warum du dich entschieden hast, dein Karma auf eine ganz bestimmte Weise in diesem Leben zu erfahren. Du musst nicht nach deiner Vergangenheit suchen: Deine Vergangenheit wird dich finden. Du musst dich auch nicht daran erinnern, welche Erfahrungen du damals erschaffen hast, damit deine Seele heute Lektionen lernen kann und Karma ausgeglichen wird. Deine derzeitigen Lebensumstände und Erfahrungen werden dir aufzeigen, was dein Karma ist. Die Ähnlichkeiten zwischen deinen vergangenen und den gegenwärtigen Situationen stellen die karmischen Verbindungen dar. Über deine Gefühle stellst du dich auf karmische Energien ein und nimmst Kontakt damit auf. Dein Gefühl sagt dir, warum bestimmte Umstände und Ereignisse in deinem Leben geschehen.

Deine Emotionen ziehen die Erinnerungen an frühere Leben an die Oberfläche und lassen sie sichtbar werden, weil die Energie deiner Emotionen sehr mächtig und zugleich eng mit deinen Erinnerungen an frühere Leben verknüpft ist. Du erinnerst dich vielleicht nicht bewusst an Erlebnisse aus früheren Zeiten, aber irgendwo tief in dir erinnerst du dich an die Gefühle, die mit diesen Erfahrungen in Zusammenhang stehen und in ihnen enthalten sind. Deine Emotionen gehen über die Zeit hinaus, sie sind transzendent und setzen sich von Leben zu Leben immer weiter fort. Du kannst sehen, wie sich die Vergangenheit in der Gegenwart widerspiegelt. Du kannst die Energie und die Emotionen früherer Ereignisse spüren und fühlen, indem du dich auf das fokussierst, was in der Gegenwart passiert, und indem du beobachtest, wie du deine Gegenwart empfindest. Dadurch wirst du in die Schwingungen der Vergangenheit geführt.

Deine Emotionen, sowohl jene aus der Vergangenheit als auch die aus der Gegenwart, sind sehr mächtig. Sie kommen schnell an die Oberfläche und werden dir zeigen, was dein Karma ist, ohne etwas zurückzuhalten. Du hast negative Geschehnisse von früher vielleicht vergessen, aber deine Gefühle erinnern sich immer daran. Deine Gefühle stellen eine direkte Verbindung zu den karmischen Ereignissen aus der Vergangenheit dar und werden dich auf die wesentlichen Ereignisse in deinen früheren Leben hinweisen. Während deiner Rückführung solltest du besonders auf deine Gefühle achten. Sie helfen dir, die Ursachen des Geschehens in vergangenen Leben zu erkennen, und sie sind ein Schlüsselfaktor, um diese Ereignisse auszugleichen und zu heilen.

Erinnerungen an frühere Leben tauchen dann auf, wenn etwas wie eine Situation, eine Beziehung oder eine bestimmte Erfahrung in deinem jetzigen Leben einem Ereignis aus einem deiner vergangenen Leben sehr ähnlich ist. Solche Erinnerungen zeigen sich, weil die Energien gewisser Umstände nun gut ausgeglichen werden können. Es geschieht aufgrund einer karmischen Verbindung, wenn eine Situation oder ein Gefühl aus der Gegenwart in Resonanz zu einer Lebenserfahrung aus einer früheren Existenz ist, in der du die gleichen Ereignisse oder Emotionen erlebt hast. Du bekommst einen ganz guten Überblick über dein Karma aus der Vergangenheit, wenn du dir deine derzeitigen Erfahrungen und Lebensumstände ansiehst, die dir gerade Probleme machen oder nicht so sind, wie du es gern möchtest.

Du kannst dein Karma auch erkennen, wenn du all die guten Dinge und die guten Erfahrungen in deinem Leben betrachtest. Viele Menschen sind im Irrtum befangen, dass Karma immer schlecht sein muss. Karma kann gut oder schlecht sein. Das hängt davon ab, wie du früher gehandelt und auf Menschen, Ereignisse und Emotionen in vergangenen Leben reagiert hast. Die Vergangenheit kann in unser jetziges Leben zurückkommen, um uns zu helfen oder heimzusuchen. Erfahrungen und Emotionen werden von einer Lebenszeit in die nächste weitergetragen. Unsere Leben sind durch unsere Erfahrungen und Gefühle miteinander verbunden, damit wir das genießen können, was wir verursacht oder bis wir Schwierigkeiten verstanden und aufgelöst haben.

Bevor du dir dein schlechtes Karma anschaust, betrachte all das gute Karma, das du in deinen früheren Leben erschaffen und erlebt hast und das du in dieses Leben mitgenommen hast. Sicher ist es wichtig, negatives Karma auszugleichen, aber es ist auch wichtig, den Lohn für das gute Karma, das du angesammelt hast, zu genießen. Gutes Karma zeigt sich in der Gegenwart auf vielfältige Weise. Vielleicht hast du eine wunderbare und liebevolle Beziehung mit deinem Seelenpartner oder du hast Freunde und Verwandte, mit denen du dich sehr verbunden fühlst. Deine Nähe zu diesen Menschen hat in früheren Leben begonnen und ist durch mehrere vergangene Leben bis in das jetzige weitergetragen worden.

Wenn du sehr großen beruflichen Erfolg hast und fühlst, dass diese Tätigkeit deine Berufung ist, dann hat das vermutlich in einem früheren Leben begonnen, und du hast deine Fertigkeiten in dieses Leben von damals mitgebracht. Wenn dir alles ganz leicht fällt, dann hast du wahrscheinlich in der Vergangenheit hart dafür gearbeitet – die Gegenwart ist dann der Lohn für deinen früheren Einsatz. Betrachte all das Gute in deinem Leben und du wirst den Lohn erkennen, den du dir verdienst hast. Das ist dein gutes Karma und es wird ab jetzt nur noch besser.

Karma ist nichts, was dir einfach zustößt, ohne dass du daran etwas ändern könntest. Du brauchst nicht in negativem Karma steckenzubleiben, wenn du das nicht willst. Bevor du in dieses Leben geboren wurdest, hast du dich entschieden, welche Erfahrungen du machen möchtest. Du hast dir das Karma ausgesucht, das du in dieses Leben mitnehmen wolltest. Du hast es mit offenen Armen empfangen, als eine Chance, frühere Handlungen auszugleichen und deine Seele weiterzuentwickeln. Aber du kannst es dir jederzeit neu überlegen und dich anders entscheiden. Du musst dich nicht mit dem Karma auseinandersetzen, wenn du das nicht möchtest – allerdings gibt es hier ein *Aber*, und das ist ein großes *Aber*. Wenn du dich nicht damit beschäftigst, wenn es in deinem Leben auftaucht, dann musst du dich später damit auseinandersetzen, in diesem oder in einem zukünftigen Leben. Du kannst dem nicht entweichen. Deine Seele möchte dein Karma ausgleichen, auch wenn du selbst am liebsten vor ihm davonlaufen willst.

In Bezug auf die Reinkarnation bist du in deinem Willen immer frei. Du bist nie auf irgendetwas festgelegt, denn du kannst jederzeit deine Meinung ändern. Genau darum geht es ja beim freien Willen. Karma ist nichts, was dir einfach so zustößt, ohne dass du Kontrolle darüber hättest. Deine Lebenserfahrungen sind das Karma, welches du ausgewählt hast, damit es in deiner jetzigen Gegenwart auftaucht. Wenn du siehst, wie sich Karma in deinem Leben abspielt, meinst du anfangs vielleicht, dass du gar nichts daran ändern könntest – was aber falsch ist. Denn genau hier setzt der freie Wille ein. Du hast immer den freien Willen, um Entscheidungen zu treffen und Änderungen auszuwählen, in jeder Situation deines Lebens. Gleich, ob diese Umstände ihren Ursprung in früheren Leben haben oder ob du sie in diesem Leben erschaffen hast, um deine gegenwärtige Realität zu gestalten.

Du kannst ganz einfach verstehen, was dir dein Karma zeigt, was es über deine Seele sagt und warum du es dir ausgesucht hast. Du kannst an dem, was du derzeit erlebst, erkennen, was dein Karma ist und wie du es verbessern kannst. Wenn du es mit negativen Themen zu tun hast, schau die dir positive Seite an. Diese wird dir wichtige Hinweise vermitteln. Der Schlüssel ist, sich das Gegenteil dessen anzusehen, was passiert. Wenn du z. B. taub bist, dann hast du in einem früheren Leben vielleicht nicht auf andere gehört, und es ist dein Karma, nicht hören zu können. Um dein Karma auszugleichen, musst du lernen, anderen auf eine symbolische Weise zuzuhören. Das klingt natürlich nach einer sehr groben Vereinfachung, aber blicken wir tiefer. Vielleicht hast du in der Vergangenheit nicht auf dich selbst gehört, und deshalb könnte es jetzt dein Karma sein, deine eigenen Gefühle und Ansichten wertzuschätzen. Vielleicht wurde dein Recht, dich zum Ausdruck zu bringen und deine Wahrheit auszusprechen, unterdrückt, und du hast dich dann, anstatt dagegen aufzubegehren, damit zufriedengegeben, still zu sein. Jetzt hörst du also Stille. Weil du dich nicht zum Ausdruck gebracht und gesprochen hast, als du wusstest, dass du es eigentlich hättest tun sollen, hat dein Schweigen jemand anderem geschadet.

Oder du hast dein Mundwerk ständig in Betrieb gehalten, und die Leute wurden dessen überdrüssig, dir zuzuhören, so dass du dich entschieden hast, in diesem Leben zu schweigen. Vielleicht hast du einen Verrat begangen und Geheimnisse weitergegeben, die zum Tod von anderen geführt haben. Oder du warst ein übler Schwindler in deinem vergangenen Leben, und deine Lügen haben andere Menschen sehr verletzt. Siehst du, wohin solche Überlegungen führen können? Es gibt sehr viele variable Faktoren, die für die karmische Ausprägung von früheren Ereignissen, Einstellungen und Emotionen, wie du sie jetzt erlebst, eine wichtige Rolle spielen.

Durch die Einflüsse und Auswirkungen aus vergangenen Leben, die du in deinem jetzigen Leben siehst und fühlst, wirst du dir deines Karmas bewusst. Schau dir deine derzeitigen Lebensumstände an und betrachte, wie du sie empfindest, um zu erkennen, was dein Karma ist. Frag dich, was du getan hast, um es zu verdienen. Sei dir deiner Gedanken und Gefühle bewusst und beobachte, wie die Gegenwart die Vergangenheit widerspiegelt. Wenn du weißt, was dein Karma ist, was deine Seele aus diesen Umständen lernen möchte, dann weißt du intuitiv auch, wie du dein Karma ausgleichen kannst.

Karma setzt sich von einem Leben zum nächsten fort. Einflüsse aus früheren Leben, seien sie gut oder schlecht, beeinflussen dich in der Gegenwart. Sie tauchen auf, damit du eine Gelegenheit erhältst, frühere Erfahrungen weiterhin zu genießen oder negatives Karma besser zu verstehen, um es auszugleichen und um Energien aus der Vergangenheit in der Gegenwart zu segnen und zu heilen.

Besserer Ausgleich

Wenn du dein Karma ausgleichst, dann veränderst du damit deine Gefühle, die du jetzt in Bezug auf Ereignisse aus der Vergangenheit hast, um das umzugestalten, was du in der Gegenwart spürst und erlebst. Du verwandelst die Energien der Vergangenheit, und diese veränderten Energien werden sich durch alle verwandten Energieschwingungen fortsetzen, die mit den Ereignissen und Emotionen deines früheren Lebens zu tun haben, um das zu transformieren, was du in deinem jetzigen Leben erfährst.

Der Ausgleich von schlechtem Karma erzeugt gutes Karma. Wenn du Ereignisse und Emotionen aus früheren Leben verstehst, akzeptierst, vergibst, segnest und heilst und deine Gefühle und Handlungen in der Gegenwart veränderst, dann verwandeln sich damit auch die Energien der entsprechenden Ereignisse in früheren Leben. Das wirkt positiv auf die Art und Weise, wie sich Energien in deinem Karma manifestiert. Das Geschehen in einem früheren Leben verändert sich nicht, aber deine Einstellung dazu tut es – und darauf kommt es an, um die Energie rund um Ereignisse aus vergangenen Leben zu verwandeln. Die Energie manifestiert sich damit auf positive Weise, die sich schließlich auch in deinem jetzigen Leben widerspiegelt.

Es gibt unterschiedliche Möglichkeiten, um dein Karma auszugleichen, um die Erfahrungen vergangener Leben zu segnen und die Ereignisse von damals zu heilen. Während deiner Rückführung wirst du intuitiv wissen, wie du dein Karma ausgleichst, wie du Situationen, Emotionen und andere Seelen segnest und sie loslassen kannst, um sie so auf eine liebevolle Weise freizugeben und zu heilen. Dein höheres Selbst wird bei dir sein, um dich durch diesen Prozess des Ausgleichs zu führen und zu begleiten. Wenn die Erfahrungen bzw. Emotionen geheilt sind, wirst du das als eine wundervolle und schöne Befreiung erleben. Die Seelenheilung spürst du zuerst in deinen Gefühlen und später auch in den Ereignissen deines jetzigen Lebens.

Den Ausgleich deines Karmas kannst du z. B. durch Vergebung erreichen. Vergebung heilt und löst das Karma wirklich auf. Manchmal fällt uns Vergebung schwer, weil wir uns schlimme Dinge, die wir in der Vergangenheit einmal getan oder die uns andere Menschen angetan haben, direkt ansehen müssen. Wenn du dein Karma auf diese Weise ausgleichst, musst du entweder dir selbst oder der anderen Person vergeben, je nach den Umständen. In vielen Situationen musst du sowohl dir selbst *als auch* dem anderen Menschen vergeben, und allen anderen Personen, die ebenfalls damit zu tun hatten. Damit Vergebung wirksam wird, muss sie ernsthaft und aufrichtig in deinen Gefühlen erfolgen und aus deiner Seele kommen.

Achte darauf, dass du immer deinen Gefühlen treu bleibst, wenn du dein Karma ausgleichst. Wenn du dich nicht dazu bereit fühlst oder meinst, dein Karma nicht ausgleichen zu können, dann steckt immer ein guter Grund dahinter. Vielleicht musst du das Karma erst noch tiefer und intensiver erfahren, um daraus zu lernen, oder du musst dir die karmische Situation einmal genauer ansehen, um sie richtig zu verstehen und zu erkennen, wie deine Seele weiter wachsen kann. Arbeite mit deinen Gefühlen in der Form, die für dich am stimmigsten ist.

Wenn du dein Karma ausgleichst, kann es sein, dass du es besser in mehreren kleinen Schritten als mit einem einzigen großen Sprung machst. Es kommt darauf an, was das Karma ist und wie du daran haftest. Manchmal gelingt es nicht, alles in einem großen »Aufwasch« aufzulösen. Du brauchst unter Umständen noch die Auswirkungen, um bestimmte Seelenlektionen zu lernen. Karma ist etwas Gutes. Es zeigt dir an, was deine Seele noch erfahren und lernen möchte. Es hilft dir, deine Seele weiter zu entfalten.

Wenn dein Karma erst einmal ausgeglichen ist oder es gerade aufgelöst wird, kommt es darauf an, die Gegenwart und damit zusammenhängende vergangene Emotionen und Ereignisse zu heilen. Es gibt verschiedene Methoden, um Karmaenergien zu heilen. Eine besteht darin, die reinen, positiven, starken Energien des weißen Lichts zu verwenden, um die Ereignisse und Emotionen aus einem bestimmten früheren Leben und ihre entsprechenden Wirkungen in deinem jetzigen Leben damit zu umhüllen. Diese Energie wird dann positive, liebevolle Energien in die Gegenwart einlassen, so dass du sie zu positiven Handlungen ausführen kannst.

Auf der Seelenebene weißt du intuitiv, was notwendig ist. Der stimmigste Weg, um dein Karma zu heilen, wird dir bewusst werden, indem du deinem höheren Selbst erlaubst, dir zu zeigen, wie das gelingen kann und wie du ein bestimmtes Ereignis oder ein ganzes früheres Leben heilen kannst. Du wirst instinktiv von der passenden Heilmethode angezogen, weil dies der Natur deiner Seele entspricht und weil deine Seele nach Balance und Harmonie strebt.

Während deiner Reise in frühere Leben wirst du wesentliche Ereignisse sehen, an denen du teilhattest und die dein jetziges Karma verursacht und erschaffen haben. Du wirst ein neues Verständnis über deren Bedeutung und Einfluss auf dein derzeitiges Leben gewinnen. Die Anleitung zur Rückführung (die kursiv gesetzt auch am Schluss dieses Buches noch einmal im Ganzen nachzulesen ist), gibt dir Hinweise, wie du dein Karma während der Rückführung am besten ausgleichen und heilen kannst. Und zwar im Zusammenhang mit den Umständen, deinen Gefühlen und dem Rat des höheren Selbst, das einen direkteren und höheren Zugang zum Gesamtbild hat und seine Information mit dir teilen wird.

Es ist wichtig, dass wir alle negativen Energien des Karmas auflösen, vollständig loslassen und dann sowohl das entsprechende Ereignis aus einem früheren Leben heilen als auch die Umstände in unserem gegenwärtigen Leben, die damit zu tun haben und in denen sich dieses alte Karma zum Ausdruck bringt. Die Vergangenheit zu heilen ist genauso wichtig, wie die Gegenwart zu heilen. Dies müssen wir tun, um die Negativität vollständig zu reinigen und zu beseitigen, damit keine Rückstände davon bleiben. Indem wir die jetzigen Situationen klären und heilen, werden auch die entsprechenden Ereignisse aus früheren Leben verändert und spiegeln dann die positive Lösung von Karma wider, und umgekehrt. Dann ist es kein Karma mehr, sondern eine Lernerfahrung, die deiner Seele geholfen hat, zu wachsen und sich weiterzuentwickeln.

Der Prozess positiver Veränderung

Du kannst die Energien aus früheren Leben auf jede beliebige Weise verändern. Du kannst sie besser oder auch schlechter machen. Ich vermute, dass du lieber die positive Richtung einschlägst. Deine jetzigen Gefühle und die positiven Handlungen, die du ausführst, werden die Energien der Vergangenheit und zugleich deine Gegenwart verändern und verbessern sowie deine Zukunft positiv gestalten.

Karma auszugleichen erfolgt in einem Prozess von vier Schritten.

Es fängt mit deinem Wunsch nach Veränderung an. Das ist der erste Schritt zum Ausgleich. Der zweite besteht darin, deine früheren und gegenwärtigen Emotionen sowie die Ereignisse, um die es beim Ausgleich geht, zu akzeptieren und zu verstehen und gleichzeitig zu erkennen, warum du einen Ausgleich anstrebst. Das zeigt dir, wie du deine Seele weiterentwickeln kannst. Der dritte Schritt ist die positive Verwandlung deiner Gefühle und Wahrnehmungen im Hinblick auf das jetzige Leben und die entsprechenden Ereignisse und Emotionen aus früheren Leben, indem du die positiven Aspekte von Vergangenheit und Gegenwart beachtest. Sieh dir dabei an, was du gelernt hast und welchen Nutzen dir die Erfahrungen von früher und heute gebracht haben, und entscheide dich, wie du damit weiter umgehen möchtest. Der vierte Schritt besteht in den Bemühungen und Handlungen, die du unternimmst, um dein Karma im jetzigen Leben auszugleichen. Indem du neue, positive Veränderungen in Gedanken, Gefühlen und Taten durchführst, schließt du den Prozess des Ausgleichs von Karma ab. Ein vorher negatives Ereignis wird dann zu einem positiven, weil du es auf eine positive Weise wahrnimmst.

Es ist entscheidend, dass du dein Karma ausgleichst, indem du auf das zugehst, was du anstrebst, anstatt dem aus dem Weg zu gehen, was du nicht willst. Wenn du vor dem wegläufst, was du nicht möchtest, dann richtest du deine Energien auf eine negative Weise aus. Deine Ergebnisse werden dem Fluss deiner Energie folgen. Wenn du dein Karma aus den falschen Gründen auf eine negative Art ausgleichst, dann wird am Ende etwas Negatives übrig bleiben.

Nehmen wir an, du möchtest Karma ausgleichen, das mit einer schlimmen Beziehung zu tun hat. Du beendest die Beziehung, indem du einfach weggehst. Eine Zeitlang wird es so aussehen, als ob du alles erledigt und hinter dir gelassen hast, obwohl du noch negative Gefühle hast. Aufgrund dieser Gefühle und weil die Negativität nicht wirklich geklärt wurde, wird sich deine nächste Beziehung sehr ähnlich entwickeln und deiner früheren Partnerschaft gleichen. Wenn du vor dem davonläufst, was du nicht möchtest, bekommst du genau das, was du loswerden wolltest.

Wenn du bewusst das anstrebst, was du möchtest, und Schritte darauf zu machst, dann richtest du deine Energie auf eine positive Art und Weise aus und wirst positive Ergebnisse erzielen. Du beginnst, dein Karma auszugleichen, indem du deine Gefühle im Hinblick auf das, was du in der Beziehung ändern möchtest und warum du das willst, verstehst. Dann kannst du deine Gedanken und Gefühle entsprechend verändern, um das zu erreichen, was du aktiv anstrebst. Auf diese Weise entscheidest du dich bewusst, ob du die Beziehung aufrechterhalten oder lösen möchtest. Falls du sie weiterführst, wirst du positive Veränderungen in Gang setzen. Falls du sie beendest, wirst du das auf eine annehmbare Art tun. So oder so wird es gute Gefühle in dir hinterlassen, und du hast dir damit selbst erlaubt, zu wachsen und aus der Erfahrung zu lernen. Wenn du Karma auf diese Weise ausgleichst, dann bewegst du dich auf das zu, was du wirklich willst.

Nachtrag: Sinn und Zweck der Gegenwart

Was für den Ausgleich und die Heilung von Karma aus der Vergangenheit stimmt, trifft auch für deine Handlungen in der Gegenwart zu. Neben dem Ausgleich deines Karmas und der Heilung von Ereignissen aus vergangenen Leben ist es wichtig, aktuelle Ereignisse und Emotionen auszugleichen, bevor sie sich in Karma verwandeln, das dir dann nachhängt. Wenn du Emotionen, Situationen und Beziehungen in deinem jetzigen Leben ausgleichst und heilst, dann verwandelst du damit die Energie und erschaffst positive Erfahrungen in deinem gegenwärtigen Leben. Es ist derselbe Prozess: Verstehen, Segnen und Heilen. Du kannst das Auftreten künftigen Karmas verhindern, indem du an seine Stelle gute Schwingungen in deinem jetzigen Leben setzt.

11. Deiner Bestimmung folgen

Warum bist du hier und was sollst du in deinem Leben tun? Was sind dieses Mal der Sinn und Zweck? Deine Bestimmung kann aus einer Kombination von Lektionen bestehen, aus Dingen, die deine Seele erfahren möchte, und dem, was du dir selbst als Ziel im Bereich des spirituellen Wachstums gestellt hast. Du kannst mehr als ein Ziel, mehr als eine Bestimmung haben, aber meistens gibt es eine Sache, die deinem Herzen besonders wichtig ist. Dein Karma ist üblicherweise ein Anzeichen für deine Bestimmung, aber deine Bestimmung geht über dein Karma hinaus und steht etwas höher.

Deine Bestimmung ist so etwas wie ein fortlaufender Prozess. Es ist in der Regel nicht der Höhepunkt von etwas, das du erreicht hast. Es geht nicht darum, an ein bestimmtes Ziel zu gelangen, sondern es ist der Weg, der dich zu deiner Bestimmung führt. Wenn du deine Bestimmung erreicht hast, setzt du die Reise deiner Seele fort, um Sinn und Zweck auszuweiten und um deine Seele weiterzuentwickeln. Auf deine Bestimmung hinzuarbeiten ist etwas, was emotional und spirituell erfüllend wirkt. Sie zu verwirklichen und weiter zu entfalten stellt eine emotionale und spirituelle Bereicherung dar. Deine Bestimmung könnte auch eine Kombination von irdischen Zielen und geistigen Wünschen sein. Vielleicht fungiert das Erreichen eines Ziels als ein Sprungbrett, das dich dorthin bringt, wo du erkennst, was du im Sinne deiner Seele vollbringen sollst. Eine meiner Freundinnen war z. B. gerade dabei, ein Kind aus China zu adoptieren. Während sie in diesem ganzen Prozess steckte, der mit der Adoption zu tun hatte, wurde ihr bewusst, dass es dahinter einen höheren Sinn gab.

Während ihres zweiwöchigen Aufenthalts in China besuchte sie das Waisenhaus und merkte, dass es ihre Bestimmung war, für all diese Kindern Adoptiveltern zu finden. Sie wurde zu einer aktiven Mitarbeiterin und Sprecherin für internationale Adoptionen.

Eine meiner Klientinnen, Ann, kam zu mir mit der Bitte um eine Rückführung, um zu erforschen, was in diesem Leben ihre Bestimmung sei. Sie fühlte sich verloren, so, als ob sie durchs Leben irren würde. Sie wusste nicht, was sie hier leisten sollte. Zwar spürte sie, dass sie etwas tun sollte, wusste aber nicht, was. In einer tränenreichen Rückführungsreise wurde ihr klar, dass ihre Bestimmung in diesem Leben darin bestand zu erfahren, wie es ist, wenn man geliebt wird. In mehreren früheren Leben wurde sie von ihren Freunden und Angehörigen abgelehnt; Menschen, denen sie vertraute, haben sie im Stich gelassen. Inzwischen ist sie wieder mit ihnen zusammen, liebt sie – und sie wird ebenfalls geliebt.

Und noch ein anderes Beispiel: Ein erfolgreicher Geschäftsmann hatte lange und hart gearbeitet, um seinen gegenwärtigen Status zu erreichen. Jedoch war er verzweifelt und unglücklich über die halsabschneiderischen Geschäftspraktiken in der Welt der Wirtschaft und fühlte, dass ihm irgendetwas Wichtiges im Leben fehlte. Auf Drängen seiner Frau kam er zu einer Rückführung, und auch deshalb, weil er mit seiner Seele mehr in Kontakt kommen wollte. In einem vergangenen Leben war er einmal arm gewesen und hatte es gehasst. Das einzig Gute, was er nach seiner Ansicht in jenem Leben erfahren hatte, war seine Familie. Als ich ihn in seine Zwischenleben führte, wurde ihm ein Versprechen bewusst, das er sich selbst gegeben hatte: Er wollte nie wieder arm sein und um den Lebensunterhalt kämpfen müssen. Er wollte viel Geld und Macht besitzen, damit es ihm und seiner Familie gut ergehen würde. Das hatte er im jetzigen Leben auch erreicht, aber er erkannte, dass seine spirituelle Bestimmung darin lag, das wertzuschätzen, was er inzwischen schon hatte, und dies zusammen mit seiner Familie zu genießen. Er gab seinen Job auf und fing an, selbständig von zu Hause aus zu arbeiten.

Meine wichtigste spirituelle Bestimmung in diesem Leben ist, spirituelles Wissen mit anderen zu teilen. Dieses Thema tauchte in zwei meiner früheren Leben auf, in denen ich ein spiritueller Lehrer war. In einem Leben weigerte ich mich, mein Wissen mit anderen zu teilen, und behielt es für mich, was Schaden für andere Menschen, denen ich hätte helfen können, nach sich zog. Übrigens tauchte eine jener Personen von damals, denen ich hätte helfen können, in meiner Reinkarnationsklasse auf und sie war immer noch wütend auf mich. In einem anderen vergangenen Leben, in dem ich in Ägypten ein Hohepriester war, der zum Philosophen wurde, hätte ich esoterisches Wissen geheim halten sollen, habe aber frei und offen darüber gesprochen und geschrieben.

Ich habe mein Karma aus diesem erstgenannten Leben des Schweigens im zweiten Leben ausgeglichen, indem ich alles weitergab, was ich wusste, um die Menschen zu ermächtigen. Da ich jedoch durch mein Schweigen zuvor Menschen geschadet hatte, musste ich karmisch dafür bezahlen. Ich wurde gefoltert und dann getötet, aber nicht, ohne zuvor die Worte, also das Wissen, die ich auf Papyrusrollen geschrieben hatte, verbrennen zu sehen. Das war die karmische Rückzahlung dafür, dass ich im ersten Leben mein Wissen nicht geteilt hatte – mir wurde im Folgenden gar nicht erlaubt, es mitzuteilen, obwohl ich das wollte. Mein derzeitiges Leben habe ich gewählt, um dasselbe Wissen erneut mit anderen zu teilen; deshalb bin ich dieses Mal eine Autorin und Lehrerin geworden.

Eine meiner Klientinnen hat zehn Kinder. In einem früheren Leben war sie steril, obwohl sie sich sehnlichst Kinder wünschte. Ihre Bestimmung für dieses Leben ist, die Erfahrung zu machen, eine liebende Mutter für andere Seelen zu sein. Liebe und Kinder, Beziehungen und Freundschaften sowie berufliche Erfolge sind weitverbreitete Themen, wenn es darum geht, was Sinn und Zweck eines Lebens ist und was die Seele anstrebt.

Manchmal zeigt sich die Bestimmung auf eine symbolische Weise. Eine andere Klientin spürte, dass sie auf dem Weg zu ihrer Bestimmung war, als sie die Ausbildung zur Optikerin begann. Sie wollte Menschen helfen, deutlich zu sehen, weil sie meinte, sich in einem früheren Leben auf die falschen Dinge fokussiert zu haben. Sie hatte damals ihre Augen vor dem Wesentlichen verschlossen und nicht klar gesehen, was tatsächlich passierte.

Viele Menschen meinen, sie müssten auf einem bestimmten Weg sein, um ihre Bestimmung zu erfüllen. Man spricht davon, seinem Pfad zu folgen. Dein Pfad zu deiner spirituellen Bestimmung ist einfach das, was du in deinem Leben tust, was dich dahin führt, wohin du möchtest. Gleich, welchen Weg du einschlägst – denn sie führen alle zu deiner Bestimmung. Du kannst auf zweierlei Weise den Weg entdecken, für den du dich entscheidest, um deinen Sinn zu erfüllen und deine Ziele zu erreichen.

Wenn du um alles kämpfen musst, was du anstrebst, dann folgst du wahrscheinlich nicht dem Pfad zu deiner Bestimmung, obwohl unter Umständen deine Bestimmung darin besteht, dich sehr für alles, was du erreichen willst, einzusetzen. Wenn du einem Weg folgst, der im Gegensatz zu den Wünschen deiner Seele steht, dann tauchen ständig neue Hindernisse und Stolpersteine auf deinem Pfad auf, bis du wieder zurück auf den richtigen Weg gelangst.

Wir alle fragen uns, warum wir hier sind, was wir schaffen sollen, was unsere Bestimmung im Leben ist. Wir überlegen, ob der Weg, dem wir folgen, der richtige ist. Wir fragen uns, welcher Pfad uns in die richtige Richtung führt. Und doch wissen wir irgendwo tief in uns bereits, was unsere Bestimmung ist und welchem Weg wir folgen sollen, um sie zu finden und zu erfüllen.

Die einfachste Möglichkeit, dem Weg zu folgen, den deine Seele für dieses Leben ausgewählt hat, besteht darin, das zu tun, was dich glücklich macht und dir Freude bereitet. Achte deine inneren Gefühle, die dir sagen, was du in diesem Leben tun willst. Du weißt intuitiv, in deinem Herzen und in deinem Geist, was du dir für dieses Leben vorgenommen hast. Deiner Bestimmung zu folgen bedeutet, den richtigen Weg zu finden, auf dem du dorthin gehen kannst. Um zu wissen, ob dein Weg der richtige für dich ist, höre auf deine Gefühle und vertraue deinem inneren Wissen. Wenn du auf dem Weg bist, der für dich stimmig ist, dann spürst du das in dir selbst auf einer tiefen, spirituellen Ebene. Du weißt, was du erreichen willst und dass du jetzt die richtigen Dinge dafür tust.

Um zu erkennen, was deine Bestimmung in diesem Leben ist, betrachte das, was du gerne tust und was dich glücklich macht. Überlege, was du lieber als alles andere tun würdest. Schau dir auch das an, wovon du glaubst, dass du es tun sollst. Wenn dies etwas außerhalb deiner Reichweite liegt, so beachte die Dinge, die ganz natürlich in dein Leben kommen. Bemerke die Ereignisse und Erfahrungen, die dich spüren lassen, dass du auf dem richtigen Weg bist; jene also, die dich dem näher bringen, was du schaffen möchtest, und jene, die dir den Weg dorthin zeigen. Du weißt bereits, was deine Bestimmung ist – vielleicht noch unterbewusst, womöglich aber auch schon bewusst.

Wenn du erkennst, was deine Bestimmung ist, und verstehst, warum du deine Bestimmung ausgewählt hast, und wenn du die Richtung deines Weges erkennst, der dich dahin führt, deinen Sinn und Zweck zu erfüllen, dann wird das die Frage beantworten, warum du hier bist und was du mit deinem jetzigen Leben anfangen sollst. Du bist der bzw. die Einzige, der oder die diese Frage beantworten kann. Blicke in dich selbst, in Herz und Geist, in deine Erinnerungen an frühere Leben, und du wirst die Antwort finden.

Während deiner Rückführung wird dir deine Bestimmung in diesem Leben bewusst werden und auch, was sie in früheren Leben war. Du kannst Sinn und Zweck deines Lebens mit Hilfe des folgenden Exkurses weiter erforschen, der die Bewusstheit für deine Bestimmung öffnet und dir zeigt, wie du dieses Leben am besten nutzen kannst.

Dem Pfad deiner Bestimmung folgen

Du bist draußen in der Natur und gehst gemütlich spazieren. Du freust dich an deinem Spaziergang und hast dabei kein bestimmtes Ziel im Auge. Während du so dahin gehst, reflektierst du über deine Gedanken. Du möchtest in einem näheren Kontakt mit der Weisheit deiner Seele sein, du möchtest deine Bestimmung kennen und wie du sie erreichen kannst. Du blickst vor dich hin, zum Horizont, als ob die Antwort dort auf dich warten würde.

Vor dir siehst du einen Pfad aus Feldsteinen. Du fragst dich, ob dich dieser Weg wohl zu deinem Sinn und Zweck führen wird, zu jener Bestimmung, die du dir für

dieses Leben ausgesucht hast, um deine Seele weiterzuentwickeln. Das Ende des Pfades kannst du von dort, wo
du gerade bist, nicht sehen. Aber irgendwie spürst du,
dass dich dieser Pfad an einen spirituellen Ort führen
wird, an dem du deine Bestimmung entdecken kannst.
Du gehst auf diesem Pfad entlang und entdeckst, dass du
wieder am Regenbogenberg bist, an diesem magischen,
majestätischen Berg, den du bereits erkundest hast, als
du durch den Regenbogen gereist bist, um in den Energien der Farben des Regenbogens die Gaben deiner Seele zu entdecken. Während du gemächlich dem Pfad
durch die Farben folgst, hältst du bei jeder Farbe inne,
um dich daran zu erinnern und zu erfreuen, was dir deine Seele geschenkt hat. Du fühlst dich in deiner Seele
glücklich und friedvoll. Zugleich erlebst du ein Gefühl
wachsender Freude und Erwartung, weil du weißt, dass
noch ein weiteres, ganz besonderes Geschenk für deine
Seele auf diesem Berg auf dich wartet.
Du gehst weiter auf diesem Pfad entlang und stellst fest,
dass er dich zur Kapelle führt, die du in der Farbe Violett
oben auf dem Berg schon kennengelernt hast. Durch ein
heiliges Wissen innerhalb deiner Seele weißt du, dass die
Antwort auf die Frage nach deiner Bestimmung in diesem Leben in der Kapelle zu finden ist. Du trittst in die
Kapelle ein, die von der Harmonie der Schwingungen
deiner Seele erfüllt wird und dir aufträgt, über dein Leben zu meditieren, nach innen zu schauen und zu erkennen, was deine Bestimmung in diesem Leben ist. Sie erinnert dich daran, was sich deine Seele für dieses Leben
vorgenommen hat, wie du Glück und inneren Frieden

erfährst, was auch der Weiterentwicklung deiner Seele dienen wird.

Du siehst eine wunderschön verzierte Spieldose, die auf dem Altar für dich hingestellt wurde. Du öffnest ihren Deckel, und es erklingt eine zauberhafte Melodie. Du erkennst, dass die Klänge und Akkorde, die du hörst, die Melodie deiner Seele sind. Sie kreist im Einklang mit deinem tiefsten Inneren in dir und um dich herum. Die seelenvolle, harmonische Musik zieht dich so vollständig in ihren Bann, dass du dich fühlst, als ob du selbst die Musik, als ob du die Melodie wärst. Die Klänge sind harmonisch und sanft, weich und tröstlich. Sie bringen dich an einen spirituellen Ort der Weisheit in dir selbst. Du schließt deine Augen, um die Musik noch umfassender aufzunehmen und genießen zu können, diese Symphonie deiner Seele im Einklang mit den Wünschen deiner Seele. Du hörst nach innen und spürst, wie sich dein Bewusstsein ausdehnt und sich sanft und zart für die Schwingungen deiner Seele öffnet.

Die Musik bringt dich an einen Ort tief in deinem Inneren, an einen Platz des spirituellen Wissens in deiner Seele. Während du den Klängen deiner Seele zuhörst, über die Harmonie der Musik meditierst und die Schwingungen deiner Seele spürst, kommt die Antwort auf die Frage, was deine Bestimmung ist, zart und still zu dir. Vielleicht als ein Flüstern, als ein Gefühl, als ein Bild, das du in deinem Geiste siehst und in deinem Herzen fühlst. Du erkennst mit absoluter Gewissheit, was sich deine Seele für dieses Leben ausgewählt hat, was deine Seele wirklich vollbringen möchte. Du siehst, wo du dich gerade auf dem Weg befindest, dem du folgst, um das zu erreichen, was deine Seele erstrebt, und du siehst die Schritte vor dir, die dich zur Erfüllung deines selbstgewählten Schicksals führen werden.

Es heißt oft, dass das ganze Leben eine Reise ist und dass es dabei nicht um das Ziel geht, sondern dass es auf die Reise selbst ankommt und auf die einzelnen Schritte entlang des Weges. Folge den fröhlichen Klängen deiner Seele, lausche auf den Rhythmus deines Herzens, der im Einklang mit deinem inneren Wissen ist, und reise mit leichtem Gepäck zur Erfüllung deiner Bestimmung mit einem Lied in deinem Herzen.

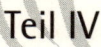

Teil IV

Die Reise

12. Geistige Reisen

Es gibt viele Möglichkeiten, wie man eine Rückführung erleben kann. Manchmal fällt es leichter, sie durchzuführen, wenn sie durch etwas herbeigeführt wird, das du schon einmal gemacht hat, weil es dir dann vertrauter vorkommt und du dich wohler fühlst. Geistige Reisen sind etwas, was du bisher schon oft getan hast, so z.B. vor kurzem in einigen Meditationen, die in diesem Buch vorgeschlagen werden.

Du bist auch jedes Mal geistig gereist, wenn du Tagträumereien nachgehangen hast und in deiner inneren Vorstellung aus der Gegenwart an einen anderen Ort gegangen bist. Du hast deine Bewusstheit dabei in eine Szene projiziert, in der du körperlich nicht gewesen bist. Während du dich immer mehr auf deine Gedanken und Gefühle eingelassen hast, erschienen dir Szenen und Ereignisse in deiner geistigen Reise vielleicht so real, dass du dich gefühlt hast, als ob du tatsächlich in dieser Situation gewesen wärst und sie nicht nur von außen beobachtet oder über sie nachgedacht hättest.

Wenn du eine fokussierte Meditation durchführst oder dich einer Tagträumerei überlässt, reist dein Bewusstsein außerhalb von dir auf etwas hin, was du vollbringen oder was du gern verwirklicht sehen möchtest. Vielleicht hast du in deiner Tagträumerei über die Ziele nachgesonnen, die du erreichen willst. Du siehst dich in einem geistigen Bild so, als ob du dein Ziel schon erreicht hättest.

Die Macht deines Geistes ist sehr stark. Deine Gedanken und Gefühle können dich überall hinführen, wohin du auch gehen willst. Bevor wir weiter darüber nachdenken, möchte ich dir davon erzählen, dass sich manche meiner Klienten nicht sicher waren, ob sie sich die Informationen, die sie während ihrer Rückführungen erhielten, nicht einfach selbst ausgedacht hatten. Das kann aber nicht passieren. Zudem haben sie sich gefragt, ob das, was sie in den Rückführungen gesehen und erlebt haben, real ist oder ob sie nicht nur mit ihren Gedanken in ihrer Vorstellung gespielt haben.

Der Wert der Vorstellungskraft ist bisher stark unterschätzt und leider auch sehr untergraben worden. Deine Imagination ist die Welt deiner inneren Bilder. Sie stellt eine wundervolle Ressource dar und einen machtvollen Zugang zu deinem Unterbewusstsein. Sie bildet ein Tor, das dein Unterbewusstsein befreit und es ihm möglich macht, seine Geheimnisse mit dir zu teilen. Dein Unterbewusstsein ist immer ehrlich und aufrichtig – das ist einfach seine Natur. Es zeigt dir deine wahren Gefühle. Wenn du eine Rückführung unternimmst, dann erschließt du dir damit das Wissen deiner Seele, die Wahrheit deines Unterbewusstseins. Du denkst dir nichts aus, es ist alles echt. Deine Seele zeigt dir die Erfahrungen und Emotionen, die du in vergangenen Zeiten erlebt hast.

Erinnerungen an frühere Leben, die genau das beeinflussen, was du aktuell erlebst, sind dicht an der Oberfläche. Deine Erinnerungen an vergangene Leben und ihre entsprechenden Bilder und Gefühle werden dir von deinem Unterbewusstsein gegeben. Du kennst die Wahrheit bereits und du hast alle Antworten in dir. Deine Vorstellungskraft wird dir zeigen, was in deinem Unterbewusstsein steckt.

Exkurs: Träumereien

Mit Hilfe deiner Imaginationskraft kannst du eine Träumerei darüber beginnen, wer du warst, was du gemacht hast und was in einem deiner früheren Leben passiert ist. Das ist eine schöne Möglichkeit, um dich für Erinnerungen an frühere Leben zu öffnen und sie weiter zu erforschen. Wenn du mit deiner Vorstellungskraft spielst, dann bringt dich das in Kontakt mit deinen wahren inneren Gefühlen. Träumereien helfen dir, deine Imagination auszudehnen und dein Bewusstsein zu erweitern. Falls du am Anfang glauben solltest, dass du dir alles nur ausdenkst, dann wirst du angenehm überrascht sein, wenn dir dein Unterbewusstsein die Dinge bestätigt.

Die beiden folgenden Exkurse sind so etwas wie kleine Do-it-yourself-Rückführungen. Lass während dieser Träumereien die Informationen aus deinem Unterbewusstsein frei und natürlich strömen. Verbiete deinem Alltagsbewusstsein, in die Informationen, die dir bewusst werden, einzugreifen oder sie zu filtern. Achte besonders auf deine Gefühle, die du im Hinblick auf das spürst, was du in den Träumereien siehst. Deine Gefühle werden dir helfen, dich noch mehr auf deine Imagination einzulassen und die Bilder, Gedanken und Emotionen zu verstehen, die in dir auftauchen.

Lass die Träumerei einen ganzen Kreis beschreiben, der von der Gegenwart in die Vergangenheit führt und dann wieder in die Gegenwart zurückkehrt. Du wirst dich an Mosaiksteinchen aus deinen vergangenen Leben erinnern können, indem du dich auf eine Träumerei darüber einlässt, wer du früher vielleicht einmal gewesen sein könntest und wer du tatsächlich in einem deiner früheren Leben warst. Dein Unterbewusstsein wird dir die Wahrheit zeigen.

Träumerei 1

Denke an die Art von Person, die du vielleicht einmal gewesen bist oder in einem vergangenen Leben hättest sein können – auf der Grundlage deiner Gefühle und Ereignisse in deinem gegenwärtigen Leben. Konzentriere dich auf das, was gerade in der Gegenwart geschieht, um dich davon in die Vergangenheit führen zu lassen. Öffne deine Imagination und erforsche die Möglichkeiten. Was du für eine Möglichkeit hältst, kann sich in eine Wahrscheinlichkeit verwandeln, da dein Unterbewusstsein die Wahrheit kennt und dieser Vorgang einer der vielen Wege ist, wie dein wissender Geist Informationen mit dir teilt.

Lass deinen Gedanken freien Lauf; gib deiner Imagination die Chance, sich frei zu entfalten. Tu einfach so, als ob du jemand anderes wärst. Sieh dir an, wie er bzw. sie angezogen ist und was er oder sie macht. Beobachte die Umgebung und was sonst geschieht. Denke seine bzw. ihre Gedanken und fühle seine oder ihre Emotionen. Erlaube dir, wirklich ganz frei zu sein, während du dich auf diese Träumerei einlässt. Du wirst feststellen, dass die Person, von der du meinst, sie gewesen zu sein, höchstwahrscheinlich tatsächlich die Person ist, die du einmal warst. Sieh dich als die Person an, die du früher warst. Betrachte alles, was passiert. Lass dich in alle Situationen und Szenen deines früheren Lebens ein, indem du deine Gefühle erspürst und auf deine Gedanken hörst.

Bringe dann das Bewusstsein dieses früheren Lebens in

dein jetziges Leben. Erkenne und verstehe alle Zusammenhänge und wie deine früheren Erfahrungen und Gefühle deine Gegenwart beeinflusst haben und dich zu dem Menschen mitsamt all deinen Erfahrungen gemacht haben, der du jetzt bist. Sieh, wie die Vergangenheit und die Gegenwart miteinander verknüpft sind und das erschaffen haben, was du jetzt erlebst.

Lass dich dann auf eine weitere Träumerei ein, aber dieses Mal mit fokussierter Aufmerksamkeit. Du hast vermutlich schon einmal Situationen erlebt, in denen du gedacht hast: »Was habe ich nur in einem früheren Leben getan, dass ich das verdient habe?!« Lass uns diesen einen Schritt weitergehen. Was meinst du, was du getan hast, um das zu verdienen, was du bekommen hast? Öffne deine Vorstellungskraft, um Antworten darauf in deinem Geist zu finden. Karma ist immer gerecht und fair; du bekommst immer, was du verdienst. Du hast dir diese Frage schon gestellt in dem Kapitel über Karma, aber vielleicht hast du sie noch nicht beantwortet. Du hast im dritten Kapitel eine ähnliche geistige Reise unternommen, im Verlauf der Reise in intuitive Einsichten, als du nach Ähnlichkeiten zwischen der Vergangenheit und der Gegenwart gesucht hast. Der folgende Exkurs kann das weiterführen und vertiefen, was dir zuvor in jener geistigen Reise bewusst geworden ist.

Atme tief ein und entspanne dich. Lass dein Alltagsbe-wusstsein zur Ruhe kommen. Wenn du dich entspannst und in dir selbst zentrierst, wirst du in einen meditativen Gemütszustand eintreten. Denke an etwas in deinem Leben, das dir Sorgen macht und das du besser verstehen möchtest, damit du erkennst, worum es dabei eigentlich geht.

Frage dich selbst, was du in einem früheren Leben getan hast, um das zu verdienen. Lass alle voreingenommenen Ideen, Gedanken, Gefühle, Urteile und Rationalisierun-gen los. Öffne deine Imagination. Füge sie zusammen mit den Bildern, Gedanken und Gefühlen, die du in ei-nem vergangenen Leben getan oder erlebt und die das verursacht und erzeugt haben könnten, was du jetzt er-lebst. Lass dich vom dem treiben, was in deinem Be-wusstsein erscheint.

Dein Karma wird dich direkt in ein früheres Leben nehmen, da die Energien vergangener und aktueller Ereignisse eng miteinander zusammenhängen. Das Karma wurde zwar in ei-nem früheren Leben erzeugt, aber dessen Energien wirken in den Erfahrungen, die du jetzt machst. Anstatt in Gedanken und Gefühlen zu reisen, bist du mit der Energie des Karmas gereist.

Exkurs: Durch die Zeit reisen

Du kannst eine Rückführung auch durchführen, indem du nahe in der Gegenwart bleibst, während du eine Erinnerung aus diesem Leben erforschst. Das hilft dir, ein Gefühl für geistiges Reisen zu erlangen, als eine Vorbereitung für eine richtige Rückführung. Wenn sich dein Bewusstsein aus der unmittelbaren Gegenwart entfernt und du in dein Gedächtnis »reist«, achte auf die Gefühle und Empfindungen, die du dabei wahrnimmst. Achte auf die Gedanken und Bilder, die dir bewusst werden, und auch darauf, wie sie dir bewusst werden. Bemerke deine Gedanken und Gefühle vor, während und nach deiner geistigen Reise und registriere, wie dein Körper auf diese Erinnerung reagiert, während du deine Bewusstheit auf dieses frühere Erleben richtest.

Zeitreise

Gehe in einen meditativen Gemütszustand. Tritt in dein spirituelles Heiligtum ein und verbinde dich mit deinem höheren Selbst. Von dort aus sendest du deine Gedanken an einen Platz, an dem du in diesem Leben schon einmal gewesen bist. Erinnere dich an eine angenehme und glückliche Zeit, die du dort erlebt hast. Beobachte dich dabei, wie du dieses Ereignis erneut durchlebst, und richte deine Aufmerksamkeit ganz auf das, was du in dem vergangenen Geschehen gesehen, gefühlt und erfahren hast. Mache dir all deine damaligen Gedanken und Gefühle bewusst. Lass dich ganz auf die Umstände und die Bilder ein, indem du die Bilder deiner Erinnerung siehst, empfindest und fühlst. Erlaube deinem höheren Selbst, dich zu führen und dir alles zu erklären, was du erlebst. Betrachte deine Erinnerung auf zweierlei Weise, aus zwei unterschiedlichen Blickrichtungen. Schau dir die Szene zunächst objektiv an, in einer distanzierten Haltung. Stelle dir einfach vor, dass du einen Film guckst und die Handlung verfolgst. Begib dich danach hinein in die Szenerie. Sei die Person, die du warst, als das Ereignis geschah. Erlebe es subjektiv, mit deinen Gefühlen, und nimm daran wahrhaftig teil. Tauche vollständig in die Emotionen ein, die du damals gefühlt hast, und erlebe alle Bilder, Klänge und Umstände um dich herum.

Sei dir dessen bewusst, was du von beiderlei Gesichtspunkten aus erfährst und spürst – zunächst von außen und dann von innen. Dasselbe Ereignis gibt dir, wenn du es auf zweierlei Art und Weise betrachtest, ein umfassendes und tiefes Verständnis der damaligen Erfahrung. Auf genau dieselbe Art und Weise wirst du auch die Ereignisse und Emotionen aus deinen früheren Leben während der Rückführung erfahren.

Wenn du mit dieser Übung fertig bist, dann konzentriere dich langsam wieder auf die Gegenwart. Bring deine Bewusstheit allmählich in deine jetzigen Lebensumstände, aber erinnere dich dabei an all deine Gefühle und Erfahrungen während dieser geistigen Reise. Denke über das nach, was du gesehen und gefühlt hast, und über jede Information, die dir bewusst geworden ist. Nimm dir einige Augenblicke Zeit, um all die Informationen, die du erhalten hast, wirklich aufzunehmen, und richte dich dann wieder ganz auf die Gegenwart aus. Indem du den Übergang aus der Vergangenheit in die Gegenwart langsam vollziehst, wirst du mehr Informationen auf einer bewussten Ebene bewahren und sie besser verstehen.

Unternimm nun eine neue geistige Reise in die Vergangenheit, aber diesmal weiter zurück in der Zeit. Reise an einen Ort, an dem du vom Gefühl her in einem früheren Leben gelebt hast. Hab bei der Reise in die Vergangenheit einen speziellen Ort im Sinn. Wenn du deinen Bestimmungsort kennst, hilft dir das, dorthin zu gelangen. Deine Seele weiß, wohin sie gehen will. Es wird interessant sein herauszufinden, ob du wirklich dort gelebt hast und was du gelernt hast, das du nun in dein gegenwärtiges Leben bringen kannst.

Reise im Geiste in ein vergangenes Leben, um das zu sehen und dich daran zu erinnern, was deine Seele weiß. Wähle als Ausgangspunkt einen Ort, zu dem du dich hingezogen fühlst, einen Platz, an dem du früher einmal gelebt haben könntest, oder eine Gegend, die du gerne besuchen möchtest, um zu erkennen, ob du dort eine frühere Inkarnation erfahren hast. Vielleicht möchtest du Informationen, die du bei der ersten Träumerei erhalten hast, nun weiter vertiefen.

Wenn du einen Ort ins Auge gefasst hast, den du besuchen willst, dann wähle ein Bild oder ein Symbol aus, das ihn für dich symbolisiert. Wähle ein Symbol, das für dich stimmig ist, oder lass dir von deinem höheren Selbst ein Bild zeigen. Wenn du z. B. spürst, dass du in einem früheren Leben ein Indianer warst, siehst du vielleicht das Bild eines Mokassins oder eines Tipis. Wenn du ein Gladiator im alten Rom warst, siehst du möglicherweise einen Streitwagen oder die Panzerung, die du getragen hast. Wenn du in Ägypten gelebt hast, siehst du wahrscheinlich eine Pyramide oder eine Sphinx.

Kreiere ein Bild oder lass es in deinem Unterbewusstsein aufsteigen und fokussiere dich darauf, um zu sehen, wohin es dich führt. Denke daran, dass dein Unterbewusstsein in Symbolen zu dir spricht, weshalb du auf diese Weise sehr gut in ein früheres Leben hineingezogen werden kannst. Wenn du ein Symbol auswählst, das dein Unterbewusstsein weiterverfolgen kann, oder wenn du deinem Unterbewusstsein gestattest, dir ein Bild aus einem früheren Leben zu zeigen, dann wird sich dein Bewusstsein auf genau das dazugehörige vergangene Leben ausrichten.

Solltest du auch nur das geringste Bedenken haben, in die Vergangenheit zu reisen, oder besorgt sein, dass du dort nichts erleben und nirgendwo ankommen könntest, dann bedenke zwei Dinge: Wenn du eine allgemeine Vorstellung davon hast, wohin du gehst, wird dir allein das schon helfen, auch dorthin zu gelangen, und wenn du dich auf ein Bild ausrichtest, um damit deine Reise zu beginnen, wird dieser Anfang zu verwandten Szenen in deinen früheren Leben führen.

Geistige Reise

Beginne deine Reise in ein früheres Leben, indem du dich für einen meditativen Zustand öffnest. Entspanne dich und gehe durch den Regenbogen. Atme ein und umhülle dich mit dem schützenden weißen Licht. Geh in dein spirituelles Heiligtum und konzentriere dich auf das Bild eines Platzes, an dem du früher einmal gelebt hast. Dein höheres Selbst ist bei dir und wird dich führen, wenn du nun deine Bewusstheit auf das Bild fokussierst und projizierst. Richte deine Aufmerksamkeit auf das Bild, das für dich den Ort repräsentiert, den du aufsuchen möchtest. Das wird der Anfang deiner geistigen

Reise sein, wenn du nun deine Gedanken und Gefühle auf einen speziellen Ort und Zeitpunkt in einer deiner vergangenen Leben ausrichtest.

Das Bild, auf das du dich konzentrierst, jenes, das dir dein höheres Selbst zeigt, oder das, das in deinem Geiste auftaucht, wird dich dorthin führen, wo du schon einmal gelebt hast, und dir ein wichtiges Ereignis zeigen, das du damals erfahren hast und das auch jetzt auf dich einwirkt. Zu diesem Erlebnis wirst du durch das Bild in deinem Geist gezogen. Wenn du dort ankommst, nimm dir ein paar Augenblicke Zeit, um die Umgebung wahrzunehmen, um zu sehen, wie die Landschaft aussieht, um dich mit dem Geschehen vertraut zu machen und zu verstehen, was vor sich geht. Beobachte, was sich in deinem früheren Leben abspielt, während du siehst, wie du selbst daran teilnimmst.

Du trittst nun an diesen besonderen Ort zu jener Zeit, als du früher dort gelebt hast, und nimmst die Umgebung wahr. Sende deine Gedanken und Gefühle ganz dorthin, wo du jetzt bist. Sieh und fühle dich selbst so, wie du damals gewesen bist. Schau dir an, welche Kleidung du trägst und was du tust. Nimm die Bilder und Geräusche um dich herum, nimm die ganze Situation, in der du dich dort befindest, bewusst wahr. Mach dir dabei besonders deine Gedanken und Gefühle bewusst. Entdecke Dinge, die du damals gewusst und getan hast. Entdecke, wer du damals warst. Dein höheres Selbst leitet dich und beantwortet all deine Fragen. Erkunde und erlebe die wesentlichen Ereignisse und Emotionen deines früheren Lebens. Nimm dir genügend Zeit, um voll und ganz in die Erfahrungen des vergangenen Lebens einzutauchen, das dir jetzt bewusst geworden ist.

Wenn du diesen Exkurs beendet hast, kehre mit deinem höheren Selbst in dein spirituelles Heiligtum zurück, um die neuen Informationen aufzunehmen und zu integrieren. Denke über alles nach, was du während der geistigen Reise erlebt hast, über deine Gedanken und Gefühle, die du hattest, als du dich in dein vergangenes Leben eingelassen und aktiv daran teilgenommen hast, und über alle Einblicke, die du darüber gewonnen hast, wer du damals warst und was du dort erfahren hast. Beachte die Querverbindungen und Ähnlichkeiten zwischen deinem vergangenen und dem jetzigen Leben und was deine Erinnerung an früher heute für dich bedeutet. Überlege auch, wie und warum du diese Erinnerung erfahren hast. Du kannst dein höheres Selbst um die Antworten darauf bitten.

Bringe deine Aufmerksamkeit nach deinen Reflektionen langsam wieder in das Hier und Jetzt, indem du deine Gedanken und Gefühle darauf einstellst, wer du jetzt bist und wo du dich befindest. Während du dich wieder in der Gegenwart orientierst, nimm das Bewusstsein darüber, was du gesehen und erfahren hast, und das Wissen, das du über dein früheres Leben gewonnen hast und das dir Einsichten und Verstehen vermittelt, in dein jetziges Leben mit.

Diese zeitumkreisenden Träumereien und die geistigen Reisen, die du nun geübt hast, zeigen dir, dass du ganz einfach in Erinnerungen an frühere Leben »einsteigen« kannst, um dir darüber klarzuwerden, wer du früher warst und was du gemacht hast, und um zu sehen und zu verstehen, was mit dir geschehen ist, warum es passiert ist und schließlich, wie all das mit deinem jetzigen Leben zusammenhängt.

13. Reisen durch die Zeit

Wenn du in die Vergangenheit reist, wird Zeit unwesentlich. Die Ereignisse und Emotionen deiner früheren Leben werden nicht von Zeit beeinflusst. Die Energien aus Geschehnissen und Gefühlen vergangener Zeiten überleben bis in die Gegenwart. Dass das so ist, liegt an der Energie, die sich durch die Zeiten fortsetzt, weil unsere früheren Leben auf unser gegenwärtiges einwirken. Wenn du dich an Dinge erinnerst, die früher einmal geschahen, und diese Dinge erneut erlebst, dann vermischst du die Energien aus damaligen und aktuellen Ereignissen und Emotionen. Da du deine Bewusstheit auf dein vergangenes Leben richtest und dessen Auswirkungen auf dein gegenwärtiges erkennst, sind die Energien zwischen Vergangenheit und Gegenwart miteinander verknüpft.

Bei deiner Rückführung wirst du durch die Zeit in deine Erinnerungen reisen. Wenn du solche geistigen Reisen unternimmst, dann richtest du deine Gedanken und Gefühle, deine ganze Bewusstheit, auf etwas anders als die Gegenwart aus – auf einen anderen Ort, eine andere Zeit. Und du erinnerst dich an Ereignisse und Emotionen, die du früher schon einmal erfahren hast und nun wieder erlebst. Du reist auf und mit der Energie deiner Gedanken und Gefühle. Während du in und durch deine früheren Lebens reist, wirst du Umstände, Situationen und Gefühle aus vergangenen Leben sehen und empfinden, die etwas mit deinem jetzigen Leben zu tun haben und dieses beeinflussen. Du wirst die früheren Erlebnisse erneut sehen und erfahren, aber jetzt von unterschiedlichen Gesichtspunkten aus und mit einer anderen Wahrnehmung.

Du kannst das, was in deinen früheren Leben passiert ist, entweder als aktiver Teilnehmer oder als ein Beobachter wahrnehmen, oder aber du verbindest beides miteinander. Die Art und Weise, wie du die Erfahrungen und Emotionen von damals wahrnimmst, wird davon abhängen, was im Gedächtnis vor sich geht. Du kannst in deine früheren Leben reisen, ohne dabei die damaligen Emotionen zu empfinden, du kannst aber die Ereignisse und Emotionen auch unmittelbar neu- und nacherleben oder du verschaffst dir einen Überblick, indem du am Geschehen teilnimmst, aber von einem Standpunkt oberhalb der Umstände und Vorgänge.

Wenn du dich entscheidest, ein Beobachter bzw. eine Beobachterin zu sein, wirst du dich zu den Gefühlen und Erfahrungen der jeweiligen Umstände und Vorgänge emotional auf Distanz halten, während du deine Aufmerksamkeit jedoch auf die Szenen gerichtet hältst. Du siehst die Abläufe in deinem Geist, und sie werden etwas von einem Traum an sich haben. Du weißt zwar, welche Gefühle du damals hattest und wie sich die Ereignisse abspielten, aber du bemerkst es auf eine distanzierte Weise. Wenn du dich jedoch entschließt, ein aktiver Teilnehmer bzw. eine aktive Teilnehmerin des Geschehens zu sein, wirst du die Emotionen direkt spüren und die Ereignisse aus deiner Erinnerung an vergangene Leben unmittelbar wieder erleben. Deine Bewusstheit wird in diesem Fall vollständig von den Szenen absorbiert, von allem, was du fühlst, und von allem, was geschieht. Du wirst mit Herz, Geist und Seele präsent sein.

Wenn du dich entscheidest, sowohl aktiv teilzunehmen als auch gleichzeitig als neutraler Beobachter zu fungieren, wird deine Bewusstheit über den Ereignissen der vergangenen Leben sein, während du zugleich deine aktive Anteilnahme empfindest. Du wirst alles bewusst wahrnehmen, was dein

Verständnis für die Vorgänge vertiefen wird. Indes siehst du auch über das hinaus, was du fühlst und erfährst. Du erlangst einen Überblick bzw. ein Gesamtbild dessen, was vor sich geht und warum es so geschieht. Du verstehst die Gründe, warum ein Ereignis passierte und warum du dich damals auf eine bestimmte Weise verhalten hast, und betrachtest dies mit den Augen und dem Bewusstsein deines höheren Selbst. Diese Erkenntnis vermittelt dir ein umfassendes Verständnis für die Vorgänge – wie und warum sie passiert sind –, wie auch für die Gründe und den Sinn deiner früheren Handlungen und Reaktionen.

Nachtrag: Frühere und jetzige Bestimmungen

Diese drei Perspektiven, aus denen man Dinge betrachten kann, kannst du auch in deinem täglichen Leben anwenden; sie werden dir in vielerlei Hinsicht nützlich sein. Die Art und Weise, wie du deine vergangenen Leben erfährst, kann dir auch als Leitlinie dafür dienen, wie du dein jetziges Leben betrachtest, wie du einen guten Überblick darüber gewinnst und wie du klarere Entscheidungen treffen kannst.

Öffne deine Wahrnehmung und erforsche deine Intuition und dein inneres Wissen mit diesen drei Perspektiven. Du kannst Situationen aus deinem aktuellen Leben genau einordnen und verstehen, indem du dir einen Überblick verschaffst, genau wie du es tust, wenn du deine früheren Leben erforschst. Du kannst geistige Reisen auch in deine gegenwärtigen Erlebnisse unternehmen, um neue Einsichten zu gewinnen und Probleme zu lösen, ob sie nun in diesem oder in einem vergangenen Leben ihren Ursprung haben. Das wird dir auch dabei helfen zu vermeiden, jetzt neues Karma anzusammeln, das sich dann in der Zukunft zeigen würde. Du kannst mit dieser Methode zur Ursache der akuten Alltagsprobleme vorstoßen und sie auf eine positive Art und Weise lösen. Indem du die Gegenwart heilst, heilst du gleichzeitig auch die Vergangenheit.

Wenn du ein Problem hast, öffne dich für einen meditativen geistigen Zustand und nimm zu deinem höheren Selbst Kontakt auf. Betrachte das Bild von einem höheren Standpunkt aus, um einen Überblick zu gewinnen, um zu erkennen, warum das Problem auftaucht. Lass dich auf das Problem ein, steh über dem Problem und schau dir genau an, was du entdeckst. Dann kannst du das Problem lösen und weißes Licht verwenden, um das Problem und deine Gefühle, die damit verbunden sind, zu heilen. Das Gleiche tust du dann auch in deiner Rückführung, und zwar immer dann, wenn dir klarwird, was dein Karma ist und auf welche Weise du es am besten ausgleichen und heilen kannst.

Was du wissen solltest, bevor du dich auf die Reise machst

Die früheren Leben, an die du dich erinnerst und die du wieder erfährst, sind jene, die für dein jetziges Leben am wichtigsten sind. Du wirst durch die Rückführung die Verbindungen und Zusammenhänge zwischen deiner Gegenwart und deiner Vergangenheit, und wie sie ineinander verwoben sind, erkennen. Deine Rückführung ist eine informative und erhellende Reise der Selbstentdeckung. Du wirst sehen, wer du früher einmal warst und wie die Ereignisse und Emotionen aus vergangenen Leben deine gegenwärtigen Lebensumstände, Beziehungen und Gefühle beeinflussen.

Es gibt bestimmte Dinge und wichtige Einzelheiten, nach denen du Ausschau halten solltest, da sie dich noch direkter in die Umstände und Szenerie des jeweiligen früheren Lebens versetzen und deine Erinnerungen an diese Vergangenheit deutlicher werden lassen. Wenn du zum ersten Mal in eine solche Erinnerung eintrittst, mache dich mit deiner Umgebung vertraut. Beobachte, was geschieht. Das wird dir helfen, dich zu orientieren und deine klare Ausrichtung zu finden, wenn du nun deine Reise beginnst. Achte darauf, ob du männlich oder weiblich bist, ein Kind oder eine erwachsene Person. Du kannst eine Vermutung über dein Alter anstellen. Berühre deine Kleidung und spüre ihre Beschaffenheit. Schau dir an, welche Art von Schuhen oder Fußbekleidung du trägst. Wenn du deine Füße ansiehst, wird dir der Weg, den du in deinem früheren Leben gegangen bist, symbolisch bewusst.

Nimm die Umgebung um dich herum wahr, um zu erkennen, wo du bist. Mache dir Geräusche und Gerüche bewusst. Schau dir die Landschaft an und beobachte, wie das Wetter ist. Diese Sinnesempfindungen bringen dich noch unmittelbarer in diese Szene hinein, lassen dich mehr Einzelheiten erkennen und könnten dir einen geographischen Hinweis geben. Sie helfen dir auch, dich an das Eintreten in Erinnerungen aus früheren Leben zu gewöhnen.

Blick dich um, ob noch jemand anderes da ist oder ob du alleine bist. Wenn es jemanden dort gibt, ruft er bzw. sie dich vielleicht bei deinem Namen. Bemerke, was du machst, wie du dich fühlst und welche Gedanken du hast. Achte auf alle weiteren visuellen und sensorischen Informationen, die du empfängst. Kümmere dich dabei jedoch nicht allzu sehr um Details wie Namen, Daten oder geographische Fakten. Wenn du dich gleich am Anfang auf diese Informationen konzentrierst, wäre es leicht möglich, dass du dich selbst aus deiner spürbaren und erfahrbaren Erinnerung an dieses frühere Leben herausziehst, weil du bewusst nach etwas suchst, anstatt dir vom Unterbewusstsein Eindrücke zukommen zu lassen. Du erhältst diese Informationen ganz natürlich im Verlauf der Rückführung, während sich das Geschehen weiter entfaltet.

Die ersten Schritte in dein früheres Leben sind unter Umständen langsam und zögerlich. Vielleicht tauchen etliche Bilder und Gefühle auf und verschwinden auch rasch wieder und wechseln sich mit anderen ab, bevor du dich ganz klar und deutlich auf ein Ereignis ausrichtest. Dieses Phänomen der kurzen und wechselhaften Eindrücke kann auch immer wieder mal während der Rückführung vorkommen. Fokussiere dich auf die ersten Dinge, die du siehst und die dir bewusst werden. Sie werden dich weiter in das vergangene Leben führen, das du erforschst. Alle Bilder und Gefühle sind wichtig und hängen zusammen. Sie können dir flüchtige Einblicke oder ein Gespür für die Ereignisse in deinem früheren Leben vermitteln, bevor sich eine größer zusammenhängende Erinnerung vollständig zeigt.

Wenn deine Eindrücke und Empfindungen anfangs etwas unscharf sind, mach dir darüber keine Sorgen. Sei einfach da. Akzeptiere, was du siehst und fühlst, so, wie es dir bewusst wird. Je mehr du dich darauf einlässt, das zu sehen und zu spüren, was um dich herum vorgeht – was mit dir geschieht, wie du dich dabei fühlst und dass du selbst aktiv am Geschehen teilnimmst –, desto deutlicher werden deine Bilder und Gefühle und du wirst noch mehr Informationen erhalten.

Wenn du die Bilder nicht deutlich siehst, erspüre sie einfach. Erlaube dir, Ereignisse aus früheren Leben wahrzunehmen, indem du sie erfühlst. Du wirst die gleiche Informationsmenge erhalten, wenn du Erfahrungen aus vergangenen Leben erfühlst, anstatt sie bildlich vor dir zu sehen. Entweder steckt dahinter eine Anlaufschwierigkeit, dich für die Erinnerungen an frühere Leben öffnen zu können, oder Fühlen ist für dich der richtige Schlüssel, um die Vergangenheit zu erfassen.

Konzentriere dich auf dein Fühlen. Spüre, welche anderen verwandten Gefühle in dein Bewusstsein treten. Du wirst unterscheiden können, ob das Gefühl ein Schlüssel ist, der dir die Tür zur Erfahrung eines früheren Lebens öffnet, oder ob es ein Gefühl ist, das du erst noch besser, klarer und vollständiger erfassen musst. Deine Gefühle spielen eine wesentliche Rolle bei der Navigierung deiner Reise durch vergangene Leben. Achte auf sie.

Denke daran, dass Zeit in deinem Gedächtnis keine Rolle spielt und keine Bedeutung besitzt, obwohl du oft Ereignisse in der richtigen Reihenfolge sehen und erleben wirst. Sei aber nicht überrascht, wenn sich die Bilder deiner Erinnerung nicht in einer linearen Zeit zeigen. Das kann passieren, weil die Energien bestimmter Ereignisse und Emotionen miteinander verbunden sind. Die Schwingungen der Bilder, die du siehst, werden jedoch in für deine Seele perfekter und stimmiger Ordnung sein. Sie tauchen in jener Ordnung auf, die mit dem Ereignis zusammenhängt, nicht unbedingt in der Reihenfolge, wie sie sich tatsächlich einmal abgespielt haben. Noch nicht einmal unbedingt in einer linearen Abfolge verschiedener Leben. Es kann sein, dass ihre Reihenfolge sich daran ausrichtet, wie du sie am besten aufnehmen und verarbeiten kannst.

Lass dich ganz auf den Strom deiner Erinnerungen ein und auf das, was du erfährst, wenn du in und durch deine vergangenen Leben reist. Oft werden Dinge erscheinen, die scheinbar nicht passen oder keinen Sinn ergeben. Bewerte nicht, stelle keine Vermutungen an und kämpfe auch nicht gegen das an, was dir bewusst wird. Diese Erinnerungen, Bilder und Gefühle werden dir aus einem ganz bestimmten Grund gezeigt und zu einem Zweck, der sich noch in vollkommener Harmonie zeigen wird.

Wenn du tiefer in deine Erinnerungen an frühere Leben einsteigst, können die Bilder oder Szenen ihren Zusammenhang verlieren oder so aussehen, als ob sie nichts miteinander zu tun hätten. Das kann aus verschiedenen Gründen auftreten. Dein Unterbewusstsein springt vielleicht etwas hin und her, um dir die Erinnerung an ein früheres Leben zu zeigen, die jetzt wichtig für dich ist. Oder du lehnst etwas ab und konzentrierst dich nicht auf das, was dir gezeigt wird, weil du meinst, es sei unwichtig, und weil du seine Bedeutung noch nicht verstehst.

Das passiert meist dann, wenn man sich von einem Ereignis, das mit einer zentralen Erfahrung zu tun hat und sich in einem bestimmten Leben abspielt, zu einem anderen Ereignis in einem anderen Leben bewegt, das ebenfalls damit zu tun hat. Das sind dann Angelpunkte, die sich auf ein Schlüsselerlebnis oder ein zentrales Gefühl beziehen. Diese Angelpunkte halten deinen Fokus auf die wichtigste Erfahrung bzw. die wesentliche Emotion ausgerichtet. Sie sind wie ein Energiefaden, der so verwoben ist, dass er alle verwandten Aspekte eines früheren Lebens mit seinen Ereignissen oder Emotionen verbindet. Von einem solchen Angelpunkt aus kannst du dich in jede beliebige Richtung wenden, um alle Aspekte der zentralen Erfahrung weiter zu erforschen.

Wenn dich das ein bisschen irritiert, versuche nicht, bewusst zu verstehen, was du erlebst, oder dir einen Reim darauf zu machen, indem du nach offensichtlichen Zusammenhängen suchst. Das wird dich eher aus deiner Erinnerung herausziehen, weil du versuchst, die Erfahrungen bewusst zu analysieren. Nimm das, was dir bewusst wird, so an, wie es sich dir zeigt, und vertraue darauf, dass sich die Zusammenhänge klären, wenn die Zeit dafür reif ist. Manchmal klären sich diese Verbindungen, wenn du weitere Ereignisse aus früheren Leben erfährst, aber es kann auch vorkommen, dass du erst nach dem Ende der Rückführung, also wenn du Zeit gehabt hast, die Informationen aus der Sitzung zu verarbeiten, verstehst, worum es ging.

Indem du die Angelpunkte benutzt, um durch die miteinander zusammenhängenden Ereignisse in einer oder mehreren Lebzeiten zu reisen, wirst du die ineinander verknüpften Energien wahrnehmen. Diese Energien können sich als Lichtfäden oder Lichtstränge zeigen, aber meistens erlebst du sie eher durch das Gefühl, etwas klar zu wissen und zu erkennen. Du kannst zusammenhängende Ereignisse aus deiner Vergangenheit in Beziehung zu deinen jetzigen Erfahrungen setzen, um zu erkennen, wie sie miteinander zu tun haben und sich gegenseitig beeinflussen, indem du dich voll und ganz auf deine Gefühle einstimmst.

Du wirst die wichtigen Szenen und Situationen sehen und die Gefühle spüren, die du in vergangenen Leben hattest. Du wirst ihre Verbindung und ihre wechselseitigen Einflüsse zu Begebenheiten und Erfahrungen in anderen Leben erkennen und wie sich das alles auf dein heutiges Leben auswirkt. Diese Erkenntnisse gewinnst du entweder während deiner Rückführung, weil dir dein höheres Selbst die Zusammenhänge erklärt, oder nach der Rückführung, wenn du in deinem spirituellen Heiligtum eine Zeit der Besinnung verbringst. Es kann auch sein, dass dir die Verbindungen später in Träumen und in Meditationserfahrungen klarwerden, die du nach der Rückführung erlebst. Oder die Energien werden in einer aktuellen Situation in deinem jetzigen Leben offengelegt, wenn eine Situation in deiner Gegenwart plötzlich eindeutig mit einem Ereignis aus einem früheren Leben verbunden ist.

Wenn du in einer Erinnerung feststeckst oder zögerst, obwohl du vorangehen möchtest, frag dein höheres Selbst, warum du dort bist und was du aus diesem speziellen Geschehen lernen sollst. Halte dich noch ein wenig in der betreffenden Situation auf, um zu sehen, was auf dich zukommt. Wenn du keinerlei Informationen erhältst, bitte darum, zu einem anderen Ereignis in jenem Leben oder in einem anderen geführt zu werden, das für dich von Bedeutung ist. Bereits dieser Gedanke wird dich vorwärtsbewegen.

Wenn du ein bisschen umherirrst oder eine deutlichere Ausrichtung brauchst, stell deinem höheren Selbst Fragen wie z. B.: Wo bin ich jetzt? Warum bin ich hier? Was mache ich hier? Warum tue ich das? Was ist der Sinn dahinter, dass ich hier bin? Worin liegt die Bedeutung dieser Situation? Was ist der Grund für meine Erfahrung? Warum wird mir dieses Ereignis, dieses Gefühl oder diese Erfahrung bewusst?

Stelle noch weitere wichtige Fragen. Sei behutsam und einfühlsam bei der Suche nach Antworten, fordere nichts. Diese Fragen und die Antworten darauf helfen dir, dich auf das zu fokussieren, was passiert. Sie helfen dir auch, dich im Rahmen deiner Erinnerungen an ein früheres Leben klar zu orientieren und die meisten Informationen und ein tiefes Verständnis über das betreffende Ereignis zu gewinnen.

Halte dich während deiner Rückführung immer an das, was du erlebst und fühlst. Folge dem Fluss deiner Erinnerung und der Führung deines höheren Selbst. Höre auf deine Gedanken und Gefühle. Dein höheres Selbst spricht mit dir und bietet dir jede Information, die du möchtest oder brauchst. Erfasse die Bilder deiner Erinnerung an ein früheres Leben mit allen Sinnen. Öffne dich für deine Gefühle. Erforsche und erfahre alles, was dir ins Bewusstsein tritt. Alles, was du in deiner Rückführung innerlich siehst und spürst, ist von Bedeutung.

Es gibt während deiner Rückführung keinen Grund zur Eile. Die Zeit spielt in deiner Erinnerung keine Rolle, also nimm dir deine eigene Zeit, um jeden Gedanken, jedes Bild und Gefühl ganz und gar zu erleben, wenn sie dir begegnen. Nimm dir auch genügend Zeit, um deinem höheren Selbst Fragen über die Ereignisse in der Rückführung und deren Bedeutung für dein gegenwärtiges Leben zu stellen. Nimm dir die Zeit, die du brauchst.

In deinen früheren Leben stößt du auf glückliche und angenehme Erinnerungen und auch auf solche, die nicht so schön sind. Du hast vielleicht einige schlimme Dinge getan oder Erfahrungen gemacht, die leidvoll und traumatisch waren. Emotionen, die aus diesen Ereignissen stammen, wirken unter Umständen auch jetzt noch auf dich ein. Überspringe sie nicht, sondern lass dich auf sie ein. Respektiere dabei jedoch auch dein Gefühl, das dir sagt, wie weit du in solche Bilder einsteigen willst. Manchmal ist es nützlich, die Erinnerung nachzuerleben und die Gefühle von damals wieder vollständig zu spüren, damit du erkennst, was geschehen war und warum und wie du es heilen kannst.

Falls du irgendetwas Leidvollem begegnest, auf das du dich dennoch emotional lieber nicht einlassen möchtest, umgib dich einfach mit weißem Licht. Rufe danach, und das weiße Licht wird dich und die Situation, um die es geht, sofort umhüllen. Erinnere dich auch daran, dass du die Erfahrungen in deiner Rückführung aus unterschiedlichen Perspektiven betrachten und erleben kannst. Du kannst im Geschehen selbst, über der Szene oder ganz entfernt von ihr sein und trotzdem alles wahrnehmen, was passiert.

Wenn dein Geist leer wird oder du einfach nichts mehr siehst, bist du vielleicht gerade dabei, in etwas hineinzustolpern, wofür du noch nicht ganz bereit bist. Das geschieht oft im

Zusammenhang mit sehr schmerzlichen Erfahrungen. Deine Furcht wird dich von der Erinnerung trennen. Lass die Angst nicht Oberhand gewinnen. Frage dein höheres Selbst, was du tun sollst, um das betreffende Ereignis deutlich wahrzunehmen, oder bitte darum, dir die Furcht und die Gründe dafür zu erklären, warum du dieses Ereignis oder diese Emotionen nicht ganz erkennen kannst. Aber dränge nicht. Wenn du nicht genau weißt, was die Angst oder den Blackout hervorruft, dann gibt es sicher einen guten Grund dafür, den du zu einem späteren Zeitpunkt verstehen wirst – nach der Rückführung, wenn du noch einmal darüber nachdenkst oder in einem Traum.

Falls du versuchst, die Angst vor der Erinnerung mit Macht zu überwinden und das Trauma aus einem früheren Leben zu sehen, bevor du wirklich bereit bist, es anzunehmen und zu verstehen, wirst du dich aus deiner Rückführung herauskatapultieren. Umgib dich einfach mit weißem Licht und geh weiter. Möglicherweise wird dir dann ein Erlebnis aus deiner Vergangenheit bewusst, das die Angst erklärt. Vielleicht gelangst du auch zu einem anderen wichtigen Ereignis, das nichts mit dem Schmerz oder dem Trauma zu tun hat.

Solltest du irgendwelche gegenwärtigen physischen Schmerzen oder ein Unwohlsein fühlen, dann löse dich emotional aus der betreffenden vergangenen Szene und umgib dich mit weißem Licht. Dann kannst du bei der Erinnerung bleiben, ohne Leid oder Unwohlsein zu spüren. Wenn du dich dann noch immer unwohl fühlst, atme einige Augenblicke bewusst ein und aus und sei ganz im Hier und Jetzt, oder gehe in dein spirituelles Heiligtum, um dich neu auszurichten. Oder führe eine Heilung des Geschehens aus dem früheren Leben und der damit verbundenen Gefühle mit dem weißen Licht durch. Dann kehre zur Szene zurück und beobachte auf eine distanzierte Weise, was mit der Person, die du einmal warst, weiter geschieht. Erlaube dir, die Umstände zu verstehen.

Die Todesszene zu erleben kann für viele Menschen eine sehr traumatische Erfahrung darstellen – entweder weil sie früher einmal einen gewaltsamen Tod erlitten haben oder weil sie sich davor fürchten, den physischen Körper loszulassen. Die meisten Menschen haben Angst vor dem Tod, und diese Angst überträgt sich auf die Todesszene im vergangenen Leben. Unsere Emotionen sind sehr mächtig. Falls du irgendeine Furcht oder Beklemmung empfindest, wenn du dem Tod in einem früheren Leben näherkommst, umhülle dich mit weißem Licht. Deine Seele ist unsterblich und überdauert die Zeiten. Nur der physische Körper stirbt – deine Seele überlebt.

Manche Menschen können sich, wenn sie in einer Rückführung ihren Tod in einem früheren Leben mitansehen, gar nicht vorstellen, dass sie gestorben sind. Sie wollen dann nahe bei ihrem physischen Körper bleiben, in dem sie bis dahin gelebt haben, weil sie sich ihm noch sehr verbunden fühlen und sich mit ihm identifizieren. Falls du irgendein Zögern spürst, wenn dein Geist den früheren Körper verlässt, dann nimm dir die Zeit, die für dich stimmig ist, um dieses Erlebnis ganz zu erfahren. Einige wenige Leute möchten noch etwas länger verweilen, um zu sehen, wie sich ihre Freunde und geliebte Menschen verhielten, als sie starben, und schweben über ihrem Begräbnis. Andere wollen ihren Angehörigen und lieben Menschen aus dem damaligen Leben nahe bleiben und sträuben sich, sie zu verlassen. Das geschieht oft vor allem dann, wenn man kleine Kinder zurücklässt.

Die meisten Menschen lassen den Körper, der ihrer Seele in einem früheren Leben ein Zuhause gegeben hat, aber ganz leicht zurück. Manche erleben, dass sie in ein wunderschönes, strahlendes weißes Licht gehen und durch einen Tunnel reisen oder über eine Brücke schreiten, wenn sie auf die andere Seite gehen. Andere spüren nur, dass ihre Seele den physischen Körper wie durch einen tiefen Seufzer beim Ausatmen verlässt. Die Wiedergeburt in die spirituelle Essenz ist ein wunderbares, herrliches Gefühl des »Nachhausekommens«, das von Freude und Glück begleitet wird. Meistens geht ein tiefes Gespür von Erleichterung damit einher, dass man endlich alles Irdische hinter sich lassen kann, vor allem dann, wenn der physische Körper alt oder gebrechlich war.

Wenn der Körper einmal losgelassen wurde, dann geht deine Seele in das Zwischenleben ein, das wie ein geistiger Zustand oder ein Ort reinen spirituellen Bewusstseins ist, wo du einen Rückblick über die vergangenen Leben erhältst, die dir in deiner Rückführung bewusst geworden sind. Du gewinnst dort ein klares Verständnis aller Ereignisse, die geschehen sind. Du wirst wissen, wie und warum sie passiert sind, wie und warum du auf sie in der Weise reagiert hast, wie du es damals getan hast. Und dir wird bewusst, welchen Sinn und Zweck deine Seele in jenem Leben angestrebt hat. Das ist so ähnlich wie der Vorgang, wenn dir dein höheres Selbst etwas während deiner Rückführung erklärt. Manche Menschen treten, nachdem sie ihren früheren Körper hinter sich gelassen haben, in einen wunderschönen Garten des Friedens und der Harmonie ein, um ihrer Seele eine Ruhepause zu gönnen, bevor sie ihren Lebensrückblick erfahren. (In Kapitel 16 wird das Zwischenleben noch genauer behandelt.)

Das Wichtigste für deine Rückführung ist, dass du alles, was du siehst und fühlst, und alles, was dein höheres Selbst dir zeigt, vollständig erkundest und erfährst. Während du dich an dein früheres Leben erinnerst und es erneut erlebst, wird dich dein höheres Selbst zu all den Ereignissen führen und dir all das zeigen, was für dich wesentlich ist. Es erklärt dir genau, was du erfährst, und vermittelt dir ein umfassendes Verständnis dafür, wie die Geschehnisse und Gefühle von damals mit deinem jetzigen Leben zu tun haben und warum sie dir jetzt bewusst werden. Dein höheres Selbst wird dir zeigen, wie du dein Karma aus vergangenen Leben ausgleichen und die damaligen Erfahrungen heilen und segnen kannst.

Nimm dir Zeit und gehe langsam auf deiner Reise in frühere Leben voran. Halte inne, wenn du den Wunsch danach spürst, und immer dann, wenn es sich richtig anfühlt, dass du ein paar Augenblicke pausierst, um das, was dir in den Sinn gekommen ist, vollständig zu erkunden. Lass dir von deinem höheren Selbst alles ganz genau erklären oder halte zwischendurch einfach an, um durchzuatmen und dich neu auszurichten.

14. Reisetipps

Wenn du dich an Szenen aus deinen früheren Leben erinnerst und die Ereignisse darin siehst und verfolgst, dann kommt es zu dem, was man »rapid eye movement« oder REM nennt. Das sind sehr schnelle Augenbewegungen, die entstehen, wenn man das geistige Auge benutzt, um Szenen mitzuerleben. Das ist dem gleichnamigen Phänomen sehr ähnlich, das in Träumen auftritt oder bei meditativen Visualisierungen, wenn man Bilder vor dem geistigen Auge sieht. REM ist ein natürlicher Aspekt von Rückführungen.

REM tritt nicht nur auf, wenn man Ereignisse aus früheren Leben ansieht, sondern diese schnellen Augenbewegungen können dir auch helfen, deine Rückführung zu leiten. Es gibt einige kleine Tricks, die du anwenden kannst, um entweder in der Zeit rückwärts, also in die Vergangenheit, oder vorwärts, und damit in die Zukunft, zu gehen. Diese Tricks erweitern auch deine Bewusstheit, helfen dir, sehr rasch aus der Zeitreise wieder in die Gegenwart zu gelangen, wenn das nötig sein sollte, und auch wieder in eine Rückführung einzusteigen, wenn du durch irgendeine Störung herausgebracht wurdest.

Wenn du rückwärts in der Zeit in der Vergangenheit kommen willst, bewege deine Augen nach links. Das ist auch hilfreich, wenn du zu einem vorherigen Ereignis zurückkehren möchtest, das du schon erlebt hast, aber nun näher erforschen willst, um mehr Informationen zu bekommen.

Wenn du in einer Erinnerung zeitlich vorwärts gehen oder in eine chronologisch spätere Erinnerung reisen möchtest, dann bewege deine Augen nach rechts.

Wenn du tiefer in eine Erinnerung eindringen willst, rolle deine Augen nach oben, als ob du deine Stirn ansehen wolltest. Das wird deine Entspannung vertiefen und deine unterbewusste Wahrnehmungsfähigkeit erhöhen. Wenn du die Augen nach oben rollst, hilft dir das auch, in der jeweiligen Erinnerung an ein früheres Leben zu bleiben, falls du gestört wirst oder dich abgelenkt fühlst, und du kannst mit dieser Augenbewegung auch leichter wieder dorthin zurückkehren. Es kann sein, je nach Umgebung, in der du während deiner Reisen in vergangene Leben bist, dass du Außengeräusche hörst – Verkehr, Nachbarn oder einen Hund, der bellt. Das soll dich nicht ablenken und aus deiner Erinnerung herausreißen. Sag zu dir selbst, bevor du mit der Rückführung beginnst, dass jedes Außengeräusch, das du hörst, dir helfen wird, dich tiefer in deine Erinnerung einzulassen. Manchmal verschmilzt ein Außengeräusch mit etwas, was du in der Rückführung gerade erlebst, oder hilft dir, dich auf etwas Ähnliches in deiner Erinnerung zu fokussieren. Wenn du dich von Geräuschen gestört fühlst, dann atme einfach durch sie hindurch und bleibe ruhig. Bleibe bei deiner Erinnerung, bis das Geräusch vorbei ist.

Während einer Rückführung gibt es manchmal Zeiten, in denen du sofort mit voller Bewusstheit in die Gegenwart zurückkommen möchtest oder musst. Wenn du während deiner Reise in frühere Leben vom Klingeln eines Telefons unterbrochen wirst, weil jemand an der Tür klopft oder aus einem anderen Grund, dann bewege deine Augenlider einige Sekunden lang sehr schnell hin und her, bevor du die Augen aufmachst. Auf diese Weise kannst du dich wieder mit voller Aufmerksamkeit auf die Gegenwart ausrichten. Man vermeidet mit dieser Methode einen abrupten Ruck durch eine rapide Veränderung der Gehirnwellenfrequenzen. Vielmehr entsteht dadurch ein weicher Übergang von deinem Unterbewusstsein in das Alltagsbewusstsein. Du wirst dich so auch an mehr von dem erinnern, was du erfahren hast, und nicht das meiste verlieren, was sonst der Fall wäre, wenn die Energien abrupt verändert werden. Zudem möchtest du ja wach und klar im Kopf zurückkommen, nicht benebelt und benommen. Wenn du einfach so ohne Vorbereitung deine Augen öffnest, wird deine Aufmerksamkeit sehr schnell aus der Vergangenheit in die Gegenwart reisen. Das kann zu einer kurzen, vorübergehenden Desorientierung führen, wie beim zu schnellen Aufwachen aus dem Schlaf.

Es gibt noch einige andere Möglichkeiten, um sofort mit voller Aufmerksamkeit und gleichzeitig sanftem Übergang aus der Rückführung in das Alltagsbewusstsein zurückzukehren, wenn das nötig ist. Eine ist, sich bei der raschen Rückkehr in die Gegenwart voll und ganz in weißes Licht einzuhüllen. Rufe das weiße Licht einfach herbei, und es wird da sein. Eine andere Methode ist, dein höheres Selbst zu bitten, die Vergangenheit umgehend mit der Gegenwart zu verschmelzen. Du kannst zu jedem Zeitpunkt während deiner Rückführung dein höheres Selbst beauftragen, deine Energien zu umfassen und dich in die Gegenwart zurückzubringen und dabei deine vollständige Bewusstheit über die Vergangenheit zu bewahren.

Um dorthin zurückzukehren, wo du auf deiner Reise in ein früheres Leben warst, als du unterbrochen wurdest, kannst du eine Markierung in deinem vergangenen Leben hinterlassen. Wenn du dann die Rückführung fortsetzt, wirst du genau zu dieser Szene oder Situation gelangen, als ob du gar nicht unterbrochen worden wärst, und dort weitermachen. Um eine Markierung zu erzeugen, konzentriere dich auf ein Bild in der Szenerie oder auf ein Gefühl des betreffenden Ereignisses. Präge dir dieses Bild bzw. Gefühl geistig ein. Wenn du bereit bist, die Rückführung fortzusetzen, atme einfach einige Male tiefer ein und aus, rolle deine Augen nach oben, umgib dich mit weißem Licht und stelle dir das Bild oder Gefühl wieder vor bzw. rufe es dir in Erinnerung.

Es gibt einige Körperempfindungen, die du unter Umständen während der Rückführung erlebst. Dazu gehören vermehrter Speichelfluss und das Bedürfnis, öfter zu schlucken. Das ist ganz natürlich und entsteht, weil du dich gut und tief entspannst. Deine Atmung kann sich verlangsamen und vertiefen, was so ähnlich ist, wie wenn du nachts sanft einschläfst. Vielleicht magst du eine leichte Decke zur Hand haben, falls dir etwas kühl wird, da sich die Körpertemperatur ein wenig senken kann, was durch die Entspannung ganz natürlich geschieht. Um ein etwas heikles Thema anzusprechen: Du kannst dich körperlich nicht richtig entspannen und dein Unterbewusstsein nicht voll öffnen, wenn du auf die Toilette gehen musst. Es wäre also sinnvoll, das vorher zu erledigen.

Wenn du in frühere Leben reist, wirst du vermutlich – in einem wahrscheinlich höheren Maße – gleiche physische Reaktionen erleben, die du bereits während der Regenbogen- und Entspannungsmeditationen erfahren hast. Vielleicht spürst du eine angenehme Wärme, oder dir ist etwas kühl. Dein Körper fühlt sich schwer an, vielleicht als ob er sich ausdehnen würde, oder auch sehr leicht. Du erlebst möglicherweise auch ein Gefühl des Schwebens oder Fliegens.

Wenn du weiter in die Vergangenheit zurückreist, fühlst du dich unter Umständen so, als ob du dich durch verschiedene Formen bewegen würdest, wie z.B. durch einen Tunnel in Regenbogenfarben und gedämpftem Licht. Oder du siehst verschwommene Bilder, die vor- und zurückflitzen, und hörst angenehme Klänge, die an dir vorbeisausen. Vielleicht fühlst du dich, als ob du durch weiche, aufgebauschte Wolken oder einen leuchtenden Nebel gehen würdest. Oder du hörst schöne Töne einer harmonischen Musik, zartes Klingeln von Glöckchen oder Klänge wie von sanft bewegten Windspielen. Das alles kommt vor, weil du durch die Zeit reist und immer mehr Zugang zu den sich weiter verstärkenden Schwingungen der universellen Energie erlangst.

Dein Körper fühlt sich womöglich so an, als ob er vor Energie vibrieren würde. Es kann sein, dass du ein Summen hörst oder eine surrende Energie rund um deinen Körper spürst. Oder du fühlst dich, als ob dein Körper sanft von sprudelnden Energiebläschen gepiekst würde. Vielleicht hörst du auch den Wind in deinen Ohren rauschen und fühlst, wie er sich rings um dich herum bewegt und bläst, während du durch die Zeit reist. Du fühlst dich, als ob du in einem wirbelnden Strudel von Energie wärst. Das passiert, wenn du in höhere Ebenen des spirituellen Bewusstseins eintrittst und deine Energien mit den Schwingungen deines Astralkörpers synchronisierst. Du kannst auch eine Astralprojektion in deine früheren Leben erleben – eine ziemlich normale Begebenheit, wenn du deine Bewusstseinsebene und deine Energiefrequenz erhöhst.

Der Unterschied zwischen geistigen Reisen und Astralprojektionen in Erinnerungen an frühere Leben ist dieser: Wenn du eine Astralprojektion machst, setzt du mehr von deiner Seelenenergie und Essenz für die Szenen ein, die du erneut erlebst, und hast dich tiefer darauf eingelassen. Deine Seele ist dann tatsächlich dort. Wenn du dich dagegen auf eine geistige Reise begibst, dann befindet sich dein Unterbewusstsein in den Erinnerungen an vergangene Leben, und du erforschst sie eher auf einer physischen statt auf einer spirituellen Ebene.

Die Anblicke, Klänge, Gefühle und Bilder, die dir bewusst werden – die verschwommenen Lichter, die gedämpften Geräusche und die Energieschwingungen –, können jederzeit während der Rückführung auftreten, weil du durch die Frequenzen von Zeit und Energie reist. Alle diese Gefühle sind normal und natürlich. Es kann sein, dass du keins von diesen Dingen erlebst oder einige oder alle, in unterschiedlichem Maß. Es kann auch sein, dass du noch etwas ganz anderes erlebst, das hier gar nicht erwähnt wird. Denke daran, dass solche Empfindungen immer erfreulich und angenehm für dich sein werden und die Reise durch die Zeiten und Energien spannender machen.

Wenn du in deine jetzigen physischen Energien zurückkehrst, fühlt sich das unter Umständen so an, als ob du durch Schichten von Energie gehen würdest, und wenn du in die Gegenwart kommst, fühlen sich diese Schichten vielleicht schwerer oder dichter an. Das ist so, weil sowohl Zeit als auch irdische Energie mit einer langsameren Frequenz schwingen als spirituelle Energie. Du erlebst also möglicherweise genau auf umgekehrte Weise, was du in einer spirituellen geistigen Verfassung erfahren hast, als du in die Erinnerungen an deine früheren Leben gereist bist. Wenn du in das jetzige Leben zurückkommst, tauschst du spirituelle Energien gegen physische ein.

Wenn du aus der Vergangenheit in die Gegenwart zurückkehrst, halte eine Weile in deinem spirituellen Heiligtum inne, um darüber nachzudenken, was du erlebt hast, und um die Ereignisse und Emotionen, die dir während der Rückführung bewusst geworden sind, besser zu verstehen. Vielleicht möchtest du dort eine Zeitlang ausruhen, um dich zu erfrischen und wieder zu sammeln, wenn deine Reise ein wenig traumatisch war, oder um die Informationen, die du erhalten hast, in dein Alltagsbewusstsein zu integrieren. Du kannst dein höheres Selbst bitten, in deinem Heiligtum das gesamte Karma auszugleichen und zu heilen, das noch nicht während der

Rückführung selbst geheilt wurde, und darum, die Erfahrungen zu segnen und sie dann loszulassen.

Nimm dir bei der Rückkehr durch die Regenbogenfarben in umgekehrter Reihenfolge Zeit und bewege dich langsam aus der Vergangenheit in die Gegenwart. Erspüre die unterschiedlichen Energieschwingungen, während du ganz in das Hier und Heute reist. Nimm dir auch Zeit, um deine Energien wieder ganz auf die Gegenwart einzuschwingen, auf die Person, die du jetzt bist. Wenn du dich gemächlich von der Vergangenheit in die Gegenwart begibst, hilft dir das, dich an alles zu erinnern, was du während der Rückführung erlebt hast, und es bewusst aufzubewahren.

Schlüssel und Signale

Während der Rückführung werden dir möglicherweise Symbole oder Bilder bewusst, die etwas repräsentieren, das du verstehen musst, bevor die Erinnerung auftaucht. Das sind unter Umständen Hinweise, denen du in deiner Rückführung folgen solltest. Vielleicht sind dir einige dieser Symbole oder Bilder bereits bewusst geworden, als du die Prägungen deiner Seele im dritten Kapitel untersucht hast. Dieselben Eindrücke aus früheren Leben können während deiner Rückführung erscheinen, als Auslöser oder Schlüssel, um deine Erinnerung ganz zu öffnen.

Zwar haben das nur sehr wenige meiner Klienten während einer Rückführung erlebt, aber da es doch hin und wieder vorkommt, ist es sinnvoll zu wissen, wie man am besten damit umgeht. Die Symbole und Bilder, die dir bewusst werden, sind so ähnlich wie die Symbole und Bilder, die du manchmal in deinen Träumen siehst, in Meditationen oder in Tagträumereien. Dein Unterbewusstsein bietet dir diese mentalen Bilder an, damit du etwas verstehst, was es dir sagen und zeigen möchte, was es aber nicht in Worte oder durch Gefühle ausdrücken kann.

Dein Unterbewusstsein spricht in Symbolen und Bildern und übersetzt dabei Worte in symbolische Bilder. Es tut sein Bestes, damit du die Bilder, die du geistig wahrnimmst, mit einem Wort verknüpfen kannst und so die spirituellen Symbole und Bilder, die in deiner Rückführung auftauchen, verstehst. Du sollst sie als Hinweise und Zeichen benutzen, die dir den Zugang erschließen, damit du das, was du wirklich siehst und was deine Seele zu dir sagt, auch begreifst.

Es kann auch vorkommen, dass dir Symbole bewusst werden, die etwas repräsentieren, das du noch nicht bereit bist zu sehen und zu erfahren. Das Symbol verbirgt etwas, was in deiner Erinnerung ist. Sobald du die Bedeutung des Symbols verstanden hast, kannst du dich möglicherweise für die betreffende Erinnerung aus einem früheren Leben öffnen, oder du musst noch länger darüber nachdenken, bis sich diese Erinnerung schließlich zeigt. Diese Symbole sind entweder Schlüssel oder Torhüter, die den Weg zu früheren Leben öffnen oder die entsprechende Erinnerung vor dir verschlossen halten, bis du bereit bist, sie anzunehmen, sie zu verstehen und weiter zu erkunden.

Du kannst die Signale und Schlüssel zu den Erinnerungen an dein früheres Leben entdecken, indem du erfasst, was die Symbole und Bilder für dich repräsentieren. Das ähnelt dem Entziffern von Traumsymbolen, allerdings mit einer großen Ausnahme. Wenn du versuchst, nächtliche Träume nachträglich zu interpretieren, bist du auf der Ebene des Alltagsbewusstseins. Das behindert die Deutung, weil du die Symbole auf einer Ebene des Unterbewusstseins erhalten hast. Wenn du versuchst zu interpretieren, was sie bedeuten, tust du das auf einer anderen geistigen Ebene als jener, auf der sie dir gegeben wurden. Unterbewusste Bilder lassen sich nicht leicht in bewusste Bilder übersetzen. Wenn du jedoch Bilder und Symbole während deiner Rückführung wahrnimmst, dann bist du bereits in deinem Unterbewusstsein und kannst deshalb die Schlüssel und Signale viel leichter deuten und verstehen.

Eine einfache Möglichkeit, um zu verstehen, was das Symbol oder Bild in einem vergangenen Leben repräsentiert, besteht darin, dein höheres Selbst zu befragen, was es für dich auf einer Gefühlsebene bedeutet. Dein höheres Selbst kann dir sagen, was die spirituelle Symbolik ist und was es im Rahmen des geistigen Gesamtbildes bedeutet, das du für dich gestaltest. Erinnere dich daran, dass du während deiner Rückführung auf deine spirituelle Wahrnehmung eingestimmt bist und dass du völlig freien Zugang zu deinem inneren Wissen hast.

Es folgen nun einige Beispiele, wie man die Symbole und Bilder verstehen und den Schlüsseln und Signalen in einer Rückführung folgen kann.

Als sich eine meiner Klientinnen zum ersten Mal in ihre Erinnerung an ein früheres Leben einließ, sah sie ein hohes weißes Gebäude. Rund herum neben dem gleißenden weißen Haus standen keine weiteren Gebäude, deshalb schlug ich ihr vor, in dieses weiße Haus hineinzugehen. Sie sagte, dass dort keinerlei Türen seien. Ich stellte die Frage, ob das Gebäude vielleicht rein symbolisch sei und ob sie nicht selbst eine Tür machen wolle, damit sie in dieses Haus hineingehen und dort ihre früheren Leben finden könne.

Sie kämpfte damit, eine Tür zu erzeugen, hatte aber keinen Erfolg dabei. Als sie um das Gebäude herumging, entdeckte sie ein Fenster auf der anderen Seite, das jedoch geschlossen und verriegelt war. Sie sagte, dass sich das Sonnenlicht so am Fenster spiegelte, dass daraus ein Muster wie von Bäumen entstand. Ich fragte sie, was ihr die Bäume bedeuteten. Sie erzählte, dass sie als junges wildes Mädchen auf Bäume geklettert war, um sich vor den Rowdys in der Nachbarschaft zu verstecken.

Sie erkannte, dass sie Angst vor dem hatte, was sie in ihren früheren Leben entdecken würde. Sie suchte nach Bäumen, auf die sie sich in Sicherheit bringen könnte, falls etwas aus ihrer Erinnerung an vergangene Leben versuchen sollte, sie zu überwältigen. Ich schlug ihr vor, sie solle sich vorstellen, dass das Gebäude ein wirklich hoher Baum mit vielen Ästen sei, auf die sie würde klettern können. Ich erwähnte, dass sie, als sie das strahlend weiße Gebäude sah und auch bemerkte, wie sich das Sonnenlicht im Fenster spiegelte, ihre Erinnerungen an frühere Leben bereits mit weißem Licht umhüllt hatte. Ihr geistiges Bild verwandelte sich in einen Baum aus Licht, und sie konnte ihre Rückführung fortsetzen.

Manchmal fällt es leicht, die Symbolik zu deuten. Dein Unterbewusstsein wird dir das, was offensichtlich ist, auch deutlich zeigen. Ein anderer Klient hatte Probleme damit, die Szene im Fokus zu halten, die er erlebte, während er gleichzeitig darum bemüht war, sein Karma auszugleichen. Die Bilder der Szene wechselten von Grau zu Schwarz und Weiß hin und her und zeigten sich plötzlich in allen Farben. Wenn er sie in Grau sah, schwankten die Bilder der Szene und gingen ineinander über. Wenn er sie in Schwarz und Weiß sah, war die Szene völlig unbewegt, und nichts passierte. Wenn er sie in Farben sah, bewegte sich die Szenerie fast zu schnell, um sie überhaupt noch wahrzunehmen.

Ich überlegte mit ihm, ob er vielleicht unentschieden war, ob er sein Karma überhaupt ausgleichen wollte, denn jedes Mal, wenn er seine Gefühle aus früheren Leben mit denen in seinem jetzigen Leben versöhnen wollte, veränderten sich die Bilder von Schwarz und Weiß zu Farben und dann in schwankende graue Schatten. Es sah so aus, als ob er eine klare Trennung von seinem Karma anstrebte, um es schwarzweiß zu sehen, aber so funktioniert Karma nicht. Karma hat Übergänge von Schwarz zu Weiß und ist meistens sozusagen grau schattiert. Karmische Fäden sind in all unsere Erfahrungen eingewoben. Es gibt keine Möglichkeit, den Faden klar abzuschneiden. Sobald er akzeptiert hatte, dass es keine eindeutige Trennung zwischen dem gab, was er in der Vergangenheit getan hatte, und dem, wie ihn das auch noch in der Gegenwart beeinflusste, beruhigten sich die Bilder. Er sah Szenen in Farben, die sich langsam bewegten und mit denen er etwas anfangen konnte.

Eine andere Klientin sah, wie sie von Bienen umschwirrt wurde. Sie versuchte, sie zu vertreiben, aber sie kamen in immer größerer Zahl zurück. Sie lief vor ihnen davon, um nicht gestochen zu werden. Ich fragte sie, ob sie in ihrem jetzigen Leben jemals gestochen worden sei. Sie sagte nein. Ich fragte sie, was Bienen für sie repräsentieren. »Honig«, war ihre Antwort. Plötzlich hatte sie einen Geistesblitz. Sie hatte ihren Mann, als er noch lebte, immer *honey* genannt (Englisch für *Liebling* und *Honig*). Obwohl sie zu einer Rückführung gekommen war, verwandelte sich die Sitzung in eine spirituelle Kommunikation zwischen ihrem verstorbenen Man und ihr. Die geistigen Bereiche, die du während einer Rückführung erkundest, sind dieselben, in denen dein Geist wohnt.

Nach der Rückführung erklärte sie mir, dass sie schon länger daran gedacht hatte, mit Hilfe eines Mediums Kontakt mit ihrem Mann aufzunehmen, aber dass sie auch Angst davor hatte. Sie sagte, dass sie vor den Bienen davonlief, weil sie eigentlich Angst hatte, mit ihrem verstorbenen Mann zu kommunizieren. Denn sie war erzogen worden zu glauben, dass man tot ist, wenn man gestorben ist. Sie wollte keine Geister um sich herum haben, noch nicht einmal den Geist ihres Mannes. Ihr Unterbewusstsein zeigte ihr Bienen, weil im Englischen Biene = *bee* und Sein = *being* sehr ähnlich klingen. Ihr Unterbewusstsein wollte ihr also zeigen, dass sie geistig mit ihrem Mann, ihrem *honey,* zusammen sein konnte.

Manchmal sind die Hinweise, die dir bewusst werden, nur schwer zu entschlüsseln. Das kann sich so anfühlen, als ob man Ausgrabungen bei alten Ruinen macht und nicht gleich bei jedem Fund weiß, was er bedeutet. Ein älterer Herr kam zu einer Rückführungssitzung, weil er wissen wollte, wie seine Beziehung zu seinem Sohn im letzten Leben gewesen war. Die beiden hatten Jahre hindurch nicht miteinander gesprochen, und er spürte, dass neben einigen Ereignissen in diesem Leben ein Einfluss aus einem früheren Leben dahinterstecken könnte. Er wollte Frieden mit seinem Sohn schließen, bevor es in diesem Leben dafür vielleicht zu spät sein würde.

Er war ungefähr zur Hälfte durch seine Rückführung gereist und hatte verschiedene Ereignisse untersucht, die ihm halfen, seine gegenwärtige Persönlichkeitsstruktur besser zu verstehen, und auch, wie sie von Ereignissen und Emotionen aus mehreren seiner vergangenen Leben gebildet worden war. Dann bat ich ihn, in ein früheres Leben zu gehen, das er mit seinem Sohn geteilt hatte. Als er in dieses Leben eintrat, das mit einem weiten freien Feld anfing, stolperte er über einen großen Gesteinsbrocken, der in der Erde steckte, und fiel auf den Boden. Er sagte, dass er in dieser Szene nichts anderes sah als den Stein, über den er gestolpert war, und etwas Unkraut. Ansonsten war eine öde Landschaft um ihn herum. Es schien, als ob das Verhältnis zu seinem Sohn in diesem Leben einer kargen, gefühllosen Landschaft ähnelte. Ich dachte, dass der Felsbrocken ein Hindernis darstellte oder dass er nur einen Steinwurf von einer wichtigen Erinnerung entfernt war.

Ich forderte ihn auf, sich auf den Feldstein zu konzentrieren, mit ihm zu reden und ihn zu fragen, warum er da lag und was er bedeutete. Er fing an zu weinen, als er mir sagte, dass der Felsbrocken ein Grabstein war und dass er auf einem offenen Feld stand und das Grab seines Sohnes anblickte und es so sehr bedauerte, nicht mit seinem Sohn gesprochen zu haben, bevor dieser gestorben war. Ich umhüllte ihn und die Szene vollständig mit weißem Licht und schlug ihm vor, dass er nur im Geiste in diesem letzten Leben bei seinem Sohn sein solle, um mit ihm zu reden und ihm zu sagen, was er damals versäumt hatte.

Nach einer Weile sagte er, dass ihm bewusst geworden sei, was er seinem Sohn in der Vergangenheit angetan hat und wie dessen Reaktion darauf war und was zum Konflikt in seinem gegenwärtigen Leben geführt hat. Wir heilten die Ereignisse aus diesem speziellen früheren Leben, und er konnte sich selbst vergeben und seine Erfahrung heilen, um so Verständnis für die Gegenwart zu entwickeln. Etliche Monate später meldete er sich noch einmal bei mir und erzählte, dass er inzwischen wieder mit seinem Sohn im Gespräch war. Wenn wir die Vergangenheit heilen, so heilt das auch die Gegenwart, weil die Energien der Heilung früherer Leben durch die Zeit reisen und auf die Gegenwart einwirken.

Wenn du während deiner Rückführung auf Symbole und Bilder stößt, die du nicht auf Anhieb verstehst, dann lass dich dadurch nicht unterkriegen oder blockieren. Denke daran, dass sie Schlüssel und Hinweise sind, die aus deinem inneren Wissen stammen, aus deinem Unterbewusstsein, und dir als Hilfe auf dem Weg dienen sollen. Nimm dir die Zeit, die du brauchst, um sie zu verstehen, und nutze sie als Schlüssel, damit sich deine Erinnerung an ein früheres Leben vollständig zeigen kann.

15. Reisen in frühere Leben

Deine Rückführung wird dich in und durch frühere Lebzeiten führen. Dabei tauchen eine Vielzahl von Erfahrungen und Emotionen auf. Erlaube dir, all die Energien und Emotionen aus vergangenen Erfahrungen voll und ganz zu erleben. Lass dich mit dem ganzen Herzen und mit ganzer Seele darauf ein. Wenn deine Reise fast beendet ist, wird dich dein höheres Selbst in das Zwischenleben führen, wo du einen Rückblick auf die bisherigen Leben gewinnst und dir ansiehst, wie deine Seele die vorgeburtliche Planung für dieses Leben gestaltet hat. Das wird dir helfen, den Sinn und Zweck früherer Leben besser zu verstehen und zu erkennen, was deine Ziele für dieses Leben waren. Diese Themen werden im nächsten Kapitel näher besprochen.

Die folgende Anleitung ist ein bisschen allgemein gehalten. Das muss so sein, weil es so viele einzigartige Unterschiede und variable Faktoren bei der Rückführung eines Individuums gibt. Folge deinen Gefühlen und halte dich an das, was dich anzieht und dich dazu einlädt, es weiter zu verfolgen. Die Worte der Anleitung werden dir eine allgemeine Richtung angeben. Dein höheres Selbst wird dich auf die stimmigste Weise führen und dich auf alle wesentlichen Ereignisse und Emotionen aus deinen vergangenen Leben hinweisen, die sich direkt auf die Situationen und deine Gefühle im gegenwärtigen Leben auswirken. Höre auf deine innere Stimme und lass dich auf den Strom deiner Gedanken ein. Folge deiner inneren Führung. Erlaube dir, alle Dinge, die du in deinen Erinnerungen an frühere Leben siehst und fühlst, voll und ganz zu erleben. Gib dir selbst alle Zeit, die du brauchst, um sie zu erforschen und zu verstehen.

Deine Rückführung wird fortgesetzt …

Du siehst, wie dein höheres Selbst im weißen Licht steht und in deinem spirituellen Heiligtum auf dich wartet. Es wartet darauf, dich durch deine Rückführung zu leiten. Dein höheres Selbst sagt dir, dass es jetzt Zeit ist, deine Reise in die Vergangenheit zu beginnen, dass du bereit dafür bist zu erfahren, wer du früher warst und was du in vergangenen Lebzeiten gemacht hast. Du bist bereit, in und durch frühere Lebenserfahrungen zu reisen und das Wissen deiner Seele zu erlangen. Du weißt, dass du dich dazu nur von deinem höheren Selbst leiten lassen musst, dass es dich zu den Erfahrungen aus früheren Leben führen wird, die für dich wichtig sind, um dein jetziges Leben besser zu verstehen – in vergangene Lebzeiten, die dir bedeutsame Informationen vermitteln werden.

Du nimmst die Hand deines höheren Selbst und beginnst zu spüren, wie du durch die Zeit zurückschwebst. Du kehrst zu einem vergangenen Leben zurück und nimmst es bewusst wahr. Es ist für dein gegenwärtiges Leben wichtig, dass du dich jetzt genau an dieses Leben erinnerst. Fühle, wie dein Bewusstsein langsam und leicht durch die Zeit zurückkreist, fühle die Energien der Zeit, wie sie dich umgeben und einhüllen. Erlaube dir, die Schwingungen der Zeit ganz und gar zu erleben, während du durch sie hindurchreist.

Du schwebst sanft durch die Zeit und nimmst dabei allmählich Eindrücke von Bildern aus vergangenen Leben und Szenen früherer Erlebnisse wahr. Du beginnst, Gefühle zu spüren, die zu dir gehörten, als du jemand anderes warst. Während die Szene deutlicher vor dir sichtbar wird, findest du dich in einem früheren Leben wieder, in einer Erfahrung oder einem Geschehen, das jetzt wichtig für dich ist, ein Ereignis, das für deine Seele von Bedeutung ist. Dein höheres Selbst ist bei dir und wird dir alles erklären, was du siehst und fühlst.

Nimm dir einen Moment Zeit, um dich umzusehen. Schau nach, ob es irgendwelche Gebäude gibt. Beobachte, wie die Landschaft aussieht. Spüre, wie das Wetter ist. Sammle diese Eindrücke und nutze sie, um dir darüber klarzuwerden, wo du dich gerade befindest. Wenn du an diesem Ort und in dieser Zeit deiner Erinnerung an ein früheres Leben innerlich angekommen bist, sieh deine Hände an, um zu sehen, welche Farbe deine Haut hat. Wie bist du angezogen? Schau dir deine Kleidung an und berühre sie, fühle ihre Beschaffenheit. Bist du Mann oder Frau, jung oder alt? Sieh zu deinen Füßen hinunter. Welche Art von Schuhen oder Fußbedeckung trägst du? Während diese Bilder, Gedanken und Gefühle in dein Bewusstsein gelangen, lässt du dich mehr und mehr auf die Szenerie ein, die du gerade erlebst, und öffnest dich weiter für Erinnerungen an die Lebenszeit, in der du dich jetzt wiederfindest.

Lass dich ganz in das Erleben der Situation bzw. des Ereignisses ein, in dem du jetzt bist. Falls du allein bist, achte darauf, wo genau du dich befindest, was um dich herum ist und was du denkst und fühlst. Falls du mit anderen Menschen zusammen bist, werde dir bewusst, wer sie sind, höre dir an, was sie sagen, und beobachte, was sie tun. Vielleicht sind es Seelen, mit denen du jetzt verbunden bist. Beobachte, was du tust und was sonst geschieht. Fühle die Emotionen, die du in der Situation spürst. Nimm dir so viel Zeit wie nötig, um alles zu erkunden und zu erfahren, was passiert, und um zu verstehen, warum es geschieht und auf welche Weise es mit deinem jetzigen Leben zu tun hat. Dein höheres Selbst wird dir Antworten und Einsichten geben und dir helfen, die Bedeutung des Geschehens zu verstehen, und auch, warum du dich jetzt daran erinnerst hast.

Wenn du diese Erinnerung abgeschlossen hast, führt dich dein höheres Selbst in ein weiteres bedeutsames Ereignis in jener Lebenszeit. Unter Umständen hat es mit dem zu tun, was du soeben erfahren hast. Lass dich wiederum ganz bewusst und umfassend auf diese neue Erfahrung ein. Nimm dir Zeit, um das neue Ereignis vollständig zu verstehen und zu erkennen, wie das, was du damals getan hast, mit deinem derzeitigen Leben zusammenhängt.

Es gibt möglicherweise mehrere wesentliche Ereignisse, die du in diesem oder in anderen Leben sehen und erspüren sollst, die dir dabei helfen zu erkennen, wie Ereignisse und Emotionen in deinem jetzigen Leben aus jenen früheren Erfahrungen entstanden sind. Dein höheres Selbst wird dich zu ihnen führen. Wenn du in die Ereignisse eingetaucht bist, nimm dir genug Zeit, um sie zu betrachten, sie klar in dein Bewusstsein treten zu lassen, sie zu erforschen, aus ihnen zu lernen und durch sie zu begreifen, in welcher Hinsicht sie für dein jetziges Leben von Bedeutung sind. Erlaube deinem höheren Selbst, dir die Gründe dafür zu zeigen, warum du bestimmte Erfahrungen aus deinen vergangenen Leben jetzt noch einmal erlebst, und dir gleichzeitig zu verdeutlichen, wie und warum sie damals entstanden sind und wie sie auf dein gegenwärtiges Leben durch die Energien, die du von damals in dieses Leben mitgebracht hast, einwirken.

Nimm dir Zeit, um zu betrachten, was du in jenem Leben Wichtiges und Gutes unternommen und erlebt hast. Erkenne, was du damals gelernt hast, warum du es gelernt hast und auf welche Weise es für dich wichtig ist. Schau dir an, was du vollbracht hast und wie du dir selbst und anderen geholfen hast. *Nimm dir etwas Zeit, um all das Gute zu genießen und anzuerkennen, was du erschaffen hast, und erkenne, wie dieses Gute mit in dein gegenwärtiges Leben übertragen wurde.*

Falls es irgendetwas Schlechtes gegeben hat, das du getan hast, oder falls dich jemand sehr verletzt hat, oder wenn dir eine negative Situation bewusst wird, die dir früher zugestoßen ist, nimm dir die Zeit, um das betreffende Ereignis und deine Emotionen, die damit zusammenhängen, vollständig zu verstehen. Indem du das tust, machst du dir deine Aktionen und Reaktionen auf die Ereignisse bewusst, die in deinen vergangenen Leben passiert sind und die Karma verursacht und erzeugt haben. Denke daran, dass du in der Szenerie aktiv teilnehmen kannst, dich emotional aber auch aus der Situation entfernen oder über allem schweben und nur beobachten kannst.

Während du die Ereignisse deiner früheren Leben erkundest, bitte dein höheres Selbst um Antworten und Einsichten. Frage, warum diese Ereignisse geschehen sind, und erkenne deutlich deine Rolle dabei. Sprich mit deinem höheren Selbst, um vollständige Bewusstheit und umfassendes Verständnis der Ereignisse zu erlangen, auch im Hinblick auf deine damaligen und jetzigen Reaktionen darauf. Erkenne, wie die Ereignisse und Emotionen, die damit zusammenhängen, dein gegenwärtiges Leben beeinflusst haben.

In deiner Seele verstehst du die Geschehnisse der vergangenen Leben wahrhaftig und ebenso alle Emotionen, die du erfahren hast und die damit verbunden sind. Du siehst, wie die Erfahrungen deiner früheren Leben und deine Gefühle damals auf dich eingewirkt haben und wie sie dein jetziges Leben beeinflussen. Aus diesem spirituellen Verstehen heraus weißt du intuitiv, wie du das Karma ausgleichen kannst, um es bestmöglich aufzulösen. Da du die Abläufe aus den vergangenen Leben, die deine Seele erfahren hat, und die Ursachen dafür sowie deine Reaktionen auf sie verstanden hast, kannst du dich nun frei entscheiden, was für deine Seele richtig ist, um das daraus resultierende Karma am besten auszugleichen.

Möglicherweise entscheidest du dich, das Karma auszugleichen, während du dich noch in dem Ereignis aus dem früheren Leben befindest. Vielleicht aber möchtest du lieber bestimmte Handlungen und Emotionen in deinem gegenwärtigen Leben verändern, von denen du weißt, dass sie zugleich auch die Aktionen und Emotionen in der Vergangenheit beeinflussen und ausgleichen können. Oder du willst einfach noch etwas länger darüber nachdenken, mehr Informationen sammeln und dich später erst entscheiden, wie du am besten dein Karma ausgleichst. Dein höheres Selbst ist präsent und wird dir helfen, dein Karma auszugleichen, falls du dich entscheidest, es jetzt gleich zu tun. Du weißt selbst, was zu tun ist, um die Energien der Vergangenheit zu korrigieren und zu verwandeln.

Wenn eine andere Person dir etwas Schlechtes angetan oder dich verletzt hat, willst du ihr jetzt vielleicht vergeben und diese Person gehen lassen, sie segnen und ihr für die Erfahrung danken, die deiner Seele geholfen hat, zu wachsen und dich zu dem Menschen zu entwickeln, der du jetzt bist. Falls du jemand anderen falsch behandelt hast, kannst du dir selbst dafür vergeben, indem du verstehst, warum du das getan hast, und indem du erkennst, wie du die Sache jetzt wieder ins Lot bringen kannst. Unter Umständen reicht es aus, dass du dir selbst oder dem anderen Menschen oder euch beiden vergibst – je nachdem, was angemessen ist –, um so das Karma auszugleichen und die Heilung zu beginnen. *Nimm dir jetzt also etwas Zeit, um dein Karma auf jene Weise auszugleichen, die für dich richtig ist. Nimm dir so viel Zeit, wie du brauchst, um die Erfahrungen zu vergeben und zu segnen.*

Jetzt, nachdem du dir selbst und anderen vergeben und dein Karma auf eine für dich stimmige Weise ausgeglichen hast, kannst du die damaligen Ereignisse, oder auch das gesamte frühere Leben, heilen und sie dann loslassen. Vielleicht möchtest du die Geschehnisse und die daran beteiligten Menschen mit weißem Licht einhüllen. Oder du willst dein höheres Selbst darum bitten, dir zu zeigen, wie du diesen Teil deines vergangenen Lebens auf eine liebevolle Weise heilen kannst, und bittest es außerdem darum, dir dabei zu helfen. Nimm dir erneut so viel Zeit, wie du brauchst, um die Heilung zu vollziehen.
Du wirst unmittelbar eine wunderbare Befreiung spüren, die dir die Heilung bringt, weil du das Karma, das an deiner Seele gehaftet hat, vollständig loslassen konntest. Du wirst durch die Heilung der damit verbundenen Ereignisse und Emotionen auch heilsame Wirkungen an Körper, Geist und Seele fühlen. Die positiven Folgen der Heilung spiegeln sich auch in deinen gegenwärtigen Gefühlen und Erfahrungen wider. Aber vor allem fühlst du es unmittelbar in deiner Seele.
Wenn du das möchtest oder ein Bedürfnis danach verspürst, dann kannst du nun zu einem anderen Ereignis gehen, das in jenem Leben oder in einem anderen früheren Leben von Bedeutung für dich war. Dein höheres Selbst wird dich zu einem weiteren bedeutsamen Ereignis führen, dass du wahrnehmen sollst, egal, in welchem früheren Leben es geschah.

Sei wieder ganz im Geschehen. Achte auf alles, was für dich bei dieser Erfahrung wichtig ist; sieh dir an, was passiert ist und warum es geschah. Öffne dich dafür, die Gründe zu verstehen, warum du auf diese Art und Weise agiert und reagiert hast. Betrachte sowohl das Gute als auch das Schlechte dabei. Nimm dir alle Zeit, die du brauchst, um die Situation ganz zu erleben. Fühle die Emotionen, die damit zusammenhängen. Schau dir die Menschen an, die mit dem Geschehen zu tun haben, und begreife, welche Rollen sie gespielt haben. Du kannst dir so viele Ereignisse anschauen, wie du möchtest, und zwar aus jedem einzelnen deiner früheren Leben. Jedes Erlebnis wird dir höhere Bewusstheit und Einsicht bringen.

Wenn du damit fertig bist, die wichtigen, bedeutsamen Ereignisse in dieser Lebensspanne und vielleicht auch in anderen zu betrachten und erneut zu erfahren, wird dich dein höheres Selbst zum Tag deines Todes in jenem Leben geleiten. Sieh, welche Ereignisse zu deinem Tod geführt haben. Schau dir an, wie du gestorben bist. Wenn der Tod voller Schmerzen oder traumatisch war, umhülle dich mit weißem Licht, um das Leid zu lindern, das dein Geist erfahren hat. Betrachte die Gedanken und die Gefühle, die du hattest. Schau, ob es ein Sterbeversprechen gab, das du dir selbst gegeben hast. Erinnere dich daran, was es war, und warum du dieses Gelöbnis abgegeben hast. Wenn du irgendeine Trauer oder Wut in Bezug auf deinen Tod empfindest, dann untersuche diese Gefühle. Denk daran, dass dein höheres Selbst immer bei dir ist und du dich mit weißem Licht umgeben kannst.

Lausche dem, was dir dein höheres Selbst über den Sinn und Zweck jenes Lebens mitteilt, und überlege, was das mit den Zielen und der Bedeutung deines gegenwärtigen Lebens zu

214

tun hat. Sieh, wie die Versprechen, die du dir selbst gegeben hast, in dein jetziges Leben getragen wurden. Erkenne, wie die Vergangenheit deine Gegenwart beeinflusst und wie deine früheren Erfahrungen und Emotionen deine derzeitigen Erfahrungen und Emotionen verursacht und erzeugt haben. Verbringe so viel Zeit, wie du brauchst, um dieses Verstehen zu erlangen und die Informationen aufzunehmen.

Wenn du dich bereit dazu fühlst, dann lass den physischen Körper los, der deiner Seele in jener vergangenen Lebenszeit ein Zuhause gegeben hatte. Lass alle Gefühle der Verbindung mit diesem Körper los. Nimm dir Zeit, um die Lösung deiner Seele aus der damaligen physischen Form zu erfahren. Sieh zu, wie sich deine Essenz über den Körper erhebt und wie deine Seele in den ätherischen Schleier im Universum eingeht. Schau, ob da jemand ist, der dich empfängt, eine besondere Seele, die du aus jener damaligen Lebensspanne gekannt hast, oder ein Engel oder vielleicht ein anderes spirituelles Wesen, das darauf wartet, dich in und durch das Reich des Geistes zu geleiten. Wenn ein solches Wesen erscheint, nimm dir Zeit, dich mit ihm auszutauschen, und höre, was dieses Wesen dir sagt. Sieh dir auch an, was es dir zeigt.

Du spürst, wie dein Bewusstsein in ein Zwischenleben eintritt, wo deine Seele in ihrer reinen Form existiert, wo du vollständige Kenntnis von allen Erfahrungen jenes und aller anderen Leben besitzt. Nimm dir in dieser höheren Form von spiritueller Bewusstheit etwas Zeit, um über das oder die vergangenen Leben nachzudenken, die du im Verlauf deiner Rückführungsreise erfahren hast. So kannst du die Gründe für die vorgefallenen Ereignisse umfassend verstehen und den Sinn und Zweck dieses Lebens oder jener Leben erkennen.

Nimm dir auch Zeit, damit sich deine Seele im Zwischenleben ausruhen und deinen Geist regenerieren kann. Falls das oder die früheren Leben, die du wahrgenommen hast, schwierig oder schmerzvoll waren, dann lass deine Seele eine Weile ruhen, um zu heilen, bevor sie ihre Reise durch das oder die Leben fortsetzt.

Wenn du dich dazu bereit fühlst, dann entdecke, welche Erfahrungen deine Seele im Zwischenleben macht. Reise durch die Ebenen des Lichts und der Bewusstheit in deiner reinen spirituellen Form. Betrachte, was du in dieser Energieschwingung tust, worüber du nachdenkst, was du fühlst und wie das Leben in der Energie deiner Seelenform ist.

Wenn du mit der Erkundung dieser spirituellen Schwingung des reinen Bewusstseins und Wissens fertig bist und dich darauf vorbereitest, in dein derzeitiges Leben zu reinkarnieren, fängst du an, dir die Situationen und Ereignisse anzusehen, die du als deine Erfahrungen für dein jetziges Leben erschaffen hast. Sieh dir die Versprechungen und Verpflichtungen an, die du vor deiner Geburt mit dir selbst bzw. mit anderen Seelen verabredet hast. Betrachte die Entscheidungen und Vereinbarungen, die du getroffen hast, um die Lebensumstände hervorzubringen, die deine Seele für dieses Leben angestrebt hat. Schau dir an, wie sehr du dir deinen Absichten und Zielen treu geblieben bist oder inwiefern du vielleicht einen neuen Kurs einschlagen sollst. Erkenne, was du im jetzigen Leben noch tun kannst, um das zu erfüllen, was deine Seele erreichen möchte.

Wenn du diesen Teil deiner Rückführung und der Reisen in Zwischenleben abgeschlossen hast, kehre zu deinem spirituellen Heiligtum zurück, um dich dort auszuruhen und über all das nachzudenken, was dir bewusst geworden ist. Erken-

ne, wie es auf dein gegenwärtiges Leben einwirkt. Dein höheres Selbst ist weiter bei dir. Es ist immer bei dir, weil dein höheres Selbst der spirituelle Teil von dir ist. Nimm dir Zeit, um mit deinem höheren Selbst zu sprechen, stelle alle Fragen, die du noch hast, um das, was du bisher erlebt hast, von einem höheren Standpunkt aus besser zu verstehen. Dein höheres Selbst wird dir alle Fragen beantworten und dir alles erklären, was du während deiner Rückführung und in den Zwischenleben erfahren hast, damit es dir deutlicher bewusst wird.

Höre auf das, was dir dein höheres Selbst sagt. Erkenne, inwiefern die Menschen in deinem jetzigen Leben mit vergangenen Leben zu tun haben und warum sie jetzt mit dir zusammen sind. Bitte dein höheres Selbst darum, dir zu erklären, warum dir bestimmte Erinnerungen an frühere Leben gezeigt wurden, welchem Zweck diese früheren Erfahrungen in deinem gegenwärtigen Leben dienen, warum du sie jetzt wahrgenommen hast und wie du das aus der Vergangenheit erlangte Wissen in deinem gegenwärtigen Leben nutzen kannst.

Wenn du deine Reflektionen abgeschlossen hast und bereit bist, in die Wirklichkeit deines jetzigen Lebens zurückzukehren, siehst du wieder den Regenbogen – jenen Regenbogen, der im Sonnenlicht in den harmonischen Schwingungen der Farben glänzte, durch dessen Farben du gereist bist, als du deine Bewusstheit in deine Seele erhoben hast.

Tritt wieder in den Regenbogen ein. Schwebe sanft und leicht in die Farbe Violett, betrachte und erinnere dich an all deine Gefühle und Erfahrungen aus vergangenen Leben, während du allmählich und sanft durch alle Farben des Regenbogens hinuntergehst. Du schwebst zum Indigo, zum Blau, zum Grün, Gelb, Orange und Rot. Wenn du möchtest, kannst du in einer oder mehreren dieser Farben innehalten, um in dem zu verweilen, was sie für dich darstellen.

Du fühlst dich sehr wohl und ganz entspannt. Du bist dir der spirituellen Reise sehr bewusst, die du gerade in deine vergangenen Leben unternommen hast. Du hast Antworten und Einsichten erhalten über alle deine Erlebnisse, und du hast verstanden, wie und warum deine früheren Erfahrungen und Emotionen deine Lebensumstände und Erfahrungen in deinem jetzigen Leben beeinflusst haben. Du weißt, dass deine Bewusstheit über Ereignisse und Emotionen aus früheren Leben im Alltag und in deinen Träumen weiter wachsen wird.

Atme einige Male tiefer durch, wenn du dir nun deines physischen Körpers wieder bewusst wirst, der bequem auf dem Sessel oder der Couch ruht. Nimm dir Zeit, um dich am friedlichen Gefühl der Entspannung zu erfreuen, und wisse, dass du gerade eine heilige Reise in deine Seele unternommen hast. Wenn du dann dazu bereit bist, vollständig wieder im Hier und Jetzt zu sein, öffne deine Augen und fühle dich wunderbar entspannt, erfrischt, gesund und glücklich.

Nachtrag: Sinn und Zweck der Gegenwart

Mit diesem Kapitel endet deine Reise in vergangene Leben nicht. Sie ist vielmehr eine Erfahrung, die andauert, und in vielerlei Hinsicht fängt deine spirituelle Suche gerade erst an. In den kommenden Tagen und Wochen werden Erinnerungen an frühere Leben in deinen Gedanken und Gefühlen auftauchen, und du wirst Ereignisse und Emotionen, die damit zu tun haben, besser verstehen können. Das geschieht auch in deinen Träumen und Meditationen, und du wirst bewusster wahrnehmen, wie gegenwärtige Erfahrungen die Energien aus den Erfahrungen in früheren Leben widerspiegeln.

Dir werden Geschehnisse aus der Vergangenheit klarwerden, die sich nicht während der Rückführung gezeigt haben, und du wirst Erfahrungen aus früheren Leben bewusst erkennen, die dein jetziges Leben und deine Empfindungen beeinflussen. Das geschieht in Träumen, durch plötzliche Eingebungen oder einfach durch ein sicheres Gespür oder in einer Meditation. Das gesamte Verständnis und Wissen, das dir im Verlauf deiner Rückführung bewusst geworden ist und was du weiterhin im Alltag wahrnimmst, können dir helfen, dein jetziges Leben in jeder Hinsicht zu verbessern – nämlich, indem du die Informationen und spirituellen Einsichten, die du gewonnen hast, in all deine Erfahrungen einbringst.

Teil V

Seelenschimmer

16. Zwischenleben

Nach dem Tod löst deine Seele ihre Verbindung mit deinem physischen Körper. Der Übergang von deinem physischen Körper in deinen spirituellen Körper führt dich in eine Energieschwingung, die man als Zwischenleben bezeichnen könnte – dort existiert deine Seele zwischen den irdischen Inkarnationen. Der Tod deines physischen Körpers ist eine Wiedergeburt in deine Seele. Wenn du in die Ebene der Spiritualität hinübergehst, dann bedeutet das einfach, dass du in das weiße Licht eintrittst, weil deine Seele in einem spirituellen Körper wiedergeboren wird. Im weißen Licht tauschst du deine physischen Kräfte in spirituelle Kräfte ein. Das ist derselbe Prozess, den du umgekehrt erlebst, wenn du in einen physischen Körper geboren wirst, um eine neue irdische Inkarnation zu beginnen.

Im Zwischenleben, in dieser Energiesphäre spiritueller Bewusstheit, besitzt du ein vollständiges und umfassendes Verständnis für all deine Erfahrungen in jedem bisherigen Leben. Du weißt, warum sie geschehen sind und warum du dich entschieden hast, sie zu erfahren. Du erkennst den grundlegenden Plan, den du für all deine Erfahrungen erschaffen hast, und auch die Rolle, die deine Seele im Verlauf der verschiedenen Erfahrungen spielt, die du in all deinen Inkarnationen erlebst. Du siehst das gesamte Bild und weißt, wie du deine Seele entwickelst.

In diesem Bereich von Energie und Bewusstheit geben all deine bisherigen irdischen Erfahrungen und das Maß an spiritueller Erkenntnis, die du erworben hast, deine weitere Fortbewegung durch diese spirituellen Ebenen vor. Manche Bereiche dieser Ebenen sind den Energien der irdischen Existenz ähnlich, und du erlebst vielleicht etwas, was den Erfahrungen auf der Erde nahekommt, mit dem Unterschied, dass sie in einer spirituellen Energieschwingung verlaufen anstatt in einer physischen. Ein Teil dessen, was du erlebst, wird von deinen Wünschen bestimmt, davon, was du erfahren möchtest. Das geschieht nahezu auf dieselbe Weise, wie du deine irdischen Erfahrungen auswählst, weil du bestimmte Dinge in der Welt der physischen Manifestation von Energie erleben willst.

Es gibt keine festen Regeln dafür, was du in diesen spirituellen Reichen erlebst, weil deine Seele und alles, was sie in jeder Lebzeit erfahren hat, einzigartig ist. Es scheint jedoch vier Phasen oder Ebenen des Bewusstseins zu geben, die du im Zwischenleben erfährst.

Die erste Phase ist eine Zeit der Ruhe und Besinnung, in der du deine irdischen Verbindungen zu deiner gerade zurückliegenden Lebenszeit loslässt. In dieser Phase blickst du zurück und ordnest deine Erfahrungen ein. Du sammelst und integrierst die Lektionen, die du gelernt hast – oder auch nicht. Du siehst, wie deine Seele auf ihrem Weg der Entwicklung im Verlauf einer sich immer weiter fortsetzenden Reise vorangekommen ist. Du beurteilst deine bisherigen Erfahrungen nicht, sondern betrachtest sie einfach als das, was sie sind.

Du erkennst, wie gut oder weniger gut es dir mit all den Ereignissen und Beziehungen ergangen ist, die du erlebt hast, und erkennst, was deine Seele durch sie erreichen wollte. Du siehst, wie weit du bisher gekommen bist, um das Hauptziel deiner Seele zu erreichen. Du betrachtest das Karma, das ausgeglichen wurde, oder eben nicht, und die Gründe dafür. Du siehst dir auch das gute und schlechte Karma an, das du in deinem letzten Leben erzeugt hast. Diese ganzen Informationen zusammen mit den Informationen aus anderen vergangenen Leben wirst du nutzen, wenn du deine nächste Inkarnation planst und die Erfahrungen, die du dabei haben möchtest.

Die zweite Phase ist eine Zeit der Entdeckung, während der du dich an all das Wissen erinnerst, das du im Verlauf deiner Inkarnationen gewonnen hast, ebenso wie an das Karma, das du bisher erschaffen, ausgeglichen oder weitergetragen hast. Diese Information wird in deinem Unterbewusstsein gespeichert, damit sie später in der Planungsphase vor der Geburt in ein nächstes Leben benutzt werden kann. Dann gehst du weiter und entdeckst erneut deine wahre spirituelle Natur und die Bereiche der Spiritualität. Diese Erforschung ist eine Zeit, um mehr über deine Seele zu lernen und darüber, wie du spirituelle Weisheit erlangst. Du lässt die physischen Energien, mit denen deine Seele zu tun hatte, vollständig los, um in diese höheren Ebenen zu gehen.

In der dritten Phase tauchst du ganz und gar in deine Seelenenergien ein. Es ist eine Zeit der spirituellen Entwicklung, in der du mehr über deine Seele lernst und mit anderen besonderen Seelen zusammen bist, mit denen du vergangene Leben verbracht hast. Auf dieser Ebene bist du frei, höhere Ebenen von Spiritualität zu erforschen und zu erfahren, abhängig davon, wo deine Seele in ihrer Entwicklung steht. Deine Erfahrungen in dieser Phase sind sehr weitreichend und unterschiedlich, je nachdem, was sich deine Seele als Erfahrungen aussucht. Du kannst jetzt auch in andere Dimensionen und spirituelle Wirklichkeiten reisen. Das tust du manchmal, um spirituell noch mehr zu lernen, um über deine Seele nachzusinnen oder um deine Seele weiterzuentwickeln.

Die vierte Phase ist eine Zeit der Neuausrichtung und Vorplanung. Du wirst bereit, wieder auf der irdischen Ebene zu inkarnieren, und du entscheidest dich, welche Ziele du anstreben und welche Lektionen du lernen sollst. Du überlegst, welches Karma du in dieses nächste Leben mitbringen möchtest, und entscheidest dich, wie du damit umgehen willst. Du bestimmst auch, was deine Seele im nächsten Leben vollbringen soll. Du wählst dir Gefährten aus und die Erfahrungen, die du mit ihnen teilen möchtest. Du machst Versprechen und gehst Verpflichtungen ein, sowohl dir selbst als auch anderen Seelen gegenüber.

Das ist die Planungs- und Vorbereitungsphase für das nächste Leben, das du dann in einer physischen Form erlebst. Während dieser Zeit wählst und erschaffst du die Energien für die Erfahrungen, die deine Seele in der folgenden Inkarnation möchte und braucht, um Karma auszugleichen, Lektionen zu lernen, um mit speziellen Seelen, die du liebst, Verbindung aufzunehmen und um das Ziel deiner Seele zu erreichen. Du koordinierst das Timing mit anderen Seelen, mit denen du bestimmte Erfahrungen machen willst, und du planst die Umstände, die es deiner Seele möglich machen, diese Erfahrungen zu machen, zu lernen und auszugleichen, Liebe zu teilen und deiner Bestimmung zu folgen.

Während du dich entscheidest, welche Informationen du in dieses nächste Erdenleben mitbringen möchtest, um dich von innen her anzuleiten, greifst du auf die riesigen Reichtümer an spirituellem Wissen zurück, die du in jedem Leben angesammelt hast, und auch auf die Erfahrungen, die du in den Zwischenleben gemacht hast. All das wirst du in deiner neuen Inkarnation als »Antriebsmittel« nutzen. Du integrierst diese Informationen und prägst sie in dein Unterbewusstsein ein. Du besitzt immer die Fähigkeit, dich an dein spirituelles Wissen zu erinnern. Du bringst dein inneres Wissen, die Bewusstheit deiner Seele, in deinem Unterbewusstsein mit, wenn du reinkarnierst.

Zugang zu den Akasha-Aufzeichnungen

Während deiner Rückführung hat dich dein höheres Selbst in ein Zwischenleben geführt, in dem du die Ursachen und den Zweck deiner Erfahrungen im letzten Leben gesehen hast und auch, warum du sie ausgesucht hattest. Dir sind auch die Entscheidungen bewusst geworden, die du in Bezug auf die Erfahrungen getroffen hast, die du in der Inkarnation in deinem jetzigen Leben erlebst – um auf diese Weise Karma auszugleichen, Lektionen zu lernen, mit besonderen Seelen zusammen zu sein und um das Ziel zu erreichen, das du dieses Mal für deine Seele gesetzt hast.

In den Bereichen des Geistes im Zwischenleben gibt es eine Art »Lagerhaus« für spirituelles Wissen. Es handelt sich um eine Dimension von Energie, in der die Akasha-Aufzeichnungen aufbewahrt werden. *Akasha* ist ein Begriff aus dem Sanskrit, der sich auf ätherische Energieebenen bezieht. Die Aufzeichnungen sind in den Energien deiner Seele eingeprägt. Die Akasha-Chronik deiner Seele enthält jeden Gedanken, jedes Gefühl und jede Erfahrung, die du jemals seit der Geburt deiner Seele gehabt hast. Du kannst jederzeit, wann immer du möchtest, Zugang zu dieser Aufzeichnung deiner Seelenreise und allen Informationen darüber erlangen.

Du ziehst deine Akasha-Chronik nach jedem Leben zu Rate, um die Ereignisse dieses Lebens anzusehen und zu speichern. Du trägst auch all das Wissen, das du in den Zwischenleben gewinnst, in dieses riesige Nachschlagebuch ein. Bevor du eine neue Inkarnation beginnst, schaust du erneut in dieses Buch, um dir das Wissen über bestimmte Erfahrungen einzuprägen, die du mit in das neue Leben nimmst und die deine Seele erleben möchte. Deine Entscheidungen darüber, was du gemacht hast und noch vorhast zu tun, sind ebenfalls in diesem Buch vermerkt.

Wenn du die Akasha-Chronik deiner Seele liest, erfährst du alles, was du über deine vergangenen Leben wissen möchtest, alles über die Erfahrungen, die deine Seele in jeder Dimension und in jedem Bewusstseinsbereich gesammelt hat – seit Anbeginn der Zeiten. Und du erfährst, wie das alles mit der Reise deiner Seele zu ihrer vollständigen Entfaltung zu tun hat. Die Worte der Akasha-Chronik zeigen dir, welche Seelenerfahrungen du erschaffen hast und warum.

Exkurs: Das Buch des Wissens

Hast du das Buch des Wissens schon gelesen, das du im Regenbogen gefunden hast, im Lichtstrahl aus dem Sonnenschein der Farbe Gelb? Das Geschenk des spirituellen Wissens, das dir angeboten wurde, ist die Akasha-Chronik deiner Seelenreise durch jedes Leben, das du gelebt hast. Diese Aufzeichnungen sind in allen Einzelheiten niedergeschrieben, mit anschaulichen Bildern versehen, und sie zeigen dir all deine Erfahrungen im Verlauf der gesamten Existenz deiner Seele in jeder Inkarnation, in jeder Dimension und auf jeder energetischen Ebene, auf der deine Seele gelebt hat.

Dein Buch des Wissens ist eine Schatztruhe an Informationen über deine Seele und gewährt dir Zugang zu deinem vollständigen spirituellen Wissen. Es ist ein Buch, dass dein ganzes spirituelles Wissen offenbart; ein Buch, das die Geheimnisse deiner Seele enthüllt. Falls du bisher keine Zeit gefunden hast, es zu lesen, wird dir der folgende Exkurs helfen, in den Seiten dieses Buches zu blättern.

Im Buch des Wissens blättern

Kehre zum Berg zurück, zum Sonnenlicht der Farbe Gelb im Regenbogen. Du siehst dein Buch des Wissens, das geöffnet ist und darauf wartet, dass du in ihm liest. Vielleicht magst du mit deinem Buch des Wissens in den grünen Garten im Regenbogen gehen. Erinnere dich daran, dass dieser wunderschöne, üppige Garten ein besonderer Ort der Heilung für dich und deine Seele war. Oder du möchtest dein Buch des Wissens in dein spirituelles Heiligtum nehmen, um dort in den Seiten zu lesen und die Bilder darin anzuschauen. Auf diese Weise wird sich dein spirituelles Bewusstsein öffnen, und dein inneres Wissen wird wieder erweckt. Du liest, was deine Seele niedergeschrieben und was du immer schon gewusst hast, und du erinnerst dich an das Wissen, das du in dieses Leben mitgebracht hast.

Du kannst über die Erfahrungen nachlesen, die du dir selbst ausgesucht hast, um so deine Seele weiterzuentwickeln. Du kannst nachsehen, was du niedergeschrieben hast, wie du den Weg, der zum wahren Sinn und Ziel deiner Seele in diesem Leben führt, erschaffen hast und wie du ihm folgen willst. Du öffnest das Buch und schaust dir die aufgeschlagene Seite an. Während du die Worte liest, geht von ihnen ein sanfter Lichtschein aus, und sie senden Energiestrahlen, welche sich zu Eindrücken verdichten, die in deine Gedanken fliegen und sich zu funkelnden Bildern in deinem Geist gestalten.

Die Worte und ihre Bilder ziehen dich in dein Buch des Wissens hinein, während sich die Wort-Bilder in deinem

Geist ausbreiten und in rhythmischer Harmonie mit der Energie deiner Seele schwingen. Du berührst das Bild im Buch, das Bild in deinem Geist, du spürst die Beschaffenheit und Energie der Eindrücke und der Bilder, die aus den Worten entstehen. Wenn du die Worte liest, gestalten sie Bilder, die lebendig werden. Es sind dreidimensionale Bilder, die von den Seiten in dein Bewusstsein schwingen, in Resonanz mit einer Energiequelle, die von den Worten und Gefühlen auf den Seiten inspiriert wird – von den Worten und Gefühlen in deiner Seele.

Das Buch ist erfüllt von jeder Erfahrung, die deine Seele je gemacht hat. Wenn du die Seiten durchblätterst und die Worte liest, die bereits niedergeschrieben wurden, werden deine Erfahrungen wieder ganz lebendig. Du verstehst auf umfassende Weise, mit einer Klarheit und einem Wissen, die über alle Worte hinausgehen, warum diese Ereignisse geschehen sind, warum du dir deine Erfahrungen ausgewählt hast und wie sie entstanden sind. Du spürst mit jeder Faser deines Wesens, mit deinem ganzen Bewusstsein die Ereignisse und Erfahrungen, die auf diesen Seiten festgehalten sind, weil aus den Worten detaillierte Beschreibungen und eindrucksvolle Bilder in deinem Geist entstehen. Das Buch des Wissens zeigt die Bilder deiner Seele, die Essenz deines Geistes, und es erzählt dir von den Ereignissen und Emotionen in all deinen bisherigen Leben. Es zeigt dir die unterschiedlichen Aspekte all deiner Erfahrungen in jeder früheren Lebenszeit.

Lies die Seiten, höre auf die Worte und betrachte die Bilder deiner Seele in deiner Akasha-Chronik, in deinem

Buch des Wissens, um zu erkennen, wo du gewesen bist und was du getan hast und um all deine Erfahrungen vollständig zu verstehen. Lies, was deine Seelenpartner und verwandte Geister in dein Buch des Wissens geschrieben haben, denn ihre Gedanken und Gefühle haben sich ebenfalls auf den Seiten deines Buches eingeprägt.

Deine Seele weißt bereits, dass dein Buch des Wissens auch ein Tagebuch ist, in dem du deine Gedanken und Gefühle über die Erfahrungen und Emotionen in deinen früheren Leben sowie die aus diesem Leben verzeichnen kannst. Du kannst die Situationen und Umstände des gegenwärtigen Lebens beschreiben und umschreiben, damit sie dann das widerspiegeln, was du möchtest. Du erschaffst sie durch die Energieschwingungen von Ursache und Wirkung.

Wenn du damit fertig bist, dein Buch des Wissens zu lesen und anzuschauen, dann schließe es langsam und bedächtig – mit dem Wissen, dass du es jederzeit wieder öffnen kannst, um die Akasha-Chronik deiner Seele zu lesen. Stelle oder lege das Buch an seinen Platz im Sonnenschein des Regenbogens in deinem Geiste zurück. Du weißt, dass du im Regenbogen einen ganz besonderen Schatz gefunden hast.

17. Reflexionen über deine Reise

Die Erinnerung daran, was du in deinen früheren Leben getan und erlebt hast, zeigt dir, warum du die Ereignisse und Emotionen in deinem jetzigen Leben erfährst. Dieses Wissen ermächtigt dich, dein Karma auszugleichen und deine Seele weiterzuentwickeln. Die Erinnerung an vergangene Leben stellt nur einen Schritt bei deiner Suche nach wahrem spirituellem Wissen dar. Das Ende dieses Buches ist in Wahrheit ein Neubeginn – eine Wiedergeburt der Bewusstheit der Seele. Das Leben ist eine immerwährende Reise des Strebens nach Wissen durch Erfahrungen, die wir machen, indem wir diese Erfahrungen verstehen und so unsere Seele zur Erleuchtung fortentwickeln. Das Wesen von Reinkarnation ist Beginnen und Beenden, es ist Reisen durch die Erfahrungen deines Lebens in einem unendlichen, sich immer weiterentwickelnden Reich spirituellen Wachstums und Wissens. Wie du bei deinen Reisen in frühere Leben entdeckt hast, bist du selbst dein bester Führer in jeden Teil deines Lebens – ob das nun vergangene sind oder das gegenwärtige. Als du dich wieder mit deinem höheren Selbst vereint hast, hast du dich erneut mit deiner Seele verbunden und dich daran erinnert, wer du wirklich bist: ein machtvolles spirituelles Wesen.

Wenn dieses Buch nun zum Ende gelangt, eröffnen all die Informationen, die du während deiner Reise in ein oder mehrere frühere Leben gewonnen hast, einen Neubeginn für dein Leben. Es gibt neue Seiten und Kapitel in der Akasha-Chronik zu lesen und zu schreiben, und neue Erfahrungen zu erkunden, während du weiter in physischer Form durch deine irdischen Erlebnisse reist.

Auf deiner Fahrt durch das Leben reist du auf einem spirituellen Pfad, der nie aufhört und sich immer weiter entfaltet; du machst immer neue Schritte, die dich zur Erleuchtung führen. Danke, dass du diesem Buch erlaubt hast, ein Reiseführer in deine vergangenen Leben zu sein und dich daran zu erinnern, was du schon immer gewusst hast.

Anhang

Anleitung für die Reise in frühere Leben

Vielleicht bittest du eine enge Freundin oder einen engen Freund, dich durch deine Erinnerungen an vergangene Leben zu begleiten, indem sie oder er dir diese Anleitung vorliest. Es sollte ein Freund sein, mit dem du dich darüber austauschen kannst, was du erlebst, so dass er dich durch deine früheren Leben und in das Zwischenleben führt.

Dafür gibt es einige gute Gründe. Ein guter Freund ist intuitiv auf dich eingestellt und wird auf die feinen Gefühle eingehen können, die du während der Rückführung erlebst. Außerdem kennt er oder sie dich und dein bisheriges Leben recht gut und kann dir helfen, die Zusammenhänge zwischen Vergangenheit und Gegenwart zu erkennen. Wenn du mit deinem Freund während der Rückführung über das sprichst, was du erlebst, kann er dich auf individuell abgestimmte Weise anleiten, noch tiefer in die Erfahrungen in früheren Leben zu gehen und sie weiter zu erforschen.

Wenn du also von einer Freundin oder einem Freund durch deine früheren Leben begleitet werden möchtest, bitte diese Person, die folgende Anleitung vorher gut durchzulesen. Überlegt euch, auf welche Weise du mit Hinweisen oder Fragen begleitet werden möchtest, und vereinbart Signale – z. B. das Heben deines Zeigefingers – als Hinweis dafür, dass du bereit bist, weiterzugehen und eine neue Erfahrung zu machen. Damit stellst du sicher, dass die Zeit der Stille, die du ganz für dich haben möchtest, um etwas zu erfahren, nicht vorzeitig gestört wird.

Wenn du allein in vergangene Leben reisen möchtest und dich auf deine eigene innere Weisheit und dein höheres Selbst verlässt, dann lies dir ebenfalls die folgende Anleitung in Ruhe durch. So weißt du, wohin du gehst und wie du dort hingelangst. Dann begib dich mit deinem höheren Selbst in die Erinnerungen an deine früheren Leben. Vielleicht möchtest du den Text auch aufnehmen und deiner eigenen Stimme folgen, die dich in und durch Erinnerungen an vergangene Leben führt.

Strecke dich auf einem Sofa aus oder setze dich in einen bequemen Sessel, der Rücken und Nacken gut abstützt. Verschränke deine Beine nicht und lass deine Hände an deiner Seite ruhen. Atme ganz natürlich und normal, während du nun beginnst, deinen Körper sanft zu entspannen, und während du deine Gedanken loslässt und deinem Bewusstsein erlaubst, ruhig und still zu werden. Atme einfach. Entspanne dich. Lass deine Gedanken los. Richte deine Aufmerksamkeit sanft auf deine Atmung. Sie wird dich entspannen und dein Alltagsbewusstsein beruhigen, während du nun deine Aufmerksamkeit nach innen wendest, auf den noch bewussteren und wissenderen Teil deines Selbst, auf deine spirituelle Bewusstheit.

Schließe deine Augen und lass dich auf den Rhythmus der Entspannung ein. Nimm dir Zeit und geh langsam voran, erfühle und erfahre jede Empfindung vollständig im gegenwärtigen Augenblick. Entspanne deinen Körper und kläre und beruhige dein Alltagsbewusstsein, indem du natürlich atmest, indem du tief atmest. Lass es einfach geschehen. Entspannung ist ein angenehmes Gefühl von Frieden, ein wunderschönes Gefühl von Harmonie und Einklang mit sich selbst. Atme tief ein und lass den Atem wieder langsam ausströmen. Richte deine Aufmerksamkeit und dein Bewusstsein einige Minuten lang auf die Atmung. Atme einfach. Beobachte, wie dich der schlichte Vorgang des Atmens entspannt, und nimm wahr, wie ruhig du dich fühlst.

Lausche auf das Geräusch deiner Atmung, wenn du langsam und natürlich ein- und ausatmest. Lausche auf dein Atmen, während du spürst, wie sich dein Körper entspannt und du dein Alltagsbewusstsein zur Ruhe bringst, um deine Aufmerksamkeit auf dich selbst zu richten. Atme einfach weiter.

Während du einatmest, stellst du dir vor, dass du positive, wohltuende Gefühle einatmest, dass du ein sanftes, friedvolles Gefühl der Entspannung weich einströmen und durch dich hindurchfließen lässt. Du spürst, wie es in dir in einem sanften Rhythmus von Harmonie und Entspannung kreist, mit einem zarten Gefühl des Friedens und des Wohlseins.

Während du ausatmest, stell dir vor, dass du negative Gedanken und Gefühle ausatmest, dass du einfach all deine Sorgen, Ängste und Probleme auf leichte, sorgenfreie Weise freigibst, dass du all deine Alltagsgedanken und Gefühle loslässt, während deine Atmung weiterhin alle Anspannungen aus deinem Körper löst.

Atme Harmonie ein. Atme die Gedankenrede aus. Atme ein Gefühl der Entspannung und des Wohlseins ein. Atme alle körperlichen Anspannungen und unnötigen Gedanken aus, die dein Alltagsbewusstsein beherrschen, während du deinen Geist auf dein Unterbewusstsein richtest – auf die Erinnerungen an frühere Leben, die du entdecken und erforschen möchtest.

Indem du deinen Körper mit ein paar tiefen Atemzügen

entspannst, reinigst du deine Lungen und klärst deinen Geist. Wenn dein Alltagsbewusstsein still und ruhig wird und sich dein Körper entspannt, dann schalte die irdische Welt für eine Zeitlang aus und stimme dich auf eine feinere, innere und viel bewusstere Ebene deines Verstandes ein. Du richtest deine Bewusstheit nach innen und öffnest dein Unterbewusstsein, um in einen meditativen und zugleich bewussteren, spirituellen Gemütszustand einzutreten.

Atme. Atme einfach weiter. Spüre, wie sich ein sanfter Strom der Entspannung langsam und weich in und durch deinen gesamten Körper bewegt. Atme positive, wohltuende Gefühle ein; atme negative Gedanken und Gefühle aus. Atme Entspannung ein. Atme Anspannungen aus. Atme Ruhe und Stille ein. Atme Lärm und Störungen aus. Atme Entspannung ein. Fühle, wie sie weich und natürlich in dich und durch dich strömt und dich mit vollkommenem Frieden und Harmonie erfüllt. Spüre, wie sich all deine Muskeln entspannen, während du jegliche Anspannung in deinem Körper loslässt.

Spüre, wie das friedliche Gefühl der Entspannung durch deinen ganzen Körper strömt, wie sich jeder Teil deines Körpers vollständig entspannt und du dich von Kopf bis Fuß rundum wohl fühlst. Atme ein und aus, sanft, weich und natürlich. Spüre, wie dein Geist ruhig und still wird. Fühle dich friedvoll und in deiner Mitte. Entspanne deinen Körper und öffne dich für dein Unterbewusstsein. Richte deine Aufmerksamkeit und Bewusstheit nach innen in einem sanften, strömenden Prozess, in einem wohltuenden Rhythmus und einer angenehmen Bewegung. Das ist so einfach und natürlich wie zu atmen.

Indem du deine Aufmerksamkeit nach innen richtest, fängst du an, Bilder aus früheren Leben zu sehen und zu erspüren,

weil du deine unterbewusste Wahrnehmung geöffnet hast
und in einen meditativen, geistig wacheren Zustand ge-
langst. Lass dein Unterbewusstsein sich auf seine eigene
Weise bewegen und entfalten, so rasch oder langsam, wie es
für dich selbst stimmig ist. Entspanne dich einfach und lass
deine Gedanken los. Richte deine Aufmerksamkeit auf dei-
ne Atmung und spüre einen sanften Strom der Entspan-
nung, der in und durch deinen gesamten Körper schwebt.
Atme. Atme einfach. Du kannst auf die Tiefe deiner Ent-
spannung mit Hilfe deiner Atmung Einfluss nehmen. Lass
dein Atmen den Körper entspannen, dein Alltagsbewusst-
sein zur Ruhe kommen und deine innere Bewusstheit öff-
nen. Lass dich von deinem Atem an einen friedlichen, ruhi-
gen und stillen Platz in dir selbst bringen.
Atme einfach einige Minuten lang so weiter, entspanne dich
noch mehr, spüre, wie du gänzlich ruhig, still und friedvoll
wirst. Wenn du magst, streck dich ganz auf deinem Sofa aus
oder bewege dich in deinem bequemen Sessel, damit du
dich noch wohler fühlst und sich dein Körper noch besser
entspannen kann. Atme weiter und lass dich auf den Rhyth-
mus der Entspannung ein. Halte deine Aufmerksamkeit
auf die Atmung gerichtet.
Atme. Atme einfach. Bemerke, wie der schlichte Vorgang
des Atmens dich entspannt, spüre, wie ruhig und still du
dich fühlst. Lass einen sanften Storm, ein wohliges, friedli-
ches Gefühl der Entspannung, langsam und weich in und
durch deinen gesamten Körper fließen. Atme positive, ent-
spannende Gefühle ein und atme negative Gedanken und
Gefühle aus. Während du im Einklang mit dir selbst ein-
und ausatmest, lass dieses weiche, leichte und friedliche Ge-
fühl der Entspannung sanft und natürlich ganz durch dich
hindurchströmen und spüre, wie es dein Alltagsbewusstsein

beruhigt und deine Körperanspannung ersetzt. *Spüre alle Muskeln und Zellen, alle Nerven und das Gewebe – jeden Teil deines Körpers – und wie sich alles von Kopf bis zu den Zehenspitzen entspannt.*

Fühle, wie dieses beruhigende, wohltuende, zarte, natürliche und sehr friedvolle Gefühl der Entspannung in und durch deinen Körper strömt, in und durch jeden Teil von dir, angefangen oben beim Kopf. Spüre diesen wohltuenden, friedlichen Strom der Entspannung, der in Harmonie mit deiner Atmung ist, als ein sehr zartes Gefühl, das langsam und weich bis ganz hinunter reicht, nacheinander durch alle Muskeln in deiner Stirn und deinem Gesicht und die Muskeln um deine Augen, Nase, Mund und Kiefer entspannt.

Atme natürlich weiter und erlaube deinem Atem, dich noch mehr zu entspannen. Lass dieses sehr friedvolle, beruhigende und wohltuende Gefühl der Entspannung, diesen zarten Rhythmus, langsam und weich durch deinen Nacken und deine Schultern fließen und dabei sanft alle Spannungen lösen. Sie fallen einfach ab, und an ihre Stelle tritt ein weiches, natürliches, friedvolles Gefühl sanfter Entspannung, das sich weiterbewegt, deinen Rücken hinunter, Wirbel für Wirbel, und dabei alle Anspannung in den Muskeln deines Rückens löst.

Während dieses sanfte Gefühl, dieser Rhythmus der Entspannung, weich und langsam weiter nach unten strömt, durch deinen Brustkorb und deinen Bauch, wirst du spüren, dass sich deine Bauchmuskeln entspannen, deine Atmung tiefer wird und langsamer und sich so auf einen natürlichen, regelmäßigen Rhythmus einschwingt, der mit dem Grad deiner Entspannung im Einklang ist. Lausche auf deinen Atem, während du ein- und ausatmest. Lausche auf deinen Atem und fühle dich in dir selbst sehr friedvoll.

Jetzt, wo du besser entspannt bist, magst du dich vielleicht etwas bewegen, deine Lage oder deine Sitzhaltung anpassen, damit du dich noch wohler fühlst. Du kannst dich auch ein bisschen recken und strecken, um noch entspannter zu sein, nachdem du nun all die Spannung aus Gesicht und Kiefer, Nacken und Schultern, Rücken, Brustkorb und Bauchraum gelöst hast.

(Pause)

Sinke noch tiefer in deinen Sessel oder auf deiner Couch ein, lass deinen Körper ganz und gar von Sessel oder Sofa tragen, fahre fort, natürlich zu atmen, und spüre diesen friedlichen, sanften, weichen und leichten Rhythmus, wie er langsam und natürlich von deinen Schultern in und durch deine Arme, Ellbogen, Handgelenke, Hände und Finger strömt. Atme einfach weiter und fühle, wie der sanfte Strom der Entspannung weich und rhythmisch in deinem Körper kreist. Du fühlst dich jetzt sehr tief entspannt. Friedlich. Still. Wohlig. Das sanfte, leichte Gefühl der Entspannung strömt weiter durch deinen Bauch und deinen Rücken, in und durch deine Hüfte, die Oberschenkel, Knie, Beine, Knöchel, Füße und Zehen. Du bist nun entkrampft, und dein Körper ist vollkommen entspannt. Du fühlst dich friedlich, in Harmonie mit deinem Unterbewusstsein und eingestimmt auf deine spirituelle Bewusstheit. Genieße eine Weile das ruhige, stille, friedliche Gefühl der Entspannung. Atme einfach, fühle dich frei und vollkommen entspannt. Genieße das angenehme Gefühl, einfach zu sein.

(Pause)

Jetzt, da dein physischer Körper entspannt und dein All-
tagsbewusstsein ruhig und still ist, bist du mitten in deinem
Unterbewusstsein, in einem viel wacheren und meditativen
geistigen Zustand, an einem spirituellen Ort des Wissens, an
dem du Erinnerungen an frühere Leben erlangen und er-
forschen kannst.

Bevor du in deine Erinnerungen an frühere Leben ein-
steigst, wirst du durch die sieben Farben des Regenbogens
aufsteigen. Indem du durch die Energien der Farben bis
ganz nach oben am Regenbogen aufsteigst, trittst du in ei-
nen noch wacheren Bewusstseinszustand ein, in dem du in
Kontakt und in Übereinstimmung mit dir selbst bist, auf
einer inneren, spirituellen Ebene.

Wenn du dann also durch die Farben im Regenbogen auf-
steigst und unten mit Rot beginnst und weiter nach oben zu
Orange, Gelb, Grün, Blau, Indigo und Violett, dann nimm
dir in jeder Farbe genug Zeit, um diese Farbe vollständig zu
erfahren, zu genießen und in deinem Körper und deinem
Geist zu absorbieren. Erlebe die einzigartigen Energien
und Schwingungen jeder Farbe, spüre ihren Rhythmus und
ihre Harmonie. Atme die Farben in dich ein. Werde zu den
Farben in dir. Sieh, fühle und spüre die Schwingungen jeder
Farbe, während du geistig durch den magischen, mystischen
Regenbogen gehst.

Wenn du in jede Farbe hineingehst, siehst oder spürst du
vielleicht ein Bild oder eine Szene in dieser Farbe. Dein
Geist zeigt dir möglicherweise ein Bild oder ein Gefühl, das
dir zum Vorteil gereicht und dir helfen wird. Vielleicht
siehst du eine Szene aus mehreren Bildern, die sich bewegen
und verändern, während du sie immer bewusster wahr-
nimmst. Oder du richtest dich ganz auf die Schwingungen
jeder Farbe aus. Akzeptiere, was du siehst und fühlst. Dein

Unterbewusstsein spricht in Symbolen und Bildern zu dir –
das ist die Sprache deines Geistes. Wenn du die Bilder und
Gefühle annimmst, die dein Geist dir anbietet, öffnest du
damit dein Unterbewusstsein noch weiter und du stellst
dich auf dein wahres spirituelles Wesen ein. Die Bilder, die
du in jeder Farbe des Regenbogens siehst, und die Gefühle,
die du dort erlebst, haben eine ganz besondere Bedeutung
für dich. Die Schwingung jeder Farbe wird dein Bewusst-
sein noch erweitern.

Du fährst fort, natürlich zu atmen, fühlst dich vollkommen
entspannt und friedvoll, vollkommen ruhig und still in dir
selbst. Nun stelle dir einen Regenfall am Morgen vor. Höre
auf das sanfte Rauschen des Regens, wie er sacht an deine
Fensterscheiben klopft. Der Klang ist einschläfernd und
wohltuend, tröstlich und entspannend. Während der sanfte,
stetige Regen anhält, fühlst du dich friedlich und still in dir
selbst. Genieße das eine Weile.

(Pause)

Die Regentropfen beginnen, langsamer ans Fenster zu pras-
seln, weil der Regen allmählich aufhört. Wenn du nun in
Gedanken aus dem Fenster blickst, siehst du, dass der Him-
mel beginnt sich aufzuhellen, und du beobachtest, wie die
Sonne hinter weißen Nebelschwaden und dichten Wolken
auftaucht, die gemächlich über den Himmel schweben.
Öffne das Fenster, spüre die angenehme Wärme eines Som-
mertags und entschließe dich, nach draußen zu gehen, um
die Wärme und das Licht der Sonne zu genießen.

Wenn du jetzt aus dem Haus trittst, sieht alles strahlend
und schön aus. Atme die Frische des sanftes Windhauchs ein
und den wunderbaren Duft der feuchten Erde. Spüre das

großartige, erfrischende Gefühl eines Regengusses, der gerade aufgehört hat. Schau zum Himmel hoch, wo du jetzt den schönsten Regenbogen bemerkst, den du je gesehen hast. Der Regenbogen hat sich durch den morgendlichen Regenschauer gebildet und durch das Sonnenlicht, das durch die weichen Nebelwolken scheint. Die Farben des Regenbogens sind leuchtend und rein, ein schimmerndes Spektrum von Farben, die ineinander übergehen, die vollkommen aufeinander abgestimmt sind und die Harmonie in deinem Geist und in deiner Seele erzeugen.

Der Regenbogen umgibt dich wie eine vollkommene Kuppel, die die Erde und den Himmel berührt. Du fühlst dich, als ob du dich nach oben recken und den Regenbogen berühren könntest, als ob du die Farben einatmen und in ihnen sein könntest. Du fühlst dich, als ob du mit Hilfe des Regenbogens von unten bis oben aufsteigen und an seiner Spitze in den Himmel und das Universum gehen könntest. Während du die Schönheit des Regenbogens bewunderst, spürst du die Harmonie der Farben und entscheidest dich dafür, eine magische Reise durch den Regenbogen zu unternehmen und dessen Farben in Körper und Geist aufzunehmen. Du möchtest fühlen, wie die Farben wirklich sind. Du möchtest mittendrin in den Farben und ganz auf sie eingestimmt sein und dabei die speziellen Energien und Schwingungen jeder Farbe verstehen. Du weißt instinktiv, dass du dafür nichts anderes zu tun brauchst, als dich auf den Regenbogen einzulassen, dich zu entspannen und zu spüren, wie du aufwärts durch die Farben schwebst.

Fühle, wie du im Regenbogen aufsteigst, sanft nach oben schwebst, in die Farbe Rot aufsteigst, am unteren Rand des Regenbogens. Spüre, wie dich die Farbe umgibt. Atme sie ein und fühle sie in dir; spüre, wie sie sich sanft durch deinen

Körper bewegt. Absorbiere die Farbe in deinem Geist; spüre, wie sich dein Bewusstsein öffnet und immer wacher und aufmerksamer wird, während du beginnst, durch die Farben des Regenbogens zu reisen.

(Pause)

Fühle, wie du in die Farbe Orange im Regenbogen aufsteigst. Atme die Farbe ein, du wirst ein Teil der Farbe, und die Farbe wird ein Teil von dir. Spüre sie in dir und überall um dich herum. Fühle, wie sie sanft in deinem Geist schwingt. Während du diese Farbe in deinem Geist aufnimmst, erlebst du ein wunderbares Gefühl von Freiheit. Du fühlst dich, als ob du gleichzeitig auf der Erde und im Himmel stehst.

(Pause)

Spüre, wie du dich im Regenbogen ausdehnst und in die Farbe Gelb aufsteigst. Atme diese Farbe ein; fühle, wie sie sich sanft in und durch deinen Körper bewegt, in und durch deinen Geist. Dein Geist öffnet sich und wird bewusster, und du verstehst die Eigenschaft und das Wesen des Regenbogens, die Qualität und die Natur der inneren Wahrheit und des inneren Wissens. Du fühlst, wie sich deine innere Bewusstheit ausdehnt und zunimmt, während du deinen Geist sogar noch weiter öffnest.

(Pause)

Du schwebst in die Farbe Grün, atmest sie ein. Du fühlst ihre Schwingungen, die sich in Harmonie in und mit deinem

Körper und deinem Geist bewegen. Während du diese Farbe in deinem Bewusstsein erfährst, gelangst du immer mehr in Kontakt mit deinen innersten Gefühlen. Du spürst die Farbe mit deinen Emotionen und du bist dir dessen bewusst, dass diese Farbe sowohl deinen Körper als auch deinen Geist nährt. Du fühlst dich erfrischt und gesund, während dein Körper und dein Geist in Harmonie zueinander stehen.

(Pause)

Du dehnst dein Bewusstsein weiter aus und steigst auf in die Farbe Blau, indem du sanft schwebst und im Regenbogen höher steigst. Du fühlst dich ruhig und beschaulich. Du atmest die Farbe ein, nimmst sie in Körper und Geist auf und fühlst dich, als ob deine Gedanken Worte seien und deine Worte Bilder, die mit Hilfe deiner Gefühle zu lebendiger Aktion erwachen. Du fühlst dich, als ob du deine Gedanken gleichzeitig sagen und sehen könntest, und weißt, dass das tatsächlich ein und dasselbe ist – es gibt keinen Unterschied zwischen dem Gedanken und dem Wort. Du besitzt ein wunderbares Wissen und begreifst, dass Himmel und Erde in Wahrheit eins sind und dass es keinen Unterschied zwischen dem Universum und dir gibt.

(Pause)

Während dir das bewusst wird, steigst du im Regenbogen in die Farbe Indigo auf. Du atmest diese Farbe der intuitiven Bewusstheit und des spirituellen Wissens in dir selbst ein, dein Geist öffnet sich vollständig und dehnt sich in immer weitere Horizonte aus, die weit über das hinausreichen, was man physisch sehen und berühren kann. Du besitzt ein

Verständnis und ein Wissen, das jenseits von Worten und Gefühlen ist.

(Pause)

Während du diese Bewusstheit in dir erkennst und annimmst, trittst du ganz oben im Regenbogen in die Farbe Violett ein. Atme sie in deinen Körper und deinen Geist ein und fühle, wie sie in dir kreist, diese Farbe, die zu Gefühlen der Ehrfurcht und Verehrung inspiriert. Du erkennst, dass du die Bewusstheit deines Geistes geöffnet hast und deine wahre spirituelle Natur erfährst. Du hast das spirituelle Wissen in deiner Seele geöffnet und du verstehst alles, was in dir ist.

(Pause)

Schau nach oben, über den Regenbogen hinaus, und erblicke dort einen weiß schimmernden Nebel. Das Licht, das durch den Nebel dringt, sieht wohltuend und warm aus. Der Nebel ist universelles weißes Licht, das in seiner Energieschwingung sehr machtvoll, rein und positiv ist. Es funkelt und schimmert mit dem Wesen des universellen Lichts. Das Licht lädt dich zu sich ein und heißt dich willkommen. Es fühlt sich sicher und beschützend an, friedvoll und spirituell, wenn du es nun einatmest und dich ganz damit umhüllst.

(Pause)

Sieh, spüre und fühle, wie du selbst im weißen Nebel oberhalb des Regenbogens bist. Es fühlt sich friedlich, wohl tuend und warm an. Tauche ganz darin ein. Während du in diesen weiß schimmernden Nebel eintauchst, fühlt er sich sicher an und wie erfüllt von einer stillen Kraft, die beruhigend und spirituell aufbauend wirkt. Du spürst und erinnerst dich daran, dass dieses Licht etwas ganz Besonderes ist.

Indem du das Licht ganz um dich herum versammelst und es in dich einatmest, wirst du zu einem Teil des Lichts und nimmst es in deinem Körper, deinem Geist und deiner Seele vollständig auf. Wenn du jetzt das weiße Licht des Universums einatmest, weißt du, dass das weiße Licht auch die Schwingung deiner Seele ist. Du weißt, dass du ein wirklich starkes spirituelles Wesen bist, und du fühlst dich eins mit dem Licht und mit deiner Seele. Du bist in Harmonie mit deinem spirituellen Wesen.

Atme ein und nimm diese friedlichen und kraftvollen Schwingungen der Energien des spirituellen weißen Lichts in dich auf, damit sie in dir, durch dich hindurch und überall um dich herum schwingen. Während du die reinen Energien des weißen Lichts in dich hineinziehst, merkst du, wie sie auf sanfte Weise deine physischen und spirituellen Energien mit der universellen Energie abstimmen und harmonisieren, da das Licht deinen Körper, deinen Geist und deine Seele ausgleicht, reinigt und dich in Einklang mit deiner spirituellen Bewusstheit bringt. Das Licht schützt und heilt dich dabei auf allen Ebenen.

Jetzt, da du das weiße Licht in dir aufnimmst, dringt es tief in dich ein, und du erkennst, wie mächtig es ist – wie mächtig du bist. Gleichzeitig realisierst du, dass dieselbe Energie tief in dir gespeichert ist, dass sie aufsteigt und die spirituelle Kraft freisetzt, die du in deinem Inneren hast. Du spürst, fühlst und weißt, dass das Wesen deiner Seele auf sehr feine

Weise mit den universellen Schwingungen des weißen Lichts verbunden und verwoben ist und dass deine Seele in völliger Übereinstimmung mit denselben friedvollen Energien schwingt wie das universelle Licht.

Nimm dir einige Augenblicke Zeit, um im Licht zu verweilen, die friedvollen Schwingungen zu empfinden und die Harmonie deines Körpers, deines Geistes und deiner Seele zu erfahren. Atme und sei im natürlichen Rhythmus und in Harmonie mit dir selbst und mit dem weißen Licht. Du fühlst dich wohl und entspannt, sicher und ruhig, vollkommen im Einklang mit dir selbst auf einer höheren Ebene des spirituellen Bewusstseins und Wissens. Atme weißes Licht in dich ein. Umgib dich damit. Fühle, wie es in dich einströmt, durch dich hindurch und rundherum um Körper, Geist und Seele.

(Pause)

Das weiße Licht wird dich immer beschützen und dich auf deinen Reisen in vergangene Leben begleiten, während du Ereignisse und Gefühle aus Lebenszeiten, die inzwischen lange vorbei sind, noch einmal erlebst. Du kannst das weiße Licht auch anwenden, um alle negativen Geschehnisse, Leid und Traumata aus der Vergangenheit zu heilen. Das weiße Licht ist immer bei dir; es steht dir immer zur Verfügung.

Fahre fort, weißes Licht zu atmen. Es fühlt sich wie ein Atemzug reiner, frischer Luft an, die deine Energie auf jeder Ebene von Körper, Geist und Seele belebt und auffüllt. Spüre die Wärme, die deinen Körper wie ein Herzschlag durchströmt, die in einem sanften Rhythmus von Schutz und Sicherheit pulsiert, die sich natürlich und wohltuend

anfühlt, während sie dich mit reiner und positiver Energie
regeneriert, dich entspannt und zur Ruhe bringt.
Fühle die Energie in dir, wie sie dich von innen erfüllt, und
jeden Muskel, jeden Nerv, jeden Knochen, das gesamte Ge-
webe, jedes Organ, alle Zellen und jeden Teil deines Kör-
pers umgibt. Während die Wärme des weißen Lichts durch
dich strömt, spürst du, wie dein Körper sacht schwingt und
sich im Rhythmus und im Einklang mit der reinen, fried-
vollen, positiven Energie bewegt. Das fühlt sich natürlich,
normal und wohltuend an; du fühlst dich ganz sicher und
friedlich, in Harmonie mit deinen spirituellen Schwingun-
gen.
Du atmest weiter weißes Licht ein und akzeptierst und ab-
sorbierst es in deinem Geiste. Du spürst, wie sich deine Be-
wusstheit ausdehnt, und du steigst in die Schwingung dei-
ner Seele auf. Atme weißes Licht in deine Seele ein. Es gibt
dir Sicherheit und Schutz in all deinen Erfahrungen auf
deiner Reise in frühere Leben.
Fühle die friedvollen, reinen, positiven Energieschwingun-
gen, während du weiter weißes Licht einatmest, dich voll-
kommen damit umgibst, während du Körper, Geist und
Seele mit dem weißen Licht umhüllst, das physischen, emo-
tionalen, mentalen und spirituellen Schutz gewährt. Spüre
das weiße Licht in dich hineinströmen und sanft durch je-
den Teil von dir kreisen. Atme das Licht weiter ein, wäh-
rend du dich damit umhüllst wie mit einer warmen, schüt-
zenden Aura von Wissen, Bewusstheit und Energie. Fühle,
wie es dich umgibt und dich mit positiver, friedvoller Ener-
gie durchströmt.

(Pause)

Weißes Licht ist eine universelle Energiequelle, die dir immer zur Verfügung steht. Es stimmt sich auf deine Energie ein und schützt dich auf allen Ebenen, ist friedlich und zugleich mächtig. Fühle deine vermehrte Energie und dein erweitertes Bewusstsein, während du dich ganz mit weißem Licht umgibst und hineintauchst. Atme es ein, spüre es in dir und durch dich kreisen, hülle dich damit ein, bis du dich mit weißem Licht vollständig erfüllt und ermächtigt fühlst.

(Pause)

Im weißen Licht wird dir ein heiliger Raum bewusst – ein besonderer Platz, der dein spirituelles Heiligtum ist. Er ist ruhig und friedvoll, beschaulich und still. Ein spirituelles Sanktuarium ist ein besonderer Platz der Harmonie in deinem Herzen, in deinem Geist und in deiner Seele, wo du dich vollkommen natürlich, wohl, sicher und friedvoll fühlst und in perfekter Übereinstimmung mit deinen spirituellen Schwingungen. Dein Heiligtum ist ein spiritueller Platz, den es in dir schon gibt. Es ist ein heiliger Raum, wo du ganz auf deine Seele eingestimmt und in Kontakt mit deiner wahren spirituellen Natur bist.
Es ist ein Platz, der darauf wartet, dass du dich an ihn erinnerst und ihn erneut aufsuchst. Es ist ein Ort, an dem deine Seele sich wieder mit sich selbst verbinden kann, an dem sie sich erneuern und erquicken kann, wo sie sich ausruhen und nachsinnen kann. Es ist ein ruhiger, stiller Platz, wo du Frieden, Zartheit und das innere Glück genießt. Es ist ein Ort, an dem du wirklich in Kontakt mit dir selbst bist. Wo du eingestimmt bist auf die Ruhe, Sanftheit und den Frieden deines inneren Wesens. Deine Seele erinnert sich, was und wo dein heiliger Raum ist.

Dein heiliger Raum ist vielleicht ein schöner, heiterer Ort im Grünen, in der natürlichen Schönheit der Natur, oder irgendwo nahe einem beruhigenden Gewässer. Er könnte am Strand sein, wo du auf den Klang der Wellen hörst und ihnen zusiehst, wie sie sanft herankommen und wieder versinken. Es könnte ein Ort in einem Wald sein, an dem du hörst, wie der Wind leicht durch die Blätter der Bäume streicht, als ob er dir etwas zuflüstert. Vielleicht ist es jedoch ein weites Stück Erde, wo du in jeder Himmelsrichtung freien Blick bis zum Horizont hast. Oder ein Berg oder ein Tal. Es könnte ein wunderbarer See oder ein Bach mit großen Steinen darin sein, den du überqueren kannst. Es könnte ein funkelnder Fluss sein oder ein wundervoller Wasserfall. Es könnte ein Garten sein oder eine Wiese voller wunderhübscher Blumen.

Es kann sich um einen Platz handeln, an dem du schon einmal gewesen bist oder den du dir im Geiste selbst erschaffst. Dein Heiligtum ist vielleicht ein Symbol für ein Gefühl, das du gespürt hast, oder ein Platz, an dem du dich wirklich ganz du selbst und mit dir im Reinen gefühlt hast. Der Ort kann eine Stimmung darstellen, die du einmal erfahren hast, als du ganz mit dir eins warst und im Einklang mit deinem inneren spirituellen Wesen.

Dein heiliger Raum erinnert sich vielleicht an einen Ort auf der Erde, wo du schon einmal gewesen bist, oder es handelt sich um einen Platz, der aus einer spirituellen Erinnerung kommt. Es könnte ein Ort sein, an dem du zwischen zwei Leben warst, wo du deine Seele in ihrer reinen und natürlichen Form erfahren hast. Oder es ist ein spiritueller Platz des Seins oder Erkennens auf einer multidimensionalen Ebene, also eine Energieschwingung der reinen Seele. Es kann ein Regenbogen sein oder die Sonne. Der Himmel

oder eine Wolke. Dein heiliger Raum kann ein Sonnenauf-
gang oder ein Sonnenuntergang sein. Das Universum oder
ein Stern. Er kann auch einfach die Luft sein, die du atmest.
Dein heiliger Raum ist genau dort und genau das, was du
dir vorstellst und wie du möchtest, dass er ist.
Nimm dir jetzt Zeit, um dich an dein spirituelles Heiligtum
zu erinnern und es wieder neu zu erschaffen. Sieh, stelle dir
vor und erinnere dich an deinen heiligen Raum. Nimm dir
Zeit dafür und genieße diesen sehr friedvollen und heiligen
Ort in dir. Gehe in die Bilder und Gefühle, die dein spiri-
tuelles Heiligtum hervorbringt und wozu es dich inspiriert;
sei ganz dort. Sieh, fühle und sei in deinem heiligen Raum,
diesem heiligen Platz in deiner Seele. Schau dich überall
um und erforsche alles, was es dort zu sehen und zu wissen
gilt, und verstehe, warum es ihn gibt. Verbringe einige
Zeit, um deinen heiligen Raum zu genießen und richtig
schätzen zu lernen. Beobachte, wie du dich in deinem spi-
rituellen Heiligtum fühlst, was du tust und worüber du
nachdenkst. Stelle dich auf deine Gefühle ein, stimm dich
auf deine Seele ein.

(Pause)

Nimm wahr, wie dein heiliger Raum aussieht. Achte auf die
bildhaften Eindrücke, die dir bewusst werden. Diese Bilder
können Symbole für deine tiefen inneren Gefühle sein. Sie
zeigen dir vielleicht Szenen aus einigen deiner früheren
Leben oder bieten dir die Anfangsschritte, um in eine Erin-
nerung an ein vergangenes Leben einzusteigen. Nimm dir
jetzt etwas Zeit – alle Zeit, die du brauchst – um alles wahr-
zunehmen, was es in deinem spirituellen Heiligtum zu se-
hen gibt, und um alle Dinge zu erkunden, die dir bewusst

werden. Nimm dir Zeit, um dich an diesem spirituellen
Platz in dir, in deiner Seele, wohl zu fühlen.

(Pause)

Wenn du mit Hilfe der geistigen Bilder, der Gedanken, die
du in deinen Gefühlen hörst, und der Erfahrungen, die du
während deiner Rückführung machst, in den Welten deines
inneren Wissens und Bewusstseins reist, dann ist dein spiri-
tuelles Heiligtum dein sicherer Heimathafen. Hierher
kannst du jederzeit während deiner Reise zurückkehren,
um dich auszuruhen und nachzudenken, um darüber zu
sinnen, was du erlebt hast, oder um dich einfach nur in den
heilsamen Schwingungen deines heiligen Raums auszuru-
hen. Du kannst aus jedem beliebigen Grund zu jedem ge-
wünschten Zeitpunkt während deiner Rückführung hier-
herkommen.
In deinem spirituellen Heiligtum fühlst du dich in Kontakt
mit dir selbst und eingestimmt auf deine wahre spirituelle
Natur. Du fühlst dich sehr friedvoll und still und du spürst
eine erhöhte Bewusstheit und eine Erwartungshaltung, die
sich in dir aufbaut. In deinem Heiligtum herrscht eine spe-
zielle Atmosphäre, die du vorher nicht bemerkt hast, oder
du hast zwar schon vorher etwas gespürt, aber nicht ge-
wusst, was es ist. Vielleicht hast du diese spirituellen Schwin-
gungen jedoch auch auf Anhieb erkannt. Du spürst, dass
eine besondere Präsenz in dein spirituelles Heiligtum einge-
treten ist, und du heißt die wache Bewusstheit willkommen,
die sich in dir ausdehnt. Du weißt, dass dies dein höheres
Selbst ist, der höchste Aspekt deines Selbst, der jetzt zu dir
gekommen ist. Du weißt, dass es deine Seele ist, die bereit
ist, dir zu erscheinen.

Du kannst es auf sehr unterschiedliche Weise wahrnehmen. Jeder von uns wird sich des eigenen höheren Selbst auf ganz einzigartige Weise bewusst. Manche Menschen spüren es als eine Energie oder ein Gefühl, vielleicht als ein glühendes Licht oder in Gestalt einer Lichtenergie. Andere sehen es als ein Abbild ihres Selbst, das in jeder Hinsicht voller Wissen und Weisheit ist. Manchmal erscheint das höhere Selbst in einer symbolischen Gestalt wie ein Engel, ein weiser alter Mann oder ein Philosoph aus der Antike, oder es taucht als eine Mutter- oder Vatergestalt auf, die fürsorglich, nährend und tröstend ist. Manchmal erscheint das höhere Selbst auch als dein bester Freund bzw. deine beste Freundin.

Du blickst dich in deinem heiligen Raum um und siehst, dass dein höheres Selbst da ist und auf dich wartet. Du weißt, dass es immer da gewesen ist und darauf gewartet hat, dass du es erkennst und dich daran erinnerst, und du weißt auch, dass dein höheres Selbst immer da sein wird. Du blickst es an und spürst dabei ein unglaubliches Gefühl der Achtung und des Vertrauens, der Liebe und Freude, das nicht in Worten auszudrücken ist. Diese Gefühle kommen gleichzeitig sowohl von dir als auch von deinem höheren Selbst. Nimm dir ein paar Augenblicke Zeit, um dir deines höheren Selbst noch bewusster zu werden und die Vorfreude zu genießen, dass du dich an alle schönsten, wichtigsten und spirituellsten Teile deines Selbst vollständig erinnern wirst.

(Pause)

Während dein höheres Selbst nun auf dich zukommt, empfindest du die positiven, liebevollen und spirituellen Gefühle, die von ihm ausgehen, und du spürst die Energie und das

Wissen, die tief aus dem Inneren deines höheren Selbst strahlen, tief aus dir selbst, tief aus deiner eigenen Seele. Du gehst nun auch auf dein höheres Selbst zu, um dich mit ihm zu vereinigen, mit deinem eigenen spirituellen Anteil, und du erlebst dabei ein wunderbares Gefühl von Freude und Glück. Während dich dein höheres Selbst umarmt, spürst du, wie du mit Wissen, Bewusstheit und Licht verschmilzt und eins wirst. Du erkennst, dass du den höheren Aspekt deines Selbst gefunden hast, dass du zu dir selbst nach Hause gekommen bist und dass du deine Seele erkannt und angenommen hast. Stell dich nun auf deine eigene Weise und wie es für dich am stimmigsten ist, noch mehr und inniger auf dein höheres Selbst, auf deine Seele ein. Spüre das Einverständnis, das du mit deinem höheren Selbst hast und das die Übereinstimmung und Verbindung zwischen euch noch weiter stärkt, damit du dich noch mehr für dein spirituelles Wissen und deine spirituelle Bewusstheit öffnen kannst.

(Pause)

Dein höheres Selbst weiß alles, was es über deine Seele zu wissen gibt, und auch über all deine Erfahrungen in jedem Leben. Es ist dein innerer Führer und wird dich mit Verständnis und Einsicht in und durch alle Erfahrungen aus vergangenen Leben leiten. Dein höheres Selbst ist dein intuitiver und kundiger Reiseführer, der dir das zeigen wird, was für dich jetzt am wichtigsten zu sehen, zu wissen und zu erfahren ist. Dein höheres Selbst bewahrt deine höchsten Interessen im Herzen und wird sich achtsam darum kümmern, dich in und durch Erinnerungen an vergangene Leben zu geleiten.
Dein höheres Selbst wird dich durch alles führen, was du

siehst und erlebst. Sprich mit deinem höheren Selbst. Stelle Fragen. Bitte um Aufklärung. Frage, warum dir bestimmte Ereignisse gezeigt werden, die du siehst und erfährst. Dein höheres Selbst wird dir während der Rückführung alles erklären, was dir geschieht, was du fühlst und warum du es fühlst, damit du vollständig verstehen kannst, was passiert und warum. Dein höheres Selbst wird dir den Grund dafür zeigen, der aus einem vergangenen Leben stammt, und dessen Bedeutung für dein jetziges Leben, indem es die Zusammenhänge klar aufzeigt, damit du während deiner Rückführung mehr erkennst und verstehst. Wenn dein höheres Selbst eine Zeitlang still ist, dann geschieht das, weil du die Antwort bereits selbst weißt und selbständig zum Verstehen gelangen kannst.

Während du nun hier in deinem spirituellen Heiligtum bist, kannst du dein höheres Selbst um Antworten für aktuelle Probleme bitten, die ihren Ursprung vielleicht in einem früheren Leben haben.

(Pause)

Dein höheres Selbst wird dich in das entsprechende frühere Leben führen und dir zeigen, wie du dich mit den Erfahrungen von damals verbinden kannst, die mit dem Problem zu tun haben, um es zu verstehen und zu lösen.

Dein höheres Selbst wird dir erklären, wer die Menschen in deinem jetzigen Leben in vergangenen Leben waren und welche Beziehungen du damals zu ihnen hattest. Es wird dir das Karma zeigen, das damals zwischen euch entstanden ist, und die Gründe erklären, warum ihr jetzt wieder zusammen seid. Dein höheres Selbst wird dir helfen, alle Aspekte deines Karmas zu verstehen, und es wird dich durch den Prozess des Ausgleichs und der Heilung führen. Dein höheres Selbst wird dir zeigen, wie du alles Negative aus vergangenen Leben, Leid oder Trauma, heilen kannst.

Du siehst, wie dein höheres Selbst im weißen Licht steht und in deinem spirituellen Heiligtum auf dich wartet. Es wartet darauf, dich durch deine Rückführung zu leiten. Dein höheres Selbst sagt dir, dass es jetzt Zeit ist, deine Reise in die Vergangenheit zu beginnen, dass du bereit dafür bist zu erfahren, wer du früher warst und was du in vergangenen Lebzeiten gemacht hast. Du bist bereit, in und durch frühere Lebenserfahrungen zu reisen und das Wissen deiner Seele zu erlangen. Du weißt, dass du dich dazu nur von deinem höheren Selbst leiten lassen musst, dass es dich zu den Erfahrungen aus früheren Leben führen wird, die für dich wichtig sind, um dein jetziges Leben besser zu verstehen – in vergangene Lebzeiten, die dir bedeutsame Informationen vermitteln werden.

Du nimmst die Hand deines höheren Selbst und beginnst zu spüren, wie du durch die Zeit zurückschwebst. Du kehrst zu einem vergangenen Leben zurück und nimmst es bewusst wahr. Es ist für dein gegenwärtiges Leben wichtig, dass du dich jetzt genau an dieses Leben erinnerst. Fühle, wie dein Bewusstsein langsam und leicht durch die Zeit zurückreist, fühle die Energien der Zeit, wie sie dich umgeben und einhüllen. Erlaube dir, die Schwingungen der Zeit ganz und gar zu erleben, während du durch sie hindurchreist.

(Pause)

Du schwebst sanft durch die Zeit und nimmst dabei allmählich Eindrücke von Bildern aus vergangenen Leben und Szenen früherer Erlebnisse wahr. Du beginnst, Gefühle *zu spüren, die zu dir gehörten, als du jemand anderes warst. Während die Szene deutlicher vor dir sichtbar wird, findest du dich in einem früheren Leben wieder, in einer Erfahrung oder einem Geschehen, das jetzt wichtig für dich ist, ein Ereignis, das für deine Seele von Bedeutung ist. Dein höheres Selbst ist bei dir und wird dir alles erklären, was du siehst und fühlst.*

Nimm dir einen Moment Zeit, um dich umzusehen. Schau nach, ob es irgendwelche Gebäude gibt. Beobachte, wie die Landschaft aussieht. Spüre, wie das Wetter ist. Sammle diese Eindrücke und nutze sie, um dir darüber klarzuwerden, wo du dich gerade befindest. Wenn du an diesem Ort und in dieser Zeit deiner Erinnerung an ein früheres Leben innerlich angekommen bist, sieh deine Hände an, um zu sehen, welche Farbe deine Haut hat. Wie bist du angezogen? Schau dir deine Kleidung an und berühre sie, fühle ihre Beschaffenheit. Bist du Mann oder Frau, jung oder alt? Sieh zu deinen Füßen hinunter. Welche Art von Schuhen oder Fußbedeckung trägst du? Während diese Bilder, Gedanken und Gefühle in dein Bewusstsein gelangen, lässt du dich mehr und mehr auf die Szenerie ein, die du gerade erlebst, und öffnest dich weiter für Erinnerungen an die Lebenszeit, in der du dich jetzt wiederfindest.

(Pause)

Lass dich ganz in das Erleben der Situation bzw. des Ereignisses ein, in dem du jetzt bist. Falls du allein bist, achte darauf, wo genau du dich befindest, was um dich herum ist und was du denkst und fühlst. Falls du mit anderen Menschen zusammen bist, werde dir bewusst, wer sie sind, höre dir an, was sie sagen, und beobachte, was sie tun. Vielleicht

sind es Seelen, mit denen du jetzt verbunden bist. Beobach-
te, was du tust und was sonst geschieht. Fühle die Emotio-
nen, die du in der Situation spürst. Nimm dir so viel Zeit
wie nötig, um alles zu erkunden und zu erfahren, was pas-
siert, und um zu verstehen, warum es geschieht und auf
welche Weise es mit deinem jetzigen Leben zu tun hat. Dein
höheres Selbst wird dir Antworten und Einsichten geben
und dir helfen, die Bedeutung des Geschehens zu verstehen,
und auch offenbaren, warum du dich jetzt daran erinnerst
hast.

(Pause)

Wenn du diese Erinnerung abgeschlossen hast, führt dich
dein höheres Selbst in ein weiteres bedeutsames Ereignis in
jener Lebenszeit. Unter Umständen hat es mit dem zu tun,
was du soeben erfahren hast. Lass dich wiederum ganz be-
wusst und umfassend auf diese neue Erfahrung ein. Nimm
dir Zeit, um das neue Ereignis vollständig zu verstehen und
zu erkennen, wie das, was du damals getan hast, mit dei-
nem derzeitigen Leben zusammenhängt.

(Pause)

Es gibt möglicherweise mehrere wesentliche Ereignisse, die
du in diesem oder in anderen Leben sehen und erspüren
sollst, die dir dabei helfen, zu erkennen, wie Ereignisse und
Emotionen in deinem jetzigen Leben aus jenen früheren
Erfahrungen entstanden sind. Dein höheres Selbst wird
dich zu ihnen führen. Wenn du in die Ereignisse eingetaucht
bist, nimm dir genug Zeit, um sie zu betrachten, sie klar in
dein Bewusstsein treten zu lassen, sie zu erforschen, aus ih-

nen zu lernen und durch sie zu begreifen, in welcher Hinsicht sie für dein jetziges Leben von Bedeutung sind. Erlaube deinem höheren Selbst, dir die Gründe dafür zu zeigen, warum du bestimmte Erfahrungen aus deinen vergangenen Leben jetzt noch einmal erlebst, und dir gleichzeitig zu verdeutlichen, wie und warum sie damals entstanden sind und wie sie auf dein gegenwärtiges Leben durch die Energien, die du von damals in dieses Leben mitgebracht hast, einwirken.

(Pause)

Nimm dir Zeit, um zu betrachten, was du in jenem Leben Wichtiges und Gutes unternommen und erlebt hast. Erkenne, was du damals gelernt hast, warum du es gelernt hast und auf welche Weise es für dich wichtig ist. Schau dir an, was du vollbracht hast und wie du dir selbst und anderen geholfen hast. Nimm dir etwas Zeit, um all das Gute zu genießen und anzuerkennen, was du erschaffen hast, und erkenne, wie dieses Gute mit in dein gegenwärtiges Leben übertragen wurde.

(Pause)

Falls es irgendetwas Schlechtes gegeben hat, das du getan hast, oder falls dich jemand sehr verletzt hat oder wenn dir eine negative Situation bewusst wird, die dir früher zugestoßen ist, nimm dir die Zeit, um das betreffende Ereignis und deine Emotionen, die damit zusammenhängen, vollständig zu verstehen. Indem du das tust, machst du dir deine Aktionen und Reaktionen auf die Ereignisse bewusst, die in deinen vergangenen Leben passiert sind und die

Karma verursacht und erzeugt haben. Denke daran, dass du in der Szenerie aktiv teilnehmen kannst, dich emotional aber auch aus der Situation entfernen oder über allem schweben und nur beobachten kannst.

(Pause)

Während du die Ereignisse deiner früheren Leben erkundest, bitte dein höheres Selbst um Antworten und Einsichten. Frage, warum diese Ereignisse geschehen sind, und erkenne deutlich deine Rolle dabei. Sprich mit deinem höheren Selbst, um vollständige Bewusstheit und umfassendes Verständnis der Ereignisse zu erlangen, auch im Hinblick auf deine damaligen und jetzigen Reaktionen darauf. Erkenne, wie die Ereignisse und Emotionen, die damit zusammenhängen, dein gegenwärtiges Leben beeinflusst haben.

(Pause)

In deiner Seele verstehst du die Geschehnisse der vergangenen Leben wahrhaftig und ebenso alle Emotionen, die du erfahren hast und die damit verbunden sind. Du siehst, wie die Erfahrungen deiner früheren Leben und deine Gefühle damals auf dich eingewirkt haben und wie sie dein jetziges Leben beeinflussen. Aus diesem spirituellen Verstehen heraus weißt du intuitiv, wie du das Karma ausgleichen kannst, um es bestmöglich aufzulösen. Da du die Abläufe aus den vergangenen Leben, die deine Seele erfahren hat, und die Ursachen dafür sowie deine Reaktionen auf sie verstanden hast, kannst du dich nun frei entscheiden, was für deine Seele richtig ist, um das daraus resultierende Karma am besten auszugleichen.

Möglicherweise entscheidest du dich, das Karma auszuglei-
chen, während du dich noch in dem Ereignis aus dem frü-
heren Leben befindest. Vielleicht aber möchtest du lieber
bestimmte Handlungen und Emotionen in deinem gegen-
wärtigen Leben verändern, von denen du weißt, dass sie
zugleich auch die Aktionen und Emotionen in der Vergan-
genheit beeinflussen und ausgleichen können. Oder du
willst einfach noch etwas länger darüber nachdenken, mehr
Informationen sammeln und dich später erst entscheiden,
wie du am besten dein Karma ausgleichst. Dein höheres
Selbst ist präsent und wird dir helfen, dein Karma auszu-
gleichen, falls du dich entscheidest, es jetzt gleich zu tun. Du
weißt selbst, was zu tun ist, um die Energien der Vergan-
genheit zu korrigieren und zu verwandeln.

(Pause)

Wenn eine andere Person dir etwas Schlechtes angetan oder
dich verletzt hat, willst du ihr jetzt vielleicht vergeben und
diese Person gehen lassen, sie segnen und ihr für die Erfah-
rung danken, die deiner Seele geholfen hat, zu wachsen und
dich zu dem Menschen zu entwickeln, der du jetzt bist. Falls
du jemand anderen falsch behandelt hast, kannst du dir selbst
dafür vergeben, indem du verstehst, warum du das getan
hast, und indem du erkennst, wie du die Sache jetzt wieder
ins Lot bringen kannst. Unter Umständen reicht es aus, dass
du dir selbst oder dem anderen Menschen oder euch beiden
vergibst – je nachdem, was angemessen ist –, um so das Kar-
ma auszugleichen und die Heilung zu beginnen. Nimm dir
jetzt also etwas Zeit, um dein Karma auf jene Weise auszu-
gleichen, die für dich richtig ist. Nimm dir so viel Zeit, wie du
brauchst, um die Erfahrungen zu vergeben und zu segnen.

(Pause)

Jetzt, nachdem du dir selbst und anderen vergeben und dein Karma auf eine für dich stimmige Weise ausgeglichen hast, kannst du die damaligen Ereignisse, oder auch das gesamte frühere Leben, heilen und sie dann loslassen. Vielleicht möchtest du die Geschehnisse und die daran beteiligten Menschen mit weißem Licht einhüllen. Oder du willst dein höheres Selbst darum bitten, dir zu zeigen, wie du diesen Teil deines vergangenen Lebens auf eine liebevolle Weise heilen kannst, und bittest es außerdem darum, dir dabei zu helfen. Nimm dir erneut so viel Zeit, wie du brauchst, um die Heilung zu vollziehen.

(Pause)

Du wirst unmittelbar eine wunderbare Befreiung spüren, die dir die Heilung bringt, weil du das Karma, das an deiner Seele gehaftet hat, vollständig loslassen konntest. Du wirst durch die Heilung der damit verbundenen Ereignisse und Emotionen auch heilsame Wirkungen an Körper, Geist und Seele fühlen. Die positiven Folgen der Heilung spiegeln sich auch in deinen gegenwärtigen Gefühlen und Erfahrungen wider. Aber vor allem fühlst du es unmittelbar in deiner Seele.

Wenn du das möchtest oder ein Bedürfnis danach verspürst, dann kannst du nun zu einem anderen Ereignis gehen, das in jenem Leben oder in einem anderen früheren Leben von Bedeutung für dich war. Dein höheres Selbst wird dich zu einem weiteren bedeutsamen Ereignis führen, dass du wahrnehmen sollst, egal, in welchem früheren Leben es geschah.

(Pause)

Sei wieder ganz im Geschehen. Achte auf alles, was für dich bei dieser Erfahrung wichtig ist; sieh dir an, was passiert ist und warum es geschah. Öffne dich dafür, die Gründe zu verstehen, warum du auf diese Art und Weise agiert und reagiert hast. Betrachte sowohl das Gute als auch das Schlechte dabei. Nimm dir alle Zeit, die du brauchst, um die Situation ganz zu erleben. Fühle die Emotionen, die damit zusammenhängen. Schau dir die Menschen an, die mit dem Geschehen zu tun haben, und begreife, welche Rollen sie gespielt haben.

(Pause)

Du kannst dir so viele Ereignisse anschauen, wie du möchtest, und aus jedem einzelnen deiner früheren Leben. Jedes Erlebnis wird dir höhere Bewusstheit und Einsicht bringen. Nimm dir genug Zeit, andere Erlebnisse, die für deine Seele wichtig sind, zu verstehen.

(Pause)

Wenn du damit fertig bist, die wichtigen, bedeutsamen Ereignisse in dieser Lebensspanne und vielleicht auch in anderen zu betrachten und erneut zu erfahren, wird dich dein höheres Selbst zum Tag deines Todes in jenem Leben geleiten. Sieh, welche Ereignisse zu deinem Tod geführt haben. Schau dir an, wie du gestorben bist. Wenn der Tod voller Schmerzen oder traumatisch war, umhülle dich mit weißem Licht, um das Leid zu lindern, das dein Geist gespürt hat.

(Pause)

Betrachte die Gedanken, die in deinem Geist waren, und die Gefühle in deinem Herzen. Schau, ob es ein Sterbeversprechen gab, das du dir selbst gegeben hast. Erinnere dich daran, was es war und warum du dieses Gelöbnis abgegeben hast. Wenn du irgendeine Trauer oder Wut in Bezug auf deinen Tod empfindest, dann untersuch diese Gefühle. Denke daran, dass dein höheres Selbst immer bei dir ist und du dich mit weißem Licht umgeben kannst.

(Pause)

Höre, was dir dein höheres Selbst über den Sinn und Zweck jenes Lebens mitteilt und was das mit den Zielen und der Bedeutung deines gegenwärtigen Lebens zu tun hat. Sieh, wie die Versprechen, die du dir selbst gegeben hast, in dein jetziges Leben getragen wurden. Erkenne, wie die Vergangenheit deine Gegenwart beeinflusst und wie deine früheren Erfahrungen und Emotionen deine derzeitigen Erfahrungen und Emotionen verursacht und erzeugt haben. Verbringe so viel Zeit, wie du brauchst, um dieses Verstehen zu erlangen und die Informationen aufzunehmen.

(Pause)

Wenn du dich bereit dazu fühlst, dann lass den physischen Körper los, der deiner Seele in jener vergangenen Lebenszeit ein Zuhause gegeben hatte. Lass alle Gefühle der Verbindung mit diesem Körper los. Nimm dir Zeit, um die Lösung deiner Seele aus der damaligen physischen Form zu erfahren. Sieh zu, wie sich deine Essenz über den Körper erhebt und wie deine Seele in den ätherischen Schleier im Universum eingeht. Schau, ob da jemand ist, der dich empfängt, eine besondere Seele, die du aus jener damaligen Lebensspanne gekannt hast, oder ein Engel oder vielleicht ein anderes spirituelles Wesen, das darauf wartet, dich in und durch das Reich des Geistes zu geleiten. Wenn ein solches Wesen erscheint, nimm dir Zeit, dich mit ihm auszutauschen, und höre, was dieses Wesen dir sagt, und sieh dir an, was es dir zeigt.

(Pause)

Du spürst, wie dein Bewusstsein in ein Zwischenleben eintritt, wo deine Seele in ihrer reinen Form existiert, wo du vollständige Kenntnis von allen Erfahrungen jenes und aller anderen Leben besitzt. Nimm dir in dieser höheren Form von spiritueller Bewusstheit etwas Zeit, um über das oder die vergangenen Leben nachzudenken, die du im Verlauf deiner Rückführungsreise erfahren hast. So kannst du die Gründe für die vorgefallenen Ereignisse umfassend verstehen und den Sinn und Zweck dieses Lebens oder jener Leben erkennen.

(Pause)

Nimm dir auch Zeit, damit sich deine Seele im Zwischenleben ausruhen und deinen Geist regenerieren kann. Falls das oder die früheren Leben, die du wahrgenommen hast, schwierig oder schmerzvoll waren, dann lass deine Seele eine Weile ruhen, um zu heilen, bevor sie ihre Reise durch das oder die Leben fortsetzt.

(Pause)

Wenn du dich dazu bereit fühlst, dann entdecke, welche Erfahrungen deine Seele im Zwischenleben macht. Reise durch die Ebenen des Lichts und der Bewusstheit in deiner reinen spirituellen Form. Betrachte, was du in dieser Energieschwingung tust, worüber du nachdenkst, was du fühlst und wie das Leben in der Energie deiner Seelenform ist.

(Pause)

Wenn du mit der Erkundung dieser spirituellen Schwingung des reinen Bewusstseins und Wissens fertig bist und dich darauf vorbereitest, in dein derzeitiges Leben zu reinkarnieren, fängst du an, dir die Situationen und Ereignisse anzusehen, die du als deine Erfahrungen für dein jetziges Leben erschaffen hast. Sieh dir die Versprechungen und Verpflichtungen an, die du vor deiner Geburt mit dir selbst bzw. mit anderen Seelen verabredet hast. Betrachte die Entscheidungen und Vereinbarungen, die du getroffen hast, um die Lebensumstände hervorzubringen, die deine Seele für dieses Leben angestrebt hat. Schau dir an, wie sehr du dir deinen Absichten und Zielen treu geblieben bist oder inwiefern du vielleicht einen neuen Kurs einschlagen sollst. Erkenne, was du im jetzigen Leben noch tun kannst, um das zu erfüllen, was deine Seele erreichen möchte.

(Pause)

Wenn du diesen Teil deiner Rückführung und der Reisen in Zwischenleben abgeschlossen hast, kehre zu deinem spirituellen Heiligtum zurück, um dich dort auszuruhen und über

all das nachzudenken, was dir bewusst geworden ist. Er-
kenne, wie es auf dein gegenwärtiges Leben einwirkt. Dein
höheres Selbst ist weiter bei dir. Es ist immer bei dir, weil
dein höheres Selbst der spirituelle Teil von dir ist. Nimm dir
Zeit, um mit deinem höheren Selbst zu sprechen, stelle alle
Fragen, die du noch hast, um das, was du bisher erlebt hast,
von einem höheren Standpunkt aus besser zu verstehen.
Dein höheres Selbst wird dir alle Fragen beantworten und
dir alles erklären, was du während deiner Rückführung
und in den Zwischenleben erfahren hast, damit es dir deut-
licher bewusst wird.

(Pause)

Höre auf das, was dir dein höheres Selbst sagt. Erkenne,
inwiefern die Menschen in deinem jetzigen Leben mit ver-
gangenen Leben zu tun haben und warum sie jetzt mit dir
zusammen sind. Bitte dein höheres Selbst darum, dir zu er-
klären, warum dir bestimmte Erinnerungen an frühere Le-
ben gezeigt wurden, welchem Zweck diese früheren Erfah-
rungen in deinem gegenwärtigen Leben dienen, warum du
sie jetzt wahrgenommen hast und wie du das aus der Ver-
gangenheit erlangte Wissen in deinem gegenwärtigen Le-
ben nutzen kannst.

(Pause)

Wenn du deine Reflektionen abgeschlossen hast und bereit
bist, in die Wirklichkeit deines jetzigen Lebens zurück-
zukehren, siehst du wieder den Regenbogen – jenen Re-
genbogen, der im Sonnenlicht in den harmonischen
Schwingungen der Farben glänzte, durch dessen Farben du

gereist bist, als du deine Bewusstheit in deine Seele erhoben hast.

Tritt wieder in den Regenbogen ein. Schwebe sanft und leicht in die Farbe Violett, betrachte und erinnere dich an all deine Gefühle und Erfahrungen aus vergangenen Leben, während du allmählich und sanft durch alle Farben des Regenbogens hinuntergehst. Du schwebst zum Indigo, zum Blau, zum Grün, Gelb, Orange und Rot. Wenn du möchtest, kannst du in einer oder mehreren dieser Farben innehalten, um in dem zu verweilen, was sie für dich darstellen.

(Pause)

Du fühlst dich sehr wohl und ganz entspannt. Du bist dir der spirituellen Reise sehr bewusst, die du gerade in deine vergangenen Leben unternommen hast. Du hast Antworten und Einsichten erhalten über alle deine Erlebnisse, und du hast verstanden, wie und warum deine früheren Erfahrungen und Emotionen deine Lebensumstände und Erfahrungen in deinem jetzigen Leben beeinflusst haben. Du weißt, dass deine Bewusstheit über Ereignisse und Emotionen aus früheren Leben im Alltag und in deinen Träumen weiter wachsen wird.

Atme einige Male tiefer durch, wenn du dir nun deines physischen Körpers wieder bewusst wirst, der bequem auf dem Sessel oder der Couch ruht. Nimm dir Zeit, um dich am friedlichen Gefühl der Entspannung zu erfreuen, und wisse, dass du gerade eine heilige Reise in deine Seele unternommen hast. Wenn du dann dazu bereit bist, vollständig wieder im Hier und Jetzt zu sein, öffne deine Augen und fühle dich wunderbar entspannt, erfrischt, gesund und glücklich.

Literaturempfehlungen

Andrews, Ted: *Das Tor zu früheren Leben. Auf Entdeckungsreise in ihre Vergangenheit;* Schirner Verlag, Darmstadt 2004

Fisher, Joe: *Die ewige Wiederkehr;* Goldmann, München 1993

Linn, Denise: *Vergangene Leben – gegenwärtige Wunder;* Silberschnur, Güllesheim 2009

Newton, Michael: *Die Reisen der Seele – Karmische Fallstudien;* Astrodata, Zürich 2010

ders.: *Die Abenteuer der Seelen – Neue Fallstudien zum Leben zwischen den Leben;* Astrodata, Zürich 2009

ders.: *Leben zwischen den Leben – Die Hypnotherapie zur spirituellen Rückführung;* Edition Astroterra Artha, Oy-Mittelsberg/Haslach 2009

Roberts, Jane: *Überseele Sieben;* Goldmann, München 1997

Webster, Richard: *Dein Seelenpartner wartet;* Silberschnur, Güllesheim 2009

Weiss, Brian: *Die zahlreichen Leben der Seele;* Goldmann, München 2005

Von der Autorin erschienen bisher nur auf Englisch:

Exploring Your Past Lives – A Workbook and Experiential Guide Into and Through Your Past Life Memories; Mystical Mindscapes, San Antonio 1987 + 2008

Discovering Your Past Lives; McGraw-Hill, New York 1988

Somewhere Over the Rainbow: A Soul's Journey Home; Mystical Mindscapes, San Antonio 1992 + 2007

Future Lives: Discovering & Understanding Your Destiny; Sterling Publishing, New York 2008